融媒体版

入眼 · 入脑 · 入手 · 易教 · 乐学

U0854585

学前教育专业（新标准）系列教材

依据《幼儿园教师专业标准（试行）》《中小学和幼儿园教师资格考试标准（试行）》编写

幼儿园教育活动设计与指导

（第2版）

主 编/陈 瑶

YOU'ERYUAN JIAOYU HUODONG SHEJI YU ZHIDAO

北京师范大学出版集团
BEIJING NORMAL UNIVERSITY PUBLISHING GROUP
北京师范大学出版社

图书在版编目(CIP)数据

幼儿园教育活动设计与指导 / 陈瑶主编. —2 版 . —北京：北京师范大学出版社，2020.9(2025.6 重印)

ISBN 978-7-303-25845-1

Ⅰ. ①幼…　Ⅱ. ①陈…　Ⅲ. ①幼儿园－教学活动－教学设计－中等专业学校－教材　Ⅳ. ①G612

中国版本图书馆 CIP 数据核字(2020)第 088136 号

出版发行：北京师范大学出版社 https://www.bnupg.com
　　　　　北京市西城区新街口外大街 12-3 号
　　　　　邮政编码：100088
印　　刷：北京溢漾印刷有限公司
经　　销：全国新华书店
开　　本：787 mm×1092 mm　1/16
印　　张：21.75
字　　数：400 千字
版　　次：2020 年 9 月第 2 版
印　　次：2025 年 6 月第 14 次印刷
定　　价：42.00 元

策划编辑：罗佩珍　　　　责任编辑：马力敏
美术编辑：焦　丽　　　　装帧设计：焦　丽
责任校对：康　悦　　　　责任印制：赵　龙

前　言

学前教育专业，肩负着为学前教育机构培养优秀教师的重任。《幼儿园教育活动设计与指导》是学前教育专业的重要必修课程，是实现专业培养目标的核心课程，其教学质量直接关系到人才培养的水平。教材是学前教育专业教学改革的重要组成部分，也是培养优秀师资的主要支撑。2020年习近平同志在给人民教育出版社老同志的回信中就强调，要紧紧围绕立德树人根本任务，用心打造培根铸魂、启智增慧的精品教材。

《幼儿园教育活动设计与指导》(第2版)教材基于长期的课题研究和实践，在《新编幼儿园教育活动设计与指导》《幼儿园教育活动设计与指导》(第1版)的基础上，修订完善而成。本教材适合高职高专学前教育、早期教育等专业使用，也可用作幼儿园教师在职培训、日常工作参考。

本教材以习近平新时代中国特色社会主义思想为指导，依据《幼儿园教育指导纲要(试行)》《3－6岁儿童学习与发展指南》《幼儿园教师专业标准(试行)》以及全国教师资格考试大纲等国家政策、文件的精神，结合幼儿园教育教学实践需要，吸纳国内外幼儿园教育教学的先进理念和创新成果组织编写。为了遵循课程设计意图，既顾及各领域自身的特点，又避免彼此之间的重复和互相割裂，较好地体现整合的理念，我们采用“整—分—整”的编写思路，全书以“单元”的模式编写，共有九个单元，分三大板块：第一单元幼儿园教育活动的设计及组织指导概述，第二至第八单元五大领域(七个方面)的教育，第九单元幼儿园综合教育。

本教材注重突出以下特点。

1. 立德树人，价值引领

本书结合本学科的性质特点，挖掘内容的思政元素，在教学内容上体现课程思政的引领作用，在不同单元目标的设立上，注重学生师德践行能力的培养，强调师德规范与涵养教育情怀，形成科学的儿童观、教育观、发展观，热爱儿童、热爱教育事业，具有高度的社会责任感和奉献精神。在教学和实训中，注重培养学生严谨治教的“工匠精神”，践行立德树人的根本任务。

2.“训教”一体，提升能力

本书把“案例与评析”“实践活动训练”作为单独的专题来编排，为学生提供了各类典型的、优秀的教育活动设计案例以及不同类型的、不断递进的活动训练项目，而且选用的活动案例都是经过精心修改的，保证了活动案例在撰写上的规范性，旨在避免“重方法，轻设计”“重理论，轻实践”的问题，有效地化解学生在运用知识上的难点，便于学生在学习过程中理论联系实际及教师组织实训，融“教、学、做”于一体，更好地培养学前教育专业学生的教育活动设计与指导的能力。

3. 对接岗位，课证融通

本教材的内容突出了幼儿园教育的特点，体现了《3—6 岁儿童学习与发展指南》等文件精神的要求及学前教育的新理念，着眼于目前幼儿园一线教师岗位所需的基本知识和技能，以“单元”的模式编写，理论知识阐述以够用、实用为度，体现核心经验，实训内容以“项目”为中心，因此教材的难易程度符合学生的接受水平，有利于学生在掌握了幼儿卫生学、幼儿心理学和幼儿教育学等理论知识的基础上，学会具体设计和实施幼儿园各领域的教育活动，形成幼儿园教育活动所需的活动设计实践能力，为学生考取幼儿园教师资格证并成为一名一线幼儿教师奠定良好的基础。

4. 内容创新，案例新颖

根据使用者的反馈，本教材在修订第 2 版时，创造性地编写了身心健康教育、社会教育领域集体教学活动设计的基本思路，以便加强学生在这些领域的设计基础知识学习和设计能力的培养，另外，还对原来各类型典型的教学活动案例进行了筛选，增加了新的教学案例，确保活动案例在撰写上的规范性，使内容更加符合时代要求，新颖、简明扼要、逻辑结构严谨。

5.“互联网+”，立体助学

本教材在第二至第八单元提供了五大领域（七个方面）教育活动视频案例，学生可以扫描书中二维码观看，直观地感受不同教师教育教学活动的场景，丰富实践体验，激发学生学习兴趣，并便于教师的教及学生的学。

6. 校企合作，注重实践

本教材的编写团队包括职业院校中有丰富教学经验的教师、幼儿园一线骨干教师，书中还选取了多所幼儿园的教育活动案例，确保了教材的实用性、指导性。

参加本教材编写的成员包括：主编为广东省汕头幼儿师范高等专科学校陈瑶副教授。编写人员有广东省汕头幼儿师范高等专科学校：刘秋菊(高级讲师)、黄环(副教授)、吴达玲(高级讲师)、何琼芝(讲师)，广东省江门幼儿师范高等专科学校雷红云(高级讲师)，广州市天河职业高级中学戚韶梅(中学高级教师)，广州市天河职业高级中学(广州市天河区骏景稚乐幼儿园)曹惠凡(中学高级教师)，东莞市商业学校崔梅(高级讲师)，汕头市儿童福利会第三幼儿园陈泽绚(幼儿园一级教师)。本书由陈瑶负责提出框架和统稿工作，具体分工如下：第一单元：陈瑶、黄环；第二单元：何琼芝、陈瑶、吴达玲、黄环；第三单元：何琼芝、吴达玲、陈瑶、黄环；第四单元：黄环、戚韶梅、曹惠凡；第五单元：刘秋菊；第六单元：刘秋菊、陈泽绚；第七单元：吴达玲、崔梅；第八单元：吴达玲、陈瑶；第九单元：陈瑶、雷红云。

在编写过程中，我们参考了不少专家、学者的研究成果、观点、材料，采用了汕头市儿童福利会第三幼儿园、汕头市中山幼儿园、汕头市儿童福利会第一幼儿园、汕头市政府机关幼儿园、汕头市政府机关第二幼儿园、汕头市委机关幼儿园、汕头市葵花幼儿园、汕头市丹霞幼儿园、汕头市美育嘉泰幼儿园、汕头市金园区中心幼儿园、广州市天河区骏景稚乐幼儿园、东莞市东华幼儿园、东莞市创思教育机构等多所幼教机构设计的大量活动案例，在此，我们特向这些专家、学者和老师表示衷心的感谢！

由于我们水平有限，书中不妥之处在所难免，诚请读者批评指正。

编　者

目　录

第一单元
幼儿园教育活动设计与指导概述

学习目标

知识目标

1. 理解幼儿园教育活动的内涵。
2. 了解幼儿园教育活动的内容和形式。
3. 掌握幼儿园教育活动组织指导技能。
4. 掌握幼儿园教育活动的设计步骤。

能力目标

1. 学会撰写并评析幼儿园教育活动方案。
2. 学会独立设计和组织幼儿园教育活动。

素养目标

1. 具有理论联系实际的辩证唯物主义观、科学学习观。
2. 强化严谨、科学、专业的学习态度。

幼儿园教育活动设计与指导，就是研究在幼儿教育领域中，怎样运用教育的原理、方法设计并组织多种形式的教育活动，让幼儿愉快地生活，实现应有的发展，为将来做好准备。本单元主要根据《幼儿园工作规程》(以下简称《规程》)、《3—6岁儿童学习与发展指南》(以下简称《指南》)的精神及幼儿身心发展规律、幼儿园课程的特点，就幼儿园教育活动的实质、设计及组织指导的一般策略进行较为系统地论述，以期帮助同学们掌握组织幼儿园教育活动的教学法基础理论及各环节的指导技能。

第一课　幼儿园教育活动的实质

众所周知，幼儿是在与环境相互作用的过程中实现自我发展的，而这种相互作用又是通过各种形式的活动来完成的。从这个意义上说，没有活动就谈不上幼儿的发展。本课主要探讨作为更具教育意义的场所——幼儿园，其活动的本质、内容形式所具有的特殊性。

一、幼儿园教育活动的含义

正确理解教育活动的内涵是极其重要的，那种认为教育活动，即过去的上课(作业)，只是换了一种提法的观点是错误的。教育活动是一个广义的概念，是指教育者依据教育目标，对受教育者实施有目的、有计划、有组织的影响，使其发生预期变化的活动。幼儿园的一切活动都具有教育性，都应该成为促进幼儿身心发展的教育活动，不应该只指上课。根据《规程》的精神和幼儿园工作的实际，现在比较统一的看法是：幼儿园的教育活动应指一切具有教育因素的活动，具体包括游戏活动、教学活动和生活活动三大块。三者构成幼儿园教育活动的有机整体，它们相互联系、相互渗透、有机结合，共同促进幼儿身心全面和谐发展。

二、幼儿园教育活动的特点

(一)幼儿园教育活动是一种有目的、有计划的活动

幼儿园教育活动不是盲目、自发的，任幼儿自然发展的活动，它必然受到诸多因素的制约，必须根据幼儿园保育与教育的目标，根据幼儿发展的实际水平，有目的、有计划地设计教育活动，并通过具体的教育活动，促进每个幼儿在原有的水平上得到发展。

(二)幼儿园教育活动是引导幼儿主动活动的过程

幼儿园教育活动是师幼双向、互动的活动。教育活动中的主动活动应该是：在教师有目的、有计划的引导下，幼儿积极参与，在与物、人的交互过程中，促进其身心和谐发展。

组织教育活动时，应充分考虑幼儿的年龄特点，突出教育过程的活动性，改变过去重教材、忽视幼儿，重结果、忽视过程等弊端，积极为幼儿创设良好的教育环境，引导幼儿主动地参与，让幼儿有更多机会主动探

索、自由操作、自由交往，从而获得发展。

(三)幼儿园教育活动是多种多样的

以对象来分，有以物为对象的操作活动、以人为对象的操作活动。

以结构来分，有结构较严密的统一活动、有结构较轻松的自选活动，还有结构随意性更大的自由活动。

以组织形式来分，有集体活动、小组活动、个别活动。

以空间来分，有室外活动、室内活动。

根据教育目标和教育内容，选择合适的教育形式；根据幼儿园的条件和班级的实际情况，选择适宜的教育形式，各种教育形式在一日活动中都不可偏废。

三、幼儿园教育活动的内容和形式

(一)幼儿园教育活动的内容

目前，幼儿园教育活动的内容，根据内容的学科性质进行了切块，分成了健康、社会、科学、语言、艺术五大块，即五大领域，并对各块的内容进行了如下粗略的规定。

健康领域中的身心保健部分包括生活习惯、饮食与营养、人体认识与保护、保护自身安全、心理健康五个方面。身体锻炼部分包括基本动作及游戏、基本体操、器械类活动及游戏。

社会领域包括社会环境、人际关系、社会行为规范和社会文化。

科学领域分数学与科学两部分。数学部分包括分类、排序与对应、10以内的数及其加减、几何形体、量、空间和时间。科学部分包括自然现象、物质世界及其相互关系、常用的科技产品及其对人类的影响和人体的奥秘及其保护等。

语言领域包括谈话、讲述、听说游戏、文学作品和早期阅读。

艺术领域分音乐与美术两部分。音乐部分包括唱歌、韵律活动、打击乐器演奏和欣赏。美术部分包括绘画、手工和欣赏。

(二)幼儿园教育活动的形式

幼儿园教育活动的形式是指关于幼儿园教育活动应该怎样组织，活动时间、空间应该怎样控制和利用的问题，即幼儿园教育活动进行的方式。

1. 根据活动内容的组织特点划分

(1)核心课程。

核心课程是指在一定时期内，幼儿的学习有一个中心，所有的学习活动都围绕这个中心来进行，这个中心叫核心，这样编制的课程就叫核心课程。

该课程的优点是有利于加强学科之间的横向联系，有利于幼儿牢固地掌握某一方面的知识。缺点是对各科的系统性兼顾不够，使幼儿获得的知识比较零散。

(2)学科课程。

学科课程是指以科目为单位对课程内容进行编制的一种方式。

该课程的优点是易使幼儿获得系统的知识。缺点是科目分化，易忽视各科目间的联系，忽视幼儿，只考虑教材及教师如何教。

(3)活动课程。

活动课程是指以幼儿的活动为中心，以幼儿的兴趣、需要、能力为编制的起点，重视依据幼儿的兴趣、需要和能力的变化不断调整和组织的课程。

该课程的优点是重视幼儿的主动性，重视幼儿个性的发展，注重幼儿的兴趣和经验，强调在做中学。缺点是过分强调以幼儿为中心，贬低教师的主导作用，容易忽视学习内容本身的知识体系，偏重于获得简单的技巧和支离破碎的知识。

以上三种形式各有优缺点，应根据本国国情、本地、本园实际情况综合选用。

2. 根据对活动者的组织形式划分

(1)集体活动。

集体活动是全班幼儿参加的教育活动，是一种传统的组织形式。

集体活动的优点是有利于提高活动效率和进行集体教育，缺点是不便于照顾幼儿的个别差异。

(2)小组活动。

小组活动是部分幼儿参加的教育活动。

小组活动的优点是有利于教师对幼儿进行观察了解，因类施教；有利于幼儿交往、商讨、合作，能给幼儿提供更多的表现机会。

这种组织形式易出现的问题：一是对幼儿有一定的困难，因为这种组织形式要求幼儿有一定的合作、交往能力。二是教师的主导作用如何发挥难以把握，是放任？是限制？还是启发引导？

划分小组的方式有以下多种。

①按幼儿的发展水平分组。把相近水平的幼儿分为一组，对各水平的幼儿提出不同的教育要求。

②按幼儿的兴趣分组。例如，在“小小发明家”活动中，教师为幼儿准备绘画、泥塑和废纸盒等工具和材料，让幼儿按兴趣任选一组，创造出一种或两种物品。

③按操作材料的种类和数量分组，换组操作，轮流尝试。

在小组活动中，可以同时开展几组活动，教师轮流指导或以指导某一组为主、兼顾其他各组。

(3)个别活动。

个别活动是幼儿自我探索活动或教师对幼儿的个别教育活动。

个别活动的优点是可以满足每个幼儿的兴趣需要，使幼儿充分展现个性，学习自我管理；便于因人施教。这种组织形式易出现偏爱、溺爱等现象，教师应注意做到平等对待每一个幼儿，因材施教。

以上三种活动形式都有各自独特的功能，不能相互替代，但在教育实践中，三者经常交替进行，相互渗透。

第二课　幼儿园教育活动的设计策略

幼儿园教育活动的设计是实施幼儿园教育活动的前提条件。它是依据一定的教育目标，选择合适的教育内容，在一定的时空内对幼儿施加教育影响的方案。

每个教育活动的具体设计包括活动目标、活动准备、活动过程、活动延伸等方面。

一、幼儿园教育活动设计的类型

教师开展教育活动，既需要在开展之前进行预先设计，也应在活动开展过程中根据幼儿活动的情况灵活地调整原有的设计，活动结束后，还应对活动效果进行反思及研究，针对不足提出修改方案，为下次的实施做好准备。因此，幼儿园教育活动设计的类型就可以相对划分为预先设计、临时设计和反思设计三种。

(一)预先设计

预先设计是教师在分析幼儿当前的发展特点、能力经验和需要的基础上，结合教育目标的要求，选择适当的内容和方法，设想活动的进程、步骤、可能出现的问题以及解决方法等，写出活动计划的过程。预先设计能加强教育工作的目的性和科学性，保证教育活动的顺利进行。

(二)临时设计

幼儿是学习活动的主体，活动中充满了幼儿的创造性。因此，教师在开展活动时不能机械地照搬原有的计划，而应观察幼儿的活动情况，针对幼儿活动中出现的问题和现象，随时调整计划，进行临时设计。这种设计既可以是对预定的某个环节的临时调整，也可以是针对幼儿的自发学习而临时进行的设计。临时设计能尊重幼儿活动的主体性，使活动更能满足幼儿的兴趣和需要。

(三)反思设计

在活动结束之后，教师应对自身在组织教育活动中的行为及幼儿在活动中的反应进行分析思考，及时对原有计划进行修改和补充，这就是反思设计。这种不断的反思，会促使教师不断积累经验，改善和提高自身的教育技能，实现自我成长。

二、幼儿园教育活动设计的原则

幼儿园教育活动设计的原则是教师设计教育活动时必须遵循的基本要求。

(一)活动性原则

活动性原则是指幼儿园教育活动设计应立足于活动。幼儿是在感兴趣的活动中通过不断积累经验，调节和更新认知结构而获得发展的。因此，教师应满足幼儿喜欢活动的愿望，通过有目的、有计划地组织各种生动有趣的活动，吸引幼儿参加，使幼儿的身心均处于积极主动的状态之中，同时促进幼儿全面发展。

贯彻这一原则时应注意做到：

第一，活动必须能激发幼儿参与的主动性和积极性。

所设计的活动应能引起幼儿对认知对象的注意和兴趣，能使幼儿从被动地接受变为主动地探索学习。

第二，为幼儿提供丰富的物质材料，让幼儿在与这些材料的相互作用中获得发展。

第三，为幼儿提供较多的社会交往机会。

教师应重视为幼儿提供同伴之间交往的机会，如组织讨论，组织开展需要协商、互助的活动。

教师与幼儿也应建立平等的交往关系，不能以指导者的身份强制幼儿接受、服从现成的答案或教师的想法。

(二)发展性原则

发展性原则是指设计教育活动时应考虑幼儿的现有水平及“最近发展区”，通过活动，使每个幼儿都得到最大程度的发展。

贯彻这一原则时应注意做到：

第一，对幼儿提出适当的要求，依据幼儿的不同水平因人施教。

第二，考虑幼儿发展的整体性，充分挖掘活动中可促进幼儿发展的因素。

(三)综合性原则

综合性原则是指在设计教育活动时，不仅要充分发挥活动内容、形式、过程等各因素的功能，还应加强各因素间的协调、配合，发挥其综合效能，从而促进幼儿的整体发展。

贯彻这一原则时应注意做到：

第一，实现教育内容的综合。

尽可能地把多种活动的内容科学地组合起来，使其形成合理的、科学的网络结构，发挥综合教育的效应，实现多方面的发展目标，促进幼儿的和谐发展。

第二，实现教育活动形式的综合。

例如，集体活动、小组活动、个别活动；统一活动、自选活动、自由活动；核心课程、学科课程、活动课程。这些活动形式互相配合，发挥各自的优势，有利于教育目标的实现。

第三，实现教育过程的综合。

要实现教育过程中各因素间的协调，如教师的教与幼儿的学，教育内容、环境创设与教具使用，幼儿的身体发展、认知发展与社会性发展，使活动过程成为促进幼儿发展的过程。

三、幼儿园教育活动设计的步骤

(一)幼儿情况分析或设计意图

分析幼儿已具备哪些与该活动有关的知识、技能、能力、兴趣以及可能存在的问题。

(二)确定活动目标

活动目标是指通过一次具体活动期望幼儿获得的知识技能和受到某些方面的教育，或者是所要取得的成效。

1. 活动目标的内容

(1)知识技能方面。

(2)能力方面。

(3)情感、社会性方面。

2. 活动目标的确定应注意的问题

(1)活动目标应具体、明确，便于操作。

不能太笼统、太抽象，以免在操作过程中及检查活动效果时产生困难。

(2)活动目标表述中应突出重点。

每一个教育活动都有可能促进幼儿多方面的发展，我们只需要选择其中能代表知识技能和能力发展重点的一两个最重要的方面，在目标中加以表述，避免主次不分。

(3)活动目标应符合实施班级幼儿的实际水平和能力，且切实可行。

(4)活动目标中行为的发出者应一致，都是教师，或都是幼儿，即主语一致。

(5)活动目标应表述结果，避免表述过程。

(三)设计活动过程

1. 分析教育内容

(1)把握教育内容中的重难点，重点的内容要反复强调；难点的内容要通过多种方法帮助幼儿理解，真正做到重点突出，难点突破。

(2)挖掘教育内容中有利于促进幼儿发展的因素，保证目标顺利实现。

2. 确定组织形式

幼儿园教育活动的组织形式一般有集体活动、小组活动、个别活动、混合班活动等。这些组织形式既可以在一个教育活动中综合使用，也可以单独使用。

3. 选择教育方法和途径

(1)教育方法的分类。

幼儿园教育活动常用的方法按不同性质可分为三大类，每一类又可分为不同的方法。

①口头语言类。口头语言类的方法指的是运用口头语言指导幼儿学习的一种方法，可分为以下几种。

讲述法：运用简明、生动的语言，叙述事实、材料或描绘所讲对象的形象的一种方法。

讲解法：运用语言解释概念，阐明事实，说明事物与现象之间的联系的一种方法。

谈话法：根据幼儿已有的知识经验，通过问答或交谈，丰富幼儿知识的一种方法。

语言评价法：教师针对幼儿活动的情况进行评价，指出进步，提出希望，明确方向的一种方法。

②直观教育类。直观教育类的方法指的是教师借助实物、教具，设计相关的教育情境，将教育内容直观地展示给幼儿，实现教育目标的一种方法，可分为以下几种。

演示法：教师在教育活动中，演示实物或教具，进行示范性操作的一种方法。

范例法：教师将具有典型性的图片或事例，展示给幼儿，使幼儿能够观察和了解具体的典型性的例子，学习相应知识的一种方法。

观察法：受教育者运用感觉器官有计划地感知自然条件下的各种事物，以获得一定知识的一种方法。

榜样法：教师通过生动直观的语言或具体形象的表演，电视剧、影片的观看，为幼儿树立正面学习的形象，从而使幼儿受到教育的一种方法。

③活动类。活动类的方法指的是教师为幼儿创设一定的环境，提供充足的实物材料，让幼儿通过自身的实践、练习活动进行学习的方法，可分为以下几种。

游戏法：让幼儿通过模仿和想象，有目的地反映生活，在做做玩玩中获取或巩固知识、发展能力的一种方法。

操作法：教师为幼儿提供材料，引导幼儿按一定的要求和程序，通过动手动脑进行学习的一种方法。

探究法：在教育过程中，教师不是将知识直接教给幼儿，而是引导幼儿在已有知识经验的基础上，去发现、探索和研究的一种方法。

移情训练法：教师通过创设情境，引导幼儿进入角色去感受、去思考，设身处地地为他人着想，从而获得一种新行为模式的学习方法。

练习法：教师在传授知识之后，引导幼儿不断实践、巩固知识的一种方法。

(2)教育途径的类型。

广义的幼儿园教育活动是指幼儿园中全部教育活动的总和。因此，幼儿园教育的实施途径包括生活活动、游戏活动、教学活动、随机教育、家园配合等。

生活活动、游戏活动是对幼儿实施教育的最基本的途径。生活活动是指儿童一日活动中的生活环节和一些每天都要进行的日常活动，包括进餐、饮水、睡眠、盥洗、如厕、入园和离园、过渡活动和自由活动等。游戏活动是一种符合幼儿身心发展特点的快乐而自主的实践活动。教学活动是教与学因素更加突出、正式的教育途径，是教师从幼儿的兴趣和实际水平出发，根据幼儿园教育目标，有目的、有计划地组织和指导幼儿主动学习，以增进幼儿对周围环境的认识，形成学习兴趣，帮助幼儿获取有利于其身心发展的知识和经验的教育活动。随机教育是在教育活动中对教育计划之外的一些意外事情的灵活处理，对幼儿所进行的一种灵活机动的教育。家园配合是幼儿园教育与幼儿家庭配合一致，对幼儿实施的一种共同教育。

(3)选择和使用教育方法和途径时应注意的问题。

幼儿园的教育方法及途径是多种多样的，它们有各自的特点、用途，也有各自的局限性，在教育中是相互联系、相互补充的。教师必须根据教育目的、课程性质特点、内容、幼儿年龄特点及实际水平，适当选择，巧妙搭配，灵活运用。在实践中，选用任何一种方法或途径时，教师都要注意语言的配合，一般要几种方法结合使用，发挥各种方法的不同作用，以达到最佳的教学效果。

(四)做好活动准备

1. 活动准备的内容

(1)教具、学具和环境创设等方面的准备。

(2)幼儿知识经验方面的准备。

2. 活动准备应注意的问题

(1)教师对教具的操作应达到准确、熟练的程度。

(2)充分利用废旧物品制作教具、学具，教具、学具应符合卫生、安全等方面的要求。

(3)重视幼儿的参与。

(五)编制活动计划

格式：

课题：

一、活动目标

二、活动准备

三、活动过程

四、活动延伸

这里是指教学活动的延伸，是对教学活动内容的巩固和强化，可以在教学之后的游戏或其他活动中进行，也可以延伸至幼儿家中进行。

第三课　幼儿园教育活动的组织指导策略

为保证教育活动的效果，我们必须认真研究幼儿园教育活动的组织指导策略，以最大限度地发挥其作用。

一、幼儿园教育活动组织指导的类型

(一)直接指导方式

直接指导方式是以实现知识的直接传授，引导幼儿接受学习为主要特征的指导方式。在运用这种方式时，教师应注意在了解幼儿的兴趣和原有经验的基础上，充分调动幼儿的情感体验，利用直观教具和材料，较多地运用启发、暗示和游戏等方法，与幼儿进行言语和非言语的沟通，充分调动幼儿的多种感官，引导幼儿主动思考，切忌直接灌输。

(二)间接指导方式

间接指导方式是以教师利用物质环境和人际环境，引导幼儿发现学习为主要特征的指导方式。这种方式更能调动幼儿的兴趣和创造性，使他们在主动积极的活动中得到发展。在运用这种方式时，教师应注意准确把握和抓住幼儿的兴趣所在，为幼儿创造能引发其活动的环境。

实际工作中，需要将直接指导方法和间接指导方法结合起来，根据具体的需要，交替运用这两种方式，有效地支持和促进幼儿的学习。

二、幼儿园教育活动组织指导的技能

技能是一个心理学概念，是指个体在活动中经过反复尝试和练习而逐渐习惯化了的熟练的行为方式。幼儿园教育活动的指导过程，同样存在着一定的技能，这些指导技能，是幼儿教师在长期的教学活动中总结出来的带有共性的指导方式，是幼儿园教师保证教育活动顺利开展的必要条件。

(一)幼儿园教育活动指导技能的分类

幼儿园教育活动指导技能分为四类：第一类是组织活动进程的技能，包括活动导入技能、活动过渡技能、活动结束技能；第二类是运用语言的技能，包括提问的技能、描述的技能、评价的技能；第三类是观察的技能；第四类是运用教学媒体的技能。

(二)幼儿园教育活动指导技能的要求

1. 组织活动进程的技能

(1)活动导入技能。

活动导入的目的是激发活动兴趣，使幼儿在好奇心的驱使下产生探究的意向；同时引出活动内容，使幼儿有目的、有意义地开展活动。另外，还能将幼儿带入活动情境，使幼儿的注意力很快集中并将其引向某特定的活动情境中。

活动导入时应注意：一是语言精练。导入本身不是活动的主体，更不是活动的重点，因此，时间不宜过长，导入语应力求精练简洁。二是内容巧妙。导入语要依据活动内容，力求巧妙、有趣，既能造成悬念，又富有吸引力和艺术感染力。三是语言准确。要针对活动的内容和幼儿的实际，语言准确鲜明，主干突出。

活动导入的常见类型有：教具导入、演示导入、悬念导入、作品导入、游戏导入、音乐导入、经验导入、直接导入等。教师可以自由选用。

(2)活动过渡技能。

活动过渡的目的是保证环节或步骤之间衔接紧凑、自然流畅，体现节奏美和整体美。

活动过渡的组织应注意：一是自然合理。教师必须把握前后环节内容的性质，弄清前后两个环节之间的关系，如逻辑深化关系、并列转移关系等，根据两者的关系，考虑衔接的方法。二是衔接紧凑。教师应根据幼儿当前活动的心理状况，如情绪仍高涨、注意力开始分散、情绪已低落等，灵活掌握，避免在环节衔接上拖泥带水，打乱活动的连续性。

活动过渡的类型包括以下三种。

一是分析性过渡。适用于前后环节属逻辑深化关系的活动内容的衔接，即后一个环节是对前一个环节的进一步深化。

例如，“种南瓜”这一活动过程有三个环节：第一，认识种子；第二，了解南瓜的生长过程；第三，种植南瓜。这三个环节的两处过渡实际上是一种层次深化关系。第一个环节向第二个环节过渡时可这样进行：“刚才，我们认识了这么多的‘籽’，知道了它们有一个共同的名字叫种子。那么，种子种到地里是怎样生长的呢？下面我们就来看看这幅南瓜的生长图。”（自然引出第二环节）第二环节向第三个环节过渡时可以这样进行：“刚才，大家了解了南瓜的生长过程，知道种下一粒粒种子，就可以长成一个个南瓜。小朋友们，你们也想种南瓜吗？”（自然过渡到第三个环节）这种分析性过渡，能使整个活动过程富有逻辑性和紧凑感。

二是演绎性过渡。适用于前后环节属推论关系或具体应用关系的活动内容的衔接，即后一个环节是前一个环节的推论或具体应用。

例如，“雨从哪里来”的科学活动可设计为猜谜语、看演示实验、想一想“雨是从哪里来的？”、连图讲述雨的形成、说一说雨的好处和坏处等环节，其中第三个环节就是第二个环节的推论和运用。过渡时可以这样衔接：“刚才大家在实验中看到水受热就变成水蒸气往上升，水蒸气上升遇冷又会变成水滴滴下来。那么，请你们想一想雨是从哪里来的？”

三是转移性过渡。适用于前后环节属并列关系的活动内容的衔接，即前后两个环节具有不同的性质。

教师要使幼儿顺着联想的思路，就需要巧妙地运用语言、活动或材料来进行转移。语言转移就是运用语言连接两个环节，包括用提问、讲解、描述等方式衔接。活动转移就是运用活动本身，巧妙地连接两个环节。材料转移就是借助相应的直观教具连接两个环节。例如，“雨从哪里来”的第一、第二环节是两个并列的活动，衔接时可在幼儿猜出谜语后设问：“天上为什么会下雨？雨是从哪里来的？”在第三和第四环节之间可以通过直接告示图片（一组有关“雨的形成”的非顺序图），让幼儿用排序、连线的方式来衔接。

（3）活动结束技能。

活动结束环节的目的是画龙点睛，巩固知识；加强练习，反馈效果；激发联想，留下余兴。

活动结束的组织应注意：第一，明确目的。紧扣活动内容，根据活动目标、活动情境及幼儿的认知特点选用恰当的结束方式，使之真正达到目的。第二，把握时间。不拖延时间，也不草率结束。第三，留有余兴。要能引导幼儿回味，激发幼儿对下一次活动的强烈愿望。

活动结束的类型有以下几种：第一，回应法。指结尾与开头相呼应，使整个活动前后一贯，首尾相接，达到完整、圆满的效果。第二，归纳法。指教师指导幼儿动手动脑，对活动所获得的知识或技能进行归纳、小结，概括活动的主要内容，以强化重点，加深记忆，便于巩固和运用。第三，发散法。指把活动的内容、主题或在活动中得出的结论进一步扩展，进行发散性思考；或让幼儿依据想象推断另外的结局，以加深幼儿对完成具体的操作任务的认识；可以让幼儿进行创造性活动；还可以提出问题让幼儿进行讨论等。第四，练习法。练习在活动中往往必不可少，其方法也多种多样，可以让幼儿完成具体的操作任务，也可以让幼儿进行创造性活动。第五，游戏法。把幼儿在活动中获得的印象融入游戏，使之在幼儿愉快的活动中进一步深化、巩固。第六，延伸法。指在活动结束时，教师有意识地留有一定的余地，让幼儿对活动内容继续进行思考和探索，或使现有的活动内容与下一个活动内容发生联系。

2. 运用语言的技能

(1)提问的技能。

提问的目的有以下几点：一是激发动机。提问能迅速集中幼儿的注意力，诱发幼儿的活动兴趣和求知欲。二是启发思维。提问可以诱发幼儿产生疑惑，积极思考，努力寻求问题的解决。三是巩固知识。提问可以促使幼儿及时复习巩固知识，找出新旧知识的内在联系。四是反馈信息。提问可以帮助教师及时了解幼儿获得信息及处理信息的情况，获得改进活动的反馈信息。

组织教育活动时，教师提问应注意以下几点。

第一，选点准确。提问要选好“点”，必须紧紧围绕活动目标并抓住活动的重难点考虑，设计问题，要问到点子上，切忌随心所欲或漫无边际。

第二，适时适量。适时就是所提出的问题要与幼儿的思考、质疑相吻合，要在幼儿有思有疑时提出问题。适量就是要注意一个活动中提问的总量和频率。

第三，难易适度。设计问题时，应该注意问题要有一定的难度，要设法把幼儿带入一个可以理解又不是很容易理解、有障碍而又可以逾越的境界，形象地说就是要让幼儿“跳一跳，摘果子”。教师在设计问题时应避免两种倾向：一是问题过于简单；二是问题大而空，或过于深奥、难理解，结果是“启而不发”。

第四，层层递进。在一个活动中，教师并非只提一两个问题就能帮助幼儿观察对象，理解内容，应注意从活动的实际出发，有计划地设置有内在联系、环环相扣、步步深入的问题系统，为幼儿一步步深入思考提供线索。

第五，面向全体，区别对待。活动中的提问对于幼儿的思考和自我表现具有重要的影响。如果提问经常只集中于少数几个幼儿，就会打击大部分幼儿学习的积极性，不利于他们思维能力等方面的发展。另外，提问时，教师在面向全体幼儿的同时，应做到区别对待，即根据不同特点、不同层次的幼儿提出不同的问题，或是根据不同问题提问不同的幼儿。

提问的类型有以下几种：第一，回忆式。这是低层次的提问，目的主要是让幼儿回忆所掌握的知识。第二，判断式。教师列举一些容易搞错的似是而非的问题，让幼儿比较、辨别，确定“是不是”，判断优劣和正误；或列举多种可能的情况、条件、结果，让幼儿做出选择，判断差异，从多种条件与方法的比较中判定优良条件与方法，或是让幼儿评价同伴的答问、练习等方面的优劣等。第三，理解式。这类提问可帮助幼儿组织所学的知识，并弄清其含义。其可分为以下几种形式：一是要求幼儿用自己的话来叙述所学的知识；二是要求幼儿能比较、对照事件的异同；三是要求幼儿把一些知识从一种形式转变为另一种形式。第四，应用式。这类提问主要是帮助、鼓励幼儿用已学的知识去解决问题，通过回答问题及操作活动反映幼儿对知识、概念的应用情况。第五，分析式。可用来分析知识的结构、因素，弄清事物间的关系或事物的前因后果。要求幼儿能分析资料、信息以进行推论。第六，综合式。可用来帮助幼儿将所学的知识用一种新的或创造性的方式组织起来，形成一种新的知识。第七，评价式。帮助幼儿根据一定的标准来判断材料和事物，要求幼儿对一些观念，如价值观、道德行为进行判断、选择，提出自己的“见解”。

(2)描述的技能。

组织教育活动时，运用语言描述的目的是传授知识，激发兴趣，启发思维。

组织教育活动时，描述教育内容应注意：一是具有科学性。主要表现在：语言形式规范，包括语言标准、用词恰当、清晰响亮、连贯流畅、富有逻辑性和层次感。二是表达内容准确。指描述的内容要正确，无科学性错误或含糊不清的成分。三是体现艺术性。教师既要通过声调、节奏、语气、语速的变化，增加语言的艺术感受力，又要注意表达的生动、形象、活泼、有趣，增加真实感和直观感。四是注意启发性。教师要避免生硬的灌输和干巴巴地说教，在描述过程中，可灵活穿插提问、评价和其他方式启发、诱导幼儿的思维。五是要有针对性。指要根据不同的活动内容和不同幼儿的年龄特点与理解水平变化语言表达的形式和要求。

语言描述的类型有以下几种。

第一，解释型描述。指教师对词义、概念做出解释以及对活动规则、要求、方法进行说明的一种讲述形式。运用解释型描述应做到简洁、形象、直观，并适当结合幼儿已有的知识经验和生活实际，运用教具演示和动作示范进行。

第二，叙述型描述。指教师运用语言对事物或事件的特征、发生、发展及变化情况进行的描述。叙述时要注意条理清晰，突出重难点，尽量做到口语化，并结合教具演示和动作示范。

第三，答问型描述。指以解答问题为中心的描述，活动中当幼儿出现问题时，教师就问题做出解答的方式。教师在解答问题时首先应做到科学准确，符合幼儿的知识水平和理解能力。答问时教师还要注意启发幼儿思考。对一些简单的、幼儿通过努力可以得出答案的问题，教师应鼓励幼儿自己先动脑筋想一想或试一试。

(3)评价的技能。

评价的目的有以下几种：一是调控行为。使正确的认识及行为得到强化和巩固，错误的认识和行为得到及时纠正和制止。二是指引方向。教师在指出对错、好坏的同时，又将活动要求、准则、规范告诉了幼儿，使幼儿的行为更加规范和符合要求。三是促进发展。教师的评价可以帮助幼儿正确认识自己、了解自己，从而促进幼儿自我意识的形成和发展。

组织活动时对幼儿的评价应注意：评价要客观、公正，评价要具体、明确，以正面评价为主。既重结果评价，又重过程评价。评价时机不应只局限于幼儿回答问题、完成任务和活动结束以后，而应在活动中随机进行，贯穿于活动指导的全过程。

评价的内容包括活动中幼儿的兴趣、态度；幼儿对知识、技能的掌握情况；幼儿能力的发展情况；幼儿的行为表现。

评价的方式有以下几种。

第一，肯定。指教师对幼儿活动结果、行为表现表示认可的一种评价方式。一般用简洁的语言、肯定的语气表示。也可伴随眼神、微笑、点头。

第二，表扬、奖励。指教师对幼儿良好行为、进步表现以及独创精神的赞许、鼓励。运用时应注意：一是表扬要适度；二是要配合感情表达；三是适当结合其他形式奖励。

第三，批评。指教师对幼儿不良行为进行的否定评价。运用时应注意：一是态度要诚恳、和蔼。教师不能当众羞辱、讽刺或粗暴斥责幼儿，以免伤害幼儿的自尊心，产生负效应。二是语言要亲切、幽默。让幼儿在善意而含蓄的批评下心甘情愿地去改进不足，不断进步。三是就事论事，不言其他。

第四，纠正。指教师在发现问题、指出问题的同时告知幼儿正确的答案和做法，对错误认识和不当之处给予纠正与提示。运用纠正进行评价时，有时可适当延迟，让幼儿先做思考，说说应该怎么办，提高幼儿的判断能力和解决问题的能力。

第五，讨论。指教师不直接对某个现象、某个问题给予肯定或否定，而是引导幼儿分析、判断，使他们在讨论中明白对错、好坏，应如何改正。运用时应注意：一是内容合适。二是注意引导。三是适当小结。

第六，总结。指对幼儿集体活动效果、活动情况的评价。一般放在活动告一段落或活动结束时进行。运用时应注意：选择有价值、有代表性的方面进行评价，不必面面俱到。

此外，教师还要善于引导幼儿自评、互评，提高幼儿分析、判断问题的能力和自我检查、自我调整、自我约束的能力。

3. 观察的技能

观察的目的是深入了解幼儿，获得真实信息。评估教育活动，调整活动计划，改进活动方法。

指导幼儿观察时，教师应注意：目的明确、迅速准确、全面客观、做好记录。

观察有以下两种类型：环视法（扫视法）、点视法。在实际的观察中，两种方法结合运用。

观察记录的方式：文字描述式、列表打钩式、等级评定式。

4. 运用教学媒体的技能

媒体，也称中介，是传递信息的物质工具。用于传递教学信息的媒体称为教学媒体。教学媒体分常规教学媒体和现代教学媒体两大类。常规教学媒体是相对现代教学媒体（如计算机、录像机）而言的一般教学媒体。现代教学媒体是指运用现代科学技术，主要是现代电子技术传递教学信息的教学工具，又称电子技术媒体。它由硬件和软件两部分组成。硬件是指与传递信息相联系的各种教学仪器，如幻灯机、录音机、电影放映机、电视机、电子计算机等。软件是指已录制、承载教育信息的幻灯片、录音带、录像带、电影片等，其作用体现在缩短时间与空间和增加感染力上。教学媒体的作用体现在增加活动内容的直观性、趣味性上。

(1)教学媒体的类型。

常规教学媒体的类型分为以下几种。

演示性教具。指活动中由教师操作演示，供幼儿观看的教具。有实物、图像两类。

表演性教具、学具。指供教师和幼儿进行教学模拟表演、故事表演和文艺表演的道具、玩具。

操作性学具。指活动中供幼儿操作使用的学具、玩具和辅助材料。

按接受信息的感官可以将现代教学媒体分为以下几种。

视觉媒体：幻灯片、投影片、实物投影片等。

听觉媒体：录音带、唱片、CD盘等。

视觉型媒体：电影片、电视片、录像带、VCD视盘等。

系统交互媒体：计算机辅助等软件、计算机多媒体、语言实验室系统、程序教学软件等。

(2)教具、学具的选择和制作。

教具、学具的来源有两个：一是购买现成的教具、学具；二是由教师自己加工制作。选择时都应注意以下几个方面：注重教育性、科学性、艺术性；要有针对性、实效性。要根据活动需要自制和加工改造教具、学具。制作教具、学具时应注意以下几个方面：选材要多样、制作要新颖、具有实用性、让幼儿参与其中。

(3)教具、学具的使用要求。

出示教具、学具应做到：时机恰当、数量合适、方法得当。

操作教具、学具应做到：动作熟练、程序清晰、方位适宜、适当伴随语言讲解。

(4)现代教学媒体的运用要求。

现代教学媒体的运用要与教学目标、教学内容一致；运用要适度；与其他教学媒体互补利用。

第四课　幼儿园教育活动各环节技能的实践训练

幼儿园教育活动过程由开始活动、基本活动过程、活动结束三部分构成。教育活动过程各环节能否顺利进行，与教师是否有良好的教育技能密切相关。本课主要组织开展各教育活动环节的训练，目的是使同学们掌握组织教育活动的技能。

项目一　活动导入技能训练

(一)实训目标

1. 熟悉各种导入语的类型及作用。

2. 掌握活动导入技能。

(二)内容与要求

1. 观摩2～3个活动导入，说明其采用的是哪种类型的导入，并仔细体会教师的导入语。

2. 将学生分为4组，分别为2～3个活动设计导入方式及导语；每组推荐1～3名同学在集体面前试讲，时间不得超过3分钟。

项目二　活动过渡技能训练

(一)实训目标

1. 了解过渡语的特点及其优劣。

2. 掌握活动过渡技能。

(二)内容与要求

1. 观摩幼儿园教师的教育活动(或活动录像片)1～2个，说明其采用的是哪种类型的过渡；分析过渡语的特点及其优劣。

2. 提供一个活动教案，请学生选择恰当的过渡类型把这个教案的各个主要环节进行巧妙的勾连，并设计出简短的过渡语，在小组或班级中进行试教和评析。

项目三　活动结束技能训练

(一)实训目标

1. 掌握活动结束采用的方法类型及所达到的目的。

2. 掌握活动结束技能。

(二)内容与要求

评析 2 个活动(或教案)的结束方式，指出其采用的方法类型及所达到的目的，对不合理的结束方式做出改进。

项目四　提问设计技能训练

(一)实训目标

1. 熟悉提问的类型及意义。
2. 掌握提问设计技能。

(二)内容与要求

1. 案例分析。提供一个包含有多种提问类型的教案，让学生分析所用的提问类型及作用。

2. 提问设计。选择一个活动教材，根据提问的类型与要求对所提问题进行设计，并在小组进行试教。

项目五　描述技能训练

(一)实训目标

1. 熟悉语言描述的类型及作用。
2. 掌握描述技能。

(二)内容与要求

1. 解释词语：“溶解”“溶化”“神气”。
2. 任选一则游戏，讲解规则的玩法。
3. 把诗歌《小熊过桥》的内容用故事形式讲述出来。
4. 结合教具讲述蚕的生长过程。

项目六　评价技能训练

(一)实训目标

1. 了解各种评价方式及要求。
2. 掌握评价技能。

(二)内容与要求

1. 阅读有关事例，给出评价意见，并进行演示练习。
2. 观摩幼儿园教师的教育活动(或活动录像片)1～2 个，给出评价意见。

项目七　观察技能训练

(一)实训目标

1. 了解观察的类型及方式。

2. 掌握观察技能。

(二)内容与要求

自定一个内容对幼儿进行观察，并做好观察记录。

项目八　教学媒体技能训练

(一)实训目标

1. 了解教学媒体的种类及作用。
2. 掌握教学媒体技能。

(二)内容与要求

1. 观摩教学录像片段，分析教具、学具使用是否恰当。
2. 列举下列活动可选择、投放的教具、学具。
3. 科学活动：奇妙的水。
4. 角色游戏：医院。

思考与练习

1. 如何理解幼儿园的教育活动?
2. 幼儿园教育活动的内容按领域分有哪些？各包括哪些具体内容？
3. 幼儿园教育活动的形式如何划分？试阐述各种形式的特点。
4. 幼儿园教育活动设计的原则有哪些？试用这些原则分析 1～2 个活动案例。
5. 简述幼儿园教育活动设计的步骤。
6. 如何确定活动目标，试为 1～2 个活动确定目标。
7. 幼儿园教育活动组织指导的类型有哪些？各有什么特点？
8. 幼儿园教育活动的指导技能主要有哪些？
9. 设计提问的要求是什么？举例说明。

学习反思

第二单元
幼儿健康教育

学习目标

知识目标

1. 理解幼儿健康教育的意义。

2. 掌握幼儿健康教育的目标和内容。

3. 掌握幼儿健康教育活动的原则、方法、组织形式。

能力目标

1. 学会评析幼儿健康教育活动，并提出改进意见。

2. 具有设计和组织实施各年龄班幼儿健康教育活动方案的能力。

3. 能组织并指导体育课、早操活动、户外体育活动。

素养目标

1. 有积极的健康意识，能养成自觉锻炼的好习惯，树立正确的人生观、价值观、健康观。

2. 树立科学的儿童观和教育观，自觉做幼儿健康成长的启蒙者和引路人。

《幼儿园教育指导纲要(试行)》(以下简称《纲要》)特别强调，幼儿园必须把保护幼儿的生命和促进幼儿的健康放在工作的首位。因为学前期是幼儿身心发展的关键期，所以幼儿健康教育是终身健康教育的基础。学前期的健康不仅能提高幼儿的生命质量，而且健康的生活信念和生活方式，对提高幼儿一生的生活和生命质量都至关重要，幼儿健康教育对幼儿一生的发展具有独特的价值和意义。本单元主要根据《规程》《纲要》《指南》的精神、幼儿身心发展规律及健康领域的特点，就幼儿健康教育的意义、目标和内容、原则、组织形式、方法及活动指导进行较为系统地论述，以帮助同学们掌握设计、组织幼儿园健康教育活动的基础理论，从而初步形成组织指导活动的能力。

第一课　幼儿健康教育概述

本课主要阐述健康和幼儿健康教育的内涵及健康领域教育的意义，以帮助同学们树立正确的、科学的健康观念，在重视幼儿身体健康的同时，高度重视幼儿的心理健康，并充分发挥健康领域对幼儿身心发展的作用。

一、健康和幼儿健康教育

健康是身体、心理和社会适应的健全状态。幼儿健康教育是根据幼儿身心发展的特点，增强幼儿健康认识、改善幼儿健康态度、培养幼儿健康行为、保持和促进幼儿健康的系统教育活动。幼儿健康教育包括身心保健和身体锻炼两大部分。

二、幼儿健康教育的意义

幼儿健康教育是幼儿教育整体结构中的重要组成部分，是健康教育的基础，也是素质教育的重要组成部分，对幼儿发展具有独特的价值。

(一)有利于幼儿养成良好的饮食习惯和卫生行为习惯

健康教育要求幼儿园科学调配幼儿的膳食，供给幼儿营养丰富的食物，并建立合理的饮食制度，帮助幼儿养成良好的饮食习惯，同时指导幼儿逐步学会照料自己的生活，注意保持个人卫生清洁，使幼儿习惯饭前便后洗手，每天洗脸、洗脚、刷牙，经常理发、剪指甲，注意保持服装整洁和环境整洁。养成有益于健康的良好的卫生行为习惯，对保护幼儿的生命和健康具有极其重要的意义。因为良好的饮食习惯和卫生行为习惯有助于幼儿对营养的摄取与吸收，防止消化系统的疾病，促进消化器官的发育和消化系统机能的增强，防止肥胖症和消瘦症的发生，从而有效地促进幼儿的健康成长。

(二)能有效地促进幼儿身体发育，增强体质，提高基本动作和身体素质

幼儿正处于生长发育的重要时期，需要丰富的营养。幼儿园的身体保健教育保证幼儿能得到丰富、合理的营养，从而有效地促进幼儿身体的生长发育。

幼儿身体的各器官、系统的机能尚未发育完善，经常组织幼儿在阳光下进行适宜的体育锻炼，能有效促进骨骼骨化、韧带增厚，使肌肉变得丰满、结实。体育锻炼能有效提高循环系统、呼吸系统、消化系统的功能，提高幼儿身体的新陈代谢水平。因此，科学、适宜的体育锻炼能更好地促进幼儿身体的生长发育。

幼儿身体柔嫩、机能较弱，经常组织幼儿在空气新鲜、日光充足的户外进行适宜的体育锻炼，能使幼儿的神经系统功能得到提高，从而有效地调节自身的各种机能，对外界环境迅速做出反应，并较快适应。因此，经常进行适量的体育锻炼能有效增强幼儿的体质。

幼儿期是幼儿基本活动能力提高的最佳期，通过丰富多彩、生动有趣的体育游戏帮助幼儿进行各项基本动作练习和身体锻炼，能有效促进幼儿走、跑、跳、投等动作能力的发展，也能促进幼儿灵敏、平衡、协调、速度等身体素质的提高。

(三)能有效地促进幼儿智力的发展

良好的饮食习惯、平衡合理的营养，有利于幼儿脑的生长发育；而体育活动又能增强整个神经系统的功能，使幼儿反应更加灵敏，这些都为幼儿的智力发展奠定了良好的物质基础。

健康教育能促进幼儿认知能力的发展，身体保健教育能帮助幼儿了解身体生长发育和营养卫生等方面的知识，身体锻炼活动能丰富幼儿的运动知识和经验。复杂多变的体育活动，要求幼儿注意力集中，思维敏捷、灵活，记忆准确，以便随时调整自己的行为，这能使幼儿的感觉、知觉更加敏锐，观察更加细致、准确，从而使幼儿的理解能力、记忆力、想象力、思维能力、创新能力得到有效地发展。

(四)能有效地促进幼儿良好个性和社会性的发展

丰富多彩的体育活动，能培养幼儿活泼、开朗的性格和优良的品质。体育活动的成功和失败，既能满足幼儿积极愉快的情绪体验，又能培养幼儿勇敢、顽强的意志品质和自信心等良好的个性；同时还能培养幼儿参与、乐群、合作的群体意识，使幼儿逐步学会与人交往、遵守规则、建立良好的人际关系，这都有利于幼儿社会性的发展。

第二课　幼儿健康教育的目标和内容

《纲要》明确规定了幼儿园健康领域的总目标。总目标体现了三个方面的价值取向：身心和谐，保护与锻炼并重，健康行为的形成和健康态度的转变并重。总目标又是确定相应的年龄阶段目标及具体教育活动目标的依据。幼儿健康教育的目标是选择幼儿健康教育内容的依据，幼儿健康教育的内容又是教育目标的具体体现，对于实现目标至关重要。

一、幼儿健康教育的目标

幼儿健康教育的目标是使幼儿身心发展达到预期的健康水平的教育结果，它对幼儿身心健康的发展具有规定和评定的作用，也是衡量健康教育成效的尺度。幼儿健康教育的目标可以分为总目标、年龄阶段目标和活动目标三个层次。

(一)幼儿健康教育的总目标

《纲要》规定幼儿健康教育的总目标为：

(1)身体健康，在集体生活中情绪安定、愉快。

(2)生活、卫生习惯良好，有基本的生活自理能力。

(3)知道必要的安全保健常识，学会保护自己。

(4)喜欢参加体育活动，动作协调、灵活。

总目标是我们确定其他层次目标的依据。总目标包含了幼儿身体素质方面的要求，也包含了幼儿健康知识与健康行为方面的要求；既包含了幼儿身体的健康发育，也包含了幼儿心理的健康发展。因此幼儿园健康教育要树立正确的、科学的健康观念，在重视幼儿身体健康的同时，高度重视幼儿的心理健康。

(二)幼儿健康教育的年龄阶段目标

幼儿健康教育的年龄阶段目标是根据幼儿健康教育的总目标和各阶段幼儿的年龄特点确立的，对各年龄段幼儿的健康教育有直接的指导作用。

1. 小班

(1)了解盥洗的顺序，初步掌握洗手、刷牙的基本方法；学习穿脱衣服；会使用手帕或纸巾；坐、站、行、睡的姿势正确；能及时排便；有良好的作息习惯。

(2)进餐时保持愉快的情绪，愿意独立进餐；认识最常见的食物，爱吃各种食物，主动饮水。

(3)了解身体的外形结构，认识并学习保护五官；能积极配合疾病预防与治疗。

(4)知道过马路、乘坐交通工具、玩大型运动器材时要注意安全，了解日常生活中的安全常识。

(5)知道自己的性别。

(6)喜欢并愿意参加体育活动；能自然地走、跑、跳、爬、投掷；学习听口令和信号做出相应动作；玩滑梯、攀登架、转椅等大型体育活动器材时能注意安全；能合作收拾小型体育器材。

2. 中班

(1)会穿脱衣服、初步学会整理衣服；学习整理活动用具，能保持玩具清洁；有初步的生活自理能力。

(2)结合平时的经验，进一步认识各类常见的食物，在爱吃各类食物的同时，懂得要科学合理地进食，逐步形成良好的饮食习惯。

(3)进一步认识身体的主要器官，逐步形成接受疾病预防与治疗的积极态度和行为；知道快乐有益于健康。

(4)认识常见的安全标志，能够在成人的提醒下遵守交通规则；不接触危险物品；遇到危险时能告诉成人，有初步的自我保护意识。

(5)愿与父母分床而眠。

(6)喜欢并较积极地参加体育活动；能听信号按节奏协调地走和跑；能按要求跳、投掷、抛接，能左右手拍球；能随音乐节奏做徒手操和轻器械操；能注意活动中的安全与合作，爱护公物，能及时收拾小型体育器材。

3. 大班

(1)保持个人卫生，关心周围环境的卫生；进一步提高独立生活能力，初步形成良好的学习习惯。

(2)初步理解不同的食物有不同的营养，身体需要各种营养；会使用筷子；进一步养成独立进餐的习惯。

(3)进一步认识身体的主要器官及重要功能，并懂得简单的保护方法；了解有关预防龋齿及换牙的知识；注意用眼卫生。

(4)获得应付意外事故的常识，具有粗浅的求生技能。

(5)知道男女厕所，初步理解性别角色期待。

(6)喜欢锻炼身体并感到体育活动的趣味；能轻松自在地走、跑、跳、攀登、滚翻；会肩上挥臂投掷轻物并投准目标，能抛接高球；能熟练地听各种口令和信号并做出相应的动作；能随音乐节奏有精神地做徒手操和轻器械操，动作有力、到位；能注意安全，自觉遵守体育活动的规则，合作谦让；体验到克服困难取得胜利的愉悦；能独立收拾各种小型体育器材。

(三)幼儿健康教育的活动目标

活动目标的确立详见第一单元第二课。

延伸阅读

《指南》关于健康教育的目标

(一)身心状况

目标1　具有健康的体态

3～4岁	4～5岁	5～6岁
1. 身高和体重适宜。 参考标准： 男孩： 身高：94.9—111.7厘米 体重：12.7—21.2公斤 女孩： 身高：94.1—111.3厘米 体重：12.3—21.5公斤 2. 在提醒下能自然坐直、站直。	1. 身高和体重适宜。 参考标准： 男孩： 身高：100.7—119.2厘米 体重：14.1—24.2公斤 女孩： 身高：99.9—118.9厘米 体重：13.7—24.9公斤 2. 在提醒下能保持正确的站、坐和行走姿势。	1. 身高和体重适宜。 参考标准： 男孩： 身高：106.1—125.8厘米 体重：15.9—27.1公斤 女孩： 身高：104.9—125.4厘米 体重：15.3—27.8公斤 2. 经常保持正确的站、坐和行走姿势。

注：身高和体重数据来源于《2006年世界卫生组织儿童生长标准》中4、5、6周岁儿童身高和体重的参考数据。

目标2　情绪安定愉快

3～4岁	4～5岁	5～6岁
1. 情绪比较稳定，很少因一点小事哭闹不止。 2. 有比较强烈的情绪反应时，能在成人的安抚下逐渐平静下来。	1. 经常保持愉快的情绪，不高兴时能较快缓解。 2. 有比较强烈情绪反应时，能在成人提醒下逐渐平静下来。 3. 愿意把自己的情绪告诉亲近的人，一起分享快乐或求得安慰。	1. 经常保持愉快的情绪。知道引起自己某种情绪的原因，并努力缓解。 2. 表达情绪的方式比较适度，不乱发脾气。 3. 能随着活动的需要转换情绪和注意。

目标3　具有一定的适应能力

3～4岁	4～5岁	5～6岁
1. 能在较热或较冷的户外环境中活动。 2. 换新环境时情绪能较快稳定，睡眠、饮食基本正常。 3. 在帮助下能较快适应集体生活。	1. 能在较热或较冷的户外环境中连续活动半小时左右。 2. 换新环境时较少出现身体不适。 3. 能较快适应人际环境中发生的变化。比如，换了新老师能较快适应。	1. 能在较热或较冷的户外环境中连续活动半小时以上。 2. 天气变化时较少感冒，能适应车、船等交通工具造成的轻微颠簸。 3. 能较快融入新的人际关系环境。比如，换了新的幼儿园或班级能较快适应。

（二）动作发展

目标1　具有一定的平衡能力，动作协调、灵敏

3～4岁	4～5岁	5～6岁
1. 能沿地面直线或在较窄的低矮物体上走一段距离。 2. 能双脚灵活交替上下楼梯。 3. 能身体平稳地双脚连续向前跳。 4. 分散跑时能躲避他人的碰撞。 5. 能双手向上抛球。	1. 能在较窄的低矮物体上平稳地走一段距离。 2. 能以匍匐、膝盖悬空等多种方式钻爬。 3. 能助跑跨跳过一定距离，或助跑跨跳过一定高度的物体。 4. 能与他人玩追逐、躲闪跑的游戏。 5. 能连续自抛自接球。	1. 能在斜坡、荡桥和有一定间隔的物体上较平稳地行走。 2. 能以手脚并用的方式安全地爬攀登架、网等。 3. 能连续跳绳。 4. 能躲避他人滚过来的球或扔过来的沙包。 5. 能连续拍球。

目标2　具有一定的力量和耐力

3～4岁	4～5岁	5～6岁
1. 能双手抓杠悬空吊起10秒左右。 2. 能单手将沙包向前投掷2米左右。 3. 能单脚连续向前跳2米左右。 4. 能快跑15米左右。 5. 能行走1公里左右（途中可适当停歇）。	1. 能双手抓杠悬空吊起15秒左右。 2. 能单手将沙包向前投掷4米左右。 3. 能单脚连续向前跳5米左右。 4. 能快跑20米左右。 5. 能连续行走1.5公里左右（途中可适当停歇）。	1. 能双手抓杠悬空吊起20秒左右。 2. 能单手将沙包向前投掷5米左右。 3. 能单脚连续向前跳8米左右。 4. 能快跑25米左右。 5. 能连续行走1.5公里以上（途中可适当停歇）。

目标3　手的动作灵活协调

3～4岁	4～5岁	5～6岁
1. 能用笔涂涂画画。 2. 能熟练地用勺子吃饭。 3. 能用剪刀沿直线剪，边线基本吻合。	1. 能沿边线较直地画出简单图形，或能边线基本对齐地折纸。 2. 会用筷子吃饭。 3. 能沿轮廓线剪出由直线构成的简单图形，边线吻合。	1. 能根据需要画出图形，线条基本平滑。 2. 能熟练使用筷子。 3. 能沿轮廓线剪出由曲线构成的简单图形，边线吻合且平滑。 4. 能使用简单的劳动工具或用具。

（三）生活习惯与生活能力

目标1　具有良好的生活与卫生习惯

3～4岁	4～5岁	5～6岁
1. 在提醒下，按时睡觉和起床，并能坚持午睡。 2. 喜欢参加体育活动。 3. 在引导下，不偏食、挑食。喜欢吃瓜果、蔬菜等新鲜食品。 4. 愿意饮用白开水，不贪喝饮料。 5. 不用脏手揉眼睛，连续看电视等不超过15分钟。 6. 在提醒下，每天早晚刷牙、饭前便后洗手。	1. 每天按时睡觉和起床，并能坚持午睡。 2. 喜欢参加体育活动。 3. 不偏食、挑食，不暴饮暴食。喜欢吃瓜果、蔬菜等新鲜食品。 4. 常喝白开水，不贪喝饮料。 5. 知道保护眼睛，不在光线过强或过暗的地方看书，连续看电视等不超过20分钟。 6. 每天早晚刷牙、饭前便后洗手，方法基本正确。	1. 养成每天按时睡觉和起床的习惯。 2. 能主动参加体育活动。 3. 吃东西时细嚼慢咽。 4. 主动饮用白开水，不贪喝饮料。 5. 主动保护眼睛。不在光线过强或过暗的地方看书，连续看电视等不超过30分钟。 6. 每天早晚主动刷牙，饭前便后主动洗手，方法正确。

目标 2　具有基本的生活自理能力

3～4 岁	4～5 岁	5～6 岁
1. 在帮助下能穿脱衣服或鞋袜。 2. 能将玩具和图书放回原处。	1. 能自己穿脱衣服、鞋袜、扣纽扣。 2. 能整理自己的物品。	1. 能知道根据冷热增减衣服。 2. 会自己系鞋带。 3. 能按类别整理好自己的物品。

目标 3　具备基本的安全知识和自我保护能力

3～4 岁	4～5 岁	5～6 岁
1. 不吃陌生人给的东西，不跟陌生人走。 2. 在提醒下能注意安全，不做危险的事。 3. 在公共场所走失时，能向警察或有关人员说出自己和家长的名字、电话号码等简单信息。	1. 知道在公共场合不远离成人的视线单独活动。 2. 认识常见的安全标志，能遵守安全规则。 3. 运动时能主动躲避危险。 4. 知道简单的求助方式。	1. 未经大人允许不给陌生人开门。 2. 能自觉遵守基本的安全规则和交通规则。 3. 运动时能注意安全，不给他人造成危险。 4. 知道一些基本的防灾知识。

二、幼儿健康教育的内容

幼儿健康教育的内容是教育目标的具体体现，对于能否实现教育目标至关重要。如何选择适合本班幼儿发展的健康内容，也是教师教育技巧和教育观念的具体体现。

(一)选择幼儿健康教育内容的要求

1. 选择的内容要以幼儿健康教育目标为依据

健康教育目标规定了健康教育活动所应达成的具体结果，健康教育目标也正是通过具体的教育内容及教学实现的，因此幼儿健康教育目标是健康教育内容选择的首要依据。

2. 选择的内容要与幼儿生长发育中的健康知识相联系

幼儿期是幼儿身体、心理发育的关键期，有些健康知识的获得和行为的养成，直接关系到幼儿的成长。因此在选择健康教育内容时，一定要考虑与幼儿生长发育有密切联系的健康知识。

3. 选择的内容要符合幼儿年龄阶段的特点，并有一定的系列

幼儿在掌握健康知识、建立健康行为中经常会出现反复，因此应考虑每一阶段教学内容的选择要符合幼儿年龄特点，并有一定的纵向系列，使得所进行的教育呈现既有铺垫又有深化的螺旋上升的状态。

4. 选择的内容应与幼儿的经验相联系，并有利于培养幼儿健康意识

在幼儿健康教育中，培养健康意识，可以使幼儿对健康行为的养成产

生一种自觉的反应，从而变“要我这样做”为“我要这样做”。因此在选择内容时，那些可操作的与幼儿经验相关的教学内容，更能唤起他们积极的情感体验，使他们印象深、触动大，形成初步的维护健康的意识，促使良好行为的养成。

(二)幼儿健康教育的内容

幼儿健康教育的内容主要包括身心保健教育和身体锻炼活动两大部分。

1. 幼儿身心保健教育的内容

(1)生活卫生的习惯。

(2)饮食与营养。

(3)人体认识与保护。

(4)保护自身安全。

(5)心理健康。

2. 幼儿身体锻炼活动的内容

(1)基本动作及游戏。

(2)基本体操。

(3)器械类活动及游戏。

第三课　幼儿身心保健教育的原则、组织形式、方法和指导

《纲要》特别强调，幼儿园必须把保护幼儿的生命和促进幼儿的健康放在工作的首位。身体健康是幼儿身心全面和谐发展的基础，直接影响着幼儿的智力、心理等诸多方面的发展，影响着幼儿未来的发展。因此，尊重幼儿生长发育的规律，组织生动有趣、形式多样的健康教育活动，从而有效地促进幼儿身体的健康发展。

一、幼儿身心保健教育的原则

(一)集体健康行为指导与个别健康行为指导相结合

一般来说，集体健康行为指导是幼儿身心保健教育的重要形式，但是，由于幼儿常常存在着个体特殊的健康问题，因此必须在进行集体健康行为指导的同时对幼儿进行有针对性的健康行为的个别指导。

(二)幼儿身心保健教育与幼儿园其他各领域教育相结合

为实现幼儿健康教育的目标，落实幼儿健康教育的内容，可以结合幼儿园的音乐、美术、语言、科学、社会等教育活动形式实施幼儿健康教育，使幼儿健康教育变得生动活泼，符合幼儿的心理特点。

(三)幼儿身心保健教育与家庭和社会健康教育相结合

幼儿身心保健教育的内容与家庭生活内容密切相关。如果幼儿园的集体教育与家庭教育协调一致，幼儿身心保健教育将收到事半功倍的效果。所以，幼儿身心保健教育必须得到家庭的积极配合，家长理应成为幼儿身心保健教育的指导者。另外，幼儿身心保健教育也不能忽视社会的影响，如电视的影响等。

(四)幼儿身心保健教育要求与幼儿年龄相适宜

根据幼儿心理发展的水平，幼儿身心保健教育对不同年龄幼儿的要求不同，要有不同的侧重点；同时还要了解每个幼儿的健康状况、体质条件、家庭生活条件及教育、营养状况和运动能力；应针对每个幼儿的具体情况进行教育，让他们参加合适的活动，并根据他们在活动中的表现，及时做出调整。

二、幼儿身心保健教育的组织形式

(一)幼儿身心保健集体教学

幼儿身心保健教育必须通过集体教学形式，以幼儿为对象传播健康知识，培养健康态度，训练健康行为，以期解决幼儿普遍存在的健康问题。

(二)幼儿身心保健日常教育

虽然幼儿身心保健集体教学是幼儿身心保健教育的重要形式，但是日常生活中的每个环节几乎均可用来对幼儿进行身心保健教育。其作用主要表现在两个方面：第一，日常生活中的身心保健教育常常比传统意识上的“上课”来得及时；第二，日常生活中的健康教育使幼儿身心保健教育活动得以延伸，有利于巩固幼儿的健康行为。

三、幼儿身心保健教育的方法

幼儿身心保健教育注重将幼儿获得的知识和形成的态度转化为良好的行为习惯，这在方法上尚难找到一种效果最佳的固定方法，故要求根据既定教育目标灵活地加以选择。下列方法是幼儿健康教育过程中常常采用的。

（一）动作和行为练习

让幼儿对已经学过的基本动作和基本技能、健康行为与生活技能等进行反复练习，从而加深理解，形成稳定的动作、行为习惯。

（二）讲解演示

具体而形象地向幼儿讲解粗浅的健康知识，并结合身体动作或实物或模型加以演示，从而帮助幼儿尽快掌握有关技能技巧，提高幼儿对健康的认识水平。

（三）情境表演

教师或幼儿就特定的生活情境加以表演，然后让幼儿思考分析情境中所涉及的健康教育问题。由于情境表演的主题来源于幼儿的现实生活，能激发幼儿的兴趣，故这种方法能帮助幼儿较好地认识生活中可能遇到的问题和冲突，了解应该做出的合乎健康要求的行为。

（四）讨论评议

让幼儿参与健康教育过程，为他们提出问题、发表意见、自己得出结论提供机会。这种方法能有效地帮助幼儿表达自己的真实想法，能鼓励幼儿对他人的言行加以评价，从而提高幼儿辨别是非的能力。

（五）感知体验

幼儿通过感觉器官认识、辨别事物的特性。这种方法能加深幼儿对事物的印象，同时由于加入了身体动作，更能激发幼儿的兴趣，引起幼儿的注意。

四、幼儿身心保健教育的指导

（一）幼儿身心保健集体教学活动的设计与指导

1. 幼儿身心保健集体教学活动指导的一般要求

（1）应给予必要的正面引导与示范。

对幼儿而言，某些健康常识的传授对幼儿而言有一定的危险性，某些健康行为、技能幼儿不太容易掌握，加之幼儿思维水平的局限及好模仿的特点，因此，在幼儿身心保健集体教学中必须给予必要的正面引导与示范，以利于幼儿更好地掌握正确的健康行为及技能。

（2）注重幼儿的感受和体验。

幼儿的健康认知与态度有别于成人，对一些不健康知识或不健康行为的后果，他们无法理解、体会、想象。健康教育既然把促进幼儿的健康作为最直接的目的，其教育过程就不能使幼儿感到压抑或受到伤害，因此，幼儿身心保健教育应强调结合具体事物启发引导幼儿，引起他们内心的感受和体验，从而避免枯燥乏味地说教，让幼儿获得健康行为的自主构建。

(3)创设生活场景进行模拟练习。

幼儿健康行为及生活技能需要通过反复练习才能形成，特别是一些需要系统训练的健康行为、技能，更是需要通过教师有计划、有目的的精心设计、组织才能掌握。与幼儿生活密切相关的生活场景能激发幼儿的兴趣，因此，创设与幼儿生活密切相关的生活场景进行模拟练习、训练，能更好地帮助幼儿掌握合乎健康要求的行为及技能。

2. 幼儿身心保健集体教学活动的基本思路

(1)有关日常健康行为。

①通过情境模拟或视频、图片等手段，引发幼儿思考。通过运用一些反映本班日常健康行为问题的情境视频、图片等，导出活动。由于场景和小伙伴是幼儿熟悉的，所以更容易引发幼儿的关注和思考。

②请幼儿点评，分享自己的看法。教师可以根据教育的目标，有针对性地提出问题引导幼儿根据自己的经验，对情境模拟或视频、图片中反映本班幼儿日常健康行为问题进行点评，幼儿间分享自己的经验和感受。例如，在“我睡得真香”活动中，教师在逐一出示明明、天天、宝宝、贝贝睡觉图片后，提问：“贝贝为什么会睡着呢?”引导幼儿分享自己睡觉的经验和感受。

③正面示范，引导幼儿了解正确的健康行为。在分享经验的基础上，教师可以通过多种形式，比如与幼儿讨论及正面示范等，引导幼儿了解正确的健康行为。例如，在“我睡得真香”活动中，教师在幼儿分享了睡着觉的经验后，让幼儿交流在幼儿园愉快入睡的办法及让幼儿观看“我睡得真香”的照片墙上的幼儿的照片，树立良好的榜样。

④创设情境开展练习活动，学习日常健康行为。教师可以创设生活情境，引导幼儿通过练习或模拟练习，初步掌握正确的健康行为，并将这些正确的行为体现在日常生活中，从而培养幼儿良好的日常生活习惯。例如，在“干净小手人人爱”活动中，教师结合图片讲解完洗手步骤后，就组织幼儿进盥洗室边念洗手儿歌边练习洗手。

(2)有关饮食营养。

①以直观、形象、具体的方式，引发幼儿的兴趣。活动开始，可以通

过图片、讲故事、游戏等创设主题情境，激发幼儿的兴趣。

②利用已有经验，加深幼儿对食物的认知。教师可以围绕食物引导幼儿观察、讨论，加深对食物的特征及营养价值的了解。例如，在“香甜的水果”活动中，教师让幼儿观看“水果娃娃”的表演，了解吃水果的好处。

③结合操作材料、实物等，运用多种方式引导幼儿了解食物对人体的好处。结合实物，通过欣赏表演、幼儿经验分享等方式，引导幼儿了解食物对人体的好处。例如，在“蔬菜宝宝我爱你”活动中，教师与幼儿用手偶或实物共同表演，介绍各类蔬菜宝宝对人体的好处。

④利用各种实践活动，引导幼儿对食物的感受和体验。在感知理解食物或食物合理搭配的好处的基础上，可以选择一定的实践方式，让幼儿对食物进行感受和体验。例如，在“蔬菜宝宝我爱你”活动中，幼儿可尝试自制凉拌蔬菜，体验蔬菜的美味和颜色的搭配。

(3)有关身体生长。

①从幼儿自身出发，结合演示图片、游戏等方式，引导幼儿进入情境或引出主题。教师可以从幼儿自身出发，通过借助演示图片、照片、游戏、情境表演等方式，引发幼儿对自身身体生长、变化的关注，吸引幼儿进入情境或引出主题。

②提出讨论问题，引导幼儿在讨论中认识身体的状况及形成原因。为了提升幼儿对身体的状况及形成原因的认识，教师可以提出恰当的问题，有效引发讨论。例如，在“牙齿真漂亮”这个活动中，可在幼儿观看完动画《兔娃娃》后，教师结合动画提问：“小白兔的牙齿怎么了？它的牙齿为什么会生病呢？牙齿坏了会怎么样呢？”通过讨论可以让幼儿根据已有经验发表自己的见解，从而了解牙齿生病的原因。

③在图示范例和实践活动中，学习保护身体的方法及进行具体的练习。为了引导幼儿关心身体，学会爱护身体，教师还应通过具体的方式及活动，让幼儿学习保护身体的方法。例如，在“牙齿真漂亮”活动中，教师可给幼儿现场示范漱口的方法，并利用牙齿模型讲解示范刷牙的方法，及播放动画《保护牙齿勤刷牙》，让幼儿观看动画中小博士刷牙的方法，并准备饮用水让幼儿进行练习，还可播放《刷牙歌》，让幼儿随着儿歌做刷牙律动。这样做的目的在于让幼儿在原有的基础上，加深对正确漱口、刷牙方法的理解和印象。通过这两种练习，让幼儿把所学知识运用于实践，巩固漱口、刷牙的方法。

④总结归纳，升华幼儿经验。教师可在活动最后适当进行总结归纳，提升幼儿的经验和明确正确的做法。

(4)有关安全生活。

①运用直观、形象、具体的方式，引出主题。活动开始可通过视频、图片、讲故事等，创设主题情境，引发幼儿的兴趣和思考。

②开展讨论，引导幼儿对危险情境及事故原因的认识。为了提高幼儿的危机感，必须加强幼儿对危险情境或事故原因的认识。引出主题后，教师可进行有针对性的提问，引发幼儿思考和讨论。例如，在“安全出口”活动中，教师出示生活小图片，请幼儿选出容易引起火灾的图片，讨论：“在生活中，哪些做法更容易引起火灾？”

③通过创设生活情境及各种实践活动，引导幼儿学习自我保护的方法。经过讨论，幼儿对危险情境或事故原因有了认识后，可借助图片、情境模拟等方式再现生活中各种类似的情境，引导幼儿讨论想办法，学习一些自我保护的方法，同时还可以通过生活场景的模拟练习，演习求救技能。

(5)有关心理健康。

①设置具体情境，激发兴趣，引发幼儿共鸣。可先从某个具体情境入手，激发兴趣，引发幼儿共鸣。具体情境可以是将心理事件或情境拍成的视频，可以是情境扮演，还可以是教师讲述的故事、游戏等。例如，在“赶走不开心”活动开始时，教师组织“表情传递”游戏，引起幼儿对不同表情的关注及认识。

②利用心理事件或情境，引导幼儿回忆自己产生过的情绪。幼儿健康情绪情感的培养包括积极情绪情感的培养及消极情绪情感的排遣。教师可以利用视频、图片等手段，再现事件或情境，引导幼儿了解发生了什么，自己是否发生过，哪些是对身体有益的，哪些是对身体有害的。

③开展讨论，引导幼儿学会化解情绪的方法。在了解情绪情感对身体的影响的基础上，教师可提出讨论问题，引导幼儿学会化解情绪的方法。例如，在“赶走不开心”活动开始时，教师可提问：“点点怎么了？他生气时做了什么？这样做会赶走坏心情吗？”“如何赶走坏心情？”

④利用各种活动，引导幼儿换位思考、表达心理体验。在幼儿学会化解情绪的方法的基础上，教师创设情境或提供机会，让幼儿学习体验。例如，在“我的情绪小绘本”活动中，教师让幼儿画绘本《我的开心与生气》或

模拟情境，让幼儿学习或体验发生不开心的事愿意向别人倾诉，发生开心的事愿意向别人分享，学会观察他人，关心他人。

(二)幼儿日常身心保健教育的指导

1. 建立合理的生活常规

日常生活的行为规则对幼儿的行为提出了规范化的要求，有利于幼儿健康行为的形成，因此，幼儿日常身心保健教育应重视幼儿生活常规的建立，应根据幼儿身心发展的特点，运用具体、生动的形式，让幼儿共同参与制定，并将幼儿的兴趣与必要的规则相结合，使幼儿尽早建立各种健康行为。

2. 坚持不懈、适时的引导

幼儿由于自制力较差，易受暗示或环境的干扰，经过教育形成的健康行为往往也会改变，因此，幼儿健康行为的养成必须结合日常生活的活动内容，坚持不懈地开展健康教育活动及对幼儿日常健康行为加以检查、督促、引导。特别是要根据班级的特别情况及个别幼儿的特殊情况及时引导教育。

3. 重视家园的合作

日常健康行为教育的内容在家庭中都会体现，而家庭环境、社会环境中的一些习以为常的做法和现象对幼儿会产生不利的影响，因此，幼儿日常身心保健教育必须取得家长的支持和配合，让家长有意识地在家庭生活中控制不利因素，有目的地对幼儿进行正确的引导和教育。

第四课　幼儿身体锻炼活动的原则、组织形式、方法和设计指导

《规程》指出：“幼儿园的任务是：贯彻国家的教育方针，按照保育与教育相结合的原则，遵循幼儿身心发展特点和规律，实施德、智、体、美等方面全面发展的教育，促进幼儿身心和谐发展。”体育是幼儿园全面发展教育的重要组成部分，幼儿体育是保护幼儿身心健康的重要途径和手段，不仅为幼儿的生存和良好的生活提供了重要的物质基础，而且是幼儿接受全面发展教育的重要保障。

一、幼儿身体锻炼活动的原则

人体机能适应性规律揭示：人体参加身体锻炼时，体内物质、能量被

消耗，这就促进了异化作用的增强，并引起疲劳和身体机能暂时下降；同时刺激恢复过程，使体内同化作用过程也增强，出现超量恢复，提高人体的机能。这是人体通过运动，促进新陈代谢和提高身体机能的过程，也是产生适应性效果的过程。这个过程可分为四个阶段：一是工作阶段。参加身体锻炼时，是身体物质、能量被消耗的阶段，但同时恢复过程也在进行，只是消耗过程占优势，表现为身体机能逐渐下降。二是相对恢复阶段。运动后身体机能指标恢复到运动前水平的阶段。三是超量恢复阶段。经过合理休息，体内物质与能量的储备超过运动前水平，从而增强身体机能的阶段。四是复原阶段。如果身体锻炼间隔时间太长，则身体的机能又将恢复到运动前水平的阶段。

研究表明，身体锻炼的工作阶段消耗过小或过大，超量恢复效果都不佳；身体锻炼间隔时间过长或过短，也会影响超量恢复的效果和身体机能的提高。

在身体锻炼中，遵循上述规律应贯彻以下原则。

(一)经常化原则

经常化原则是指幼儿体育锻炼应融贯在幼儿的每日活动之中。

具体落实这一原则应注意以下几点。

第一，每天让幼儿进行适当的身体锻炼活动，且保证“幼儿每天户外体育活动时间不得少于1小时”。

第二，动静交替安排幼儿的一日生活。

(二)适量的运动负荷原则

适量的运动负荷原则，是指在体育活动中，应该保证幼儿身体承受适宜的运动负荷量，包括生理负荷量和心理负荷量。

贯彻这一原则应注意以下几点。

1. 合理安排活动量

要根据身体锻炼的内容、运动项目的特点及幼儿年龄的差异，合理地确定身体锻炼时的“量”，包括练习的距离、练习的次数、练习的时间和间隔时间、持续活动的总时间、练习的密度、活动的强度等。一般要求“强度小些、密度较大(50%～70%)、时间较短、强调节奏”，以有助于身体锻炼保持合理的负荷。

2. 活动量的安排要遵循人体生理机能能力变化规律

人体生理机能能力变化规律揭示：人体在开始活动时机能活动能力逐

步上升，达到并在一定时间内保持最高水平，然后逐渐下降。生理负荷曲线总的变化规律是，从逐步上升到相对平稳，然后逐渐下降。根据这一规律，我们在贯彻合理运动负荷原则时，要注意使身体锻炼活动的运动量由小到大逐步上升，并在活动结束前逐步下降。

3. 运用多种方式方法灵活调节活动量及活动过程

在组织指导时，教师要注意精讲多练、讲练结合、动静交替，注意灵活调节活动量。同时要观察幼儿在活动中的表现，及时了解运动负荷是否合理，以便灵活地调节活动过程。

4. 注意合理地安排和调节幼儿的心理负荷

(三)多样性原则

多样性原则是指幼儿的身体锻炼要灵活运用多种多样的组织形式来展开。幼儿园常见的身体锻炼的组织形式主要是早操活动、幼儿体育教学活动和幼儿户外体育活动。这些组织形式各具特点，且完成的任务也不尽相同。因此，需要多种组织形式相互补充、相互配合，才能共同实现幼儿身体锻炼的目标。

除了上述常见的组织形式外，幼儿的身体锻炼还应灵活使用其他组织形式，以丰富锻炼的形式，提高幼儿参加身体锻炼的积极性。

(四)全面发展原则

这一原则有两层含义：一是幼儿的身体锻炼应尽量使幼儿身体的各个部位、各器官系统的机能、各种基本活动能力和身体素质等得到全面协调的发展；二是幼儿的身体锻炼主要是指锻炼幼儿的身体，增强幼儿的体质，但同时也要促进幼儿认知、情感和态度、社会性和个性的全面和谐发展。

贯彻这一原则应注意以下几点。

1. 注意整体素质的提高

在组织幼儿进行各类动作练习和器械练习时，应重视提高幼儿的身体素质。在身体锻炼活动中，也应注重帮助幼儿掌握粗浅的身体锻炼的有关知识和技能，提高幼儿在身体活动中进行智力活动技能的品质，发展幼儿良好的社会情感和态度，培养幼儿良好的个性品质。

2. 注意身体各部分的锻炼

在正规性身体锻炼活动中(如体育教学活动)，教师应注意选择各种内容和手段，并灵活运用多种方法和组织形式促进幼儿身体得到全面锻炼。

3. 注意活动内容的多样性

在非正规性身体锻炼活动中(如自选自由进行的幼儿户外体育活动)，教师不仅要注意为幼儿提供丰富多样的活动器材和运动项目，而且要经常指导幼儿选择或更换活动内容，避免幼儿只选择自己喜欢的器材或运动项目，克服锻炼的片面性。

4. 选编的体操应注意全面锻炼身体

为保证身体锻炼的全面性，整套体操的动作应包括头颈部、上肢、下肢、躯干等不同部位的动作和同一部位不同动作类型和方向的动作，并注重在体操中发展幼儿的身体素质和良好的身体姿势。

幼儿身体锻炼要注意将幼儿身体锻炼的固有原则与教育活动的一般原则结合起来，灵活运用，并贯彻于幼儿身体锻炼的始终，才能全面实现幼儿身体锻炼的目标。

二、幼儿身体锻炼活动的组织形式

在幼儿园中，最常见的幼儿身体锻炼活动的组织形式有幼儿体育教学活动、幼儿早操活动和幼儿户外体育活动。

(一)幼儿体育教学活动

幼儿体育教学活动是一种有目的、有计划、有组织的体育活动。它是正规性教育活动，也是实施幼儿身体锻炼的基本途径。它以身体动作为主要内容，以身体练习为主要手段，有目的、有计划地发展幼儿的基本活动技能，提高幼儿的身体素质，增强幼儿的体质，促进幼儿身心全面、健康、和谐发展。

(二)幼儿早操活动

幼儿早操活动是幼儿做操和开展晨间其他身体锻炼活动的总和，因此其内容是丰富多彩的。除了排队、变换队形和基本体操练习外，慢跑或走跑交替活动、各种简单的模仿性动作、配有音乐的律动和舞蹈、活动量不大的体育活动性游戏和其他利用器械开展的小型的多样的体育游戏等，都可以作为幼儿早操活动的内容。幼儿早操活动是非正规性教育活动，是正规性教育活动的延伸，也是实施幼儿身体锻炼的重要途径。

幼儿早操活动是锻炼幼儿身体、增强幼儿体质的有效手段，尤其在全面增强幼儿运动系统和心肺器官的功能，发展幼儿动作的节奏、协调性、准确性和自控能力，养成幼儿良好的身体姿势等方面有独特的作用。另外，早操活动能使神经系统由睡眠后的抑制状态顺利转向良好的清醒工作状态，并激活幼儿身体其他主要器官、系统的机能和活动能力，提高整个有机体的工作能力，从而使幼儿能愉快而精神饱满地开始一天的生活，精力充沛地投入到一天的生活、学习和游戏中去。坚持每天进行早操活动，可养成幼儿自觉参与、积极参加身体锻炼的良好习惯和态度。坚持冬季做操，不仅能培养幼儿持之以恒、不怕寒冷、不怕困难等良好的意志品质，而且可以有效地提高幼儿机体对外界变化的适应力，增强机体的御寒能力和对疾病的抵抗力。另外，做操作为一种有组织的集体活动，还能培养幼儿良好的组织性和纪律性。

(三)幼儿户外体育活动

幼儿户外体育活动是非正规性教育活动，是正规性教育活动的延伸，也是实施幼儿身体锻炼的重要途径。

从广义上理解，幼儿的早操活动作为一种身体锻炼的教育活动，也是幼儿户外体育活动，或称之为“幼儿晨间户外活动”。但幼儿户外体育活动作为一种独立的身体锻炼的组织形式，是指除幼儿早操活动外的其他户外体育活动形式。

幼儿户外体育活动的内容是丰富多彩的。各类游戏、各类大中型器械练习、各类小型多样的体育游戏(利用小型器械)、基本体操(包括队列队形练习)、“三浴”锻炼、散步、远足等，都可以作为幼儿户外体育活动的内容。

幼儿在户外活动中，进行各种有效的身体练习，并直接接受阳光和新鲜空气等自然因素的刺激，这对幼儿骨骼的发展、呼吸系统和神经系统健康的保持、体质的增强都有十分重要的作用。

幼儿户外体育活动内容丰富、形式多样，更有利于激发幼儿活动的积极性。在活动中，幼儿往往能够根据自己的兴趣、爱好和能力水平来自由选择活动内容，独立或自由结伴进行身体练习，这更有利于满足个体的兴趣和需要，发挥他们活动的主动性、独立性和创造性，促进他们社会性的发展。在户外活动中，教师能有效地组织幼儿复习和巩固从其他组织形式中所学的知识，实现身体锻炼的目标。再则，户外活动是教师观察和了解幼儿、对幼儿实施个别教育的良好时机，有利于教师因人施教，促进幼儿在不同水平上的共同发展。此外，丰富多彩的户外体育活动能丰富和活跃幼儿的生活，轻松、自由、愉快的活动气氛能更好地培养幼儿活泼、开朗的性格，养成他们自觉进行户外身体锻炼的习惯，发展他们良好的个性品质。

除了上述三种最常见、最基本的幼儿身体锻炼活动的组织形式外，幼儿园还可以开展幼儿体育活动区活动、幼儿室内体育活动、幼儿运动会、幼儿远足或短途游览等其他形式的身体锻炼活动。

（四）幼儿体育活动区活动

这是幼儿户外体育活动的一种特殊类型，因而，在活动时间的安排和活动形式上与一般的户外体育活动有较大的差异。

在活动时间的安排上，一般的户外体育活动每天都应该进行，且幼儿“每日户外体育活动的时间不得少于1小时”。然而，幼儿体育活动区活动一般每周或半个月，甚至更长的时间才开展一次。

在活动形式上，一般的户外体育活动，是以班级为单位独立进行的（有时也有平行班或混合班同时进行，但不是主要形式），而幼儿体育活动区活动是对全园幼儿开放且打破年龄和班级界限的，由幼儿自由选择活动区（如球类活动区、钻爬区、投掷区、各类大中型运动器械活动区等）展开活动，每个活动区有1～2名教师帮助和指导幼儿进行活动。通过这种形式，不但全园户外活动时间统一，而且扩大了幼儿之间的接触和交往的范围，为幼儿提供了更多的相互学习、相互合作与帮助的机会和条件，同时满足了幼儿运动、娱乐、交往、表现、模仿等多方面的需要。

（五）幼儿室内体育活动

幼儿室内体育活动主要有以下三种形式。

一是开辟专门的幼儿室内体育活动场地。这样当户外气候条件不利于幼儿活动时，幼儿可在室内进行早操活动、开展幼儿体育教学活动或其他形式的身体锻炼活动。

二是在室内开辟专门的体育活动区，如蹦蹦床等。这种活动区既弥补了户外体育活动器械的不足，又为幼儿提供了在户外天气不佳或场地条件有限的情况下，仍能进行身体锻炼的机会和条件。

三是利用幼儿园现有的音乐活动室或舞蹈室进行室内体育活动。室内一般应铺设木地板或地毯。活动的内容一般是在音乐的伴奏下，让幼儿模仿或创造性地进行各种身体表现活动，旨在提高幼儿身体动作的表现力，发展幼儿活动的想象力和创造力，使幼儿情绪愉悦，以此培养幼儿良好的审美情趣和积极的个性。

(六)幼儿运动会

幼儿运动会是指将幼儿的表演和小型比赛活动相结合而进行的全园性身体锻炼活动。其目的在于满足幼儿运动、娱乐、表现、竞赛等的需要和愿望，激发幼儿参加体育活动的兴趣，培养幼儿的集体意识，丰富幼儿的生活。

幼儿运动会的内容主要有：以班为单位且全体幼儿都参加的表演性基本体操或小型团体操、幼儿集体舞，适合本年龄组开展的表演性或竞赛性游戏，家长和孩子共同参与的比赛活动，等等。

(七)幼儿远足或短途游览

这种活动形式是指组织幼儿步行到离幼儿园较远的草坪、低矮的山坡或沙滩等地进行追逐游戏，或者到附近公园、儿童乐园、动物园、植物园或其他人文景点进行参观、游览和活动。其作用是让幼儿走向自然和社会，并充分利用当地资源条件进行身体锻炼活动，增强幼儿的体质，培养他们的自主性和组织纪律性，丰富他们的生活，扩大他们的视野。如果远足或短途游览能够结合科学、社会和语言教育同时进行，则活动的综合功能更能得到很好地发挥。

三、幼儿身体锻炼活动的方法

(一)讲解法、示范法

讲解法是指教师用语言组织幼儿的活动，指导幼儿掌握活动的名称和练习的内容，理解动作的要领和做法的一种方法。

示范法是指教师以个体的动作为范例，使幼儿看到所要练习和掌握的动作技能的具体形象、结构和完成的先后顺序等。

运用讲解法、示范性应注意以下几点。

1. 讲解和示范有机结合

讲解和示范要合理结合，并根据幼儿的年龄特点和幼儿对身体练习内容的熟练程度确定讲解和示范的多少。

2. 注意讲解语言的简洁、生动及启发性

讲解语言要清楚，生动形象，有趣味性，引发幼儿积极参与身体锻炼的兴趣；讲解要正确且通俗易懂，便于幼儿理解活动的内容、方法和规则，掌握正确的活动方式及准确的动作要领和方法；讲解要突出重点和难点，启发幼儿思考。

3. 示范要正确、优美

示范要正确、优美，尤其是首次示范要给幼儿留下完美的印象，以激发幼儿参与练习的愿望，帮助幼儿建立准确的动作表象并感受体态美。

(二)练习法

练习法是在教师指导下，幼儿做身体练习，以实现身体锻炼活动目标的方法，这是体育活动中最基本、最重要的方法。

幼儿园常用的练习法有：重复练习法、条件练习法、完整练习法、分解练习法、循环练习法等，应根据具体体育活动内容的特点综合运用。

在使用练习法时，应注意以下几点。

1. 灵活运用多种练习方法，激发幼儿练习的兴趣

灵活多样的练习方法能调动幼儿练习的兴趣，能帮助幼儿正确掌握练习的内容和动作技能，增强幼儿的体质。

2. 练习的目的要明确，要求要具体

不同的练习内容及练习性质要有不同的要求。不同的练习阶段，要求要有变化，并注意逐步提高。每次练习要分清主次，突出重点和难点。

3. 注意观察、了解幼儿在练习中的表现，及时给予帮助和指导

练习时，教师要及时纠正幼儿的错误，可结合语言提示和具体帮助的方法，必要时可重新讲解、示范，以帮助幼儿掌握正确的动作。

4. 练习过程中要注意循序渐进，耐心细致，不要操之过急

对不同幼儿的练习既要有一般要求，又要注意区别对待和因人施教。此外，要合理安排练习时间，注意动静结合，并及时了解幼儿的体力等状况，灵活地调整练习的内容和过程，保证练习具有合理的运动量。

5. 注意培养幼儿在活动中积极思考的习惯

把练习过程与思维活动结合起来，逐步培养幼儿在活动中积极思考的习惯，并及时了解幼儿在练习中的情绪、品德等诸方面的情况，并加以有针对性的引导，促使幼儿在练习中得到全面发展。

(三)语言提示和具体帮助法

语言提示是指幼儿在进行练习时，教师用简短明确的语言提示指导幼儿正确活动的方法。但单纯依靠语言提示，往往达不到指导的目的。这时，教师必须直接、具体地帮助幼儿改正错误，让幼儿掌握练习的要求和方法。这种方法就是具体帮助法。上述方法多用于重复练习时教师帮助幼儿防止和纠正错误，也是实施个别指导的有效方法。

在具体使用时应注意：提示和帮助要明确、具体、及时，且富有针对性。态度要积极、和蔼，不用训斥、埋怨或恐吓的语言和口吻。

(四)游戏法

游戏法是指用游戏的形式组织幼儿进行身体锻炼的方法。

身体锻炼活动中采用游戏法常常可以利用以下几种形式。

一是直接将有情节的体育活动性游戏作为身体锻炼的主要内容。

二是在活动的开始或结束部分，可以让幼儿进行各种模仿性动作的练习。

三是用游戏的口吻或利用头饰、玩具或新颖、变化的活动器械来吸引幼儿，激发幼儿参加身体锻炼的欲望和积极性。

四是对中、大班的幼儿来说，在活动过程中适当增加一些竞赛成分，能增加活动的趣味性。

五是适当给幼儿自由活动的时间，鼓励幼儿在自由活动中创造新的玩法。

(五)比赛法

比赛法是指在比赛的条件下进行练习的方法。一般在中、大班采用。比赛中要注意保证幼儿动作姿势的正确及活动过程的有组织性。

(六)领做法

领做法是指教师边示范讲解、边组织幼儿按教师的要求进行练习的方法。

这种方法能较好地调动幼儿的视、听、运动觉等多种感官，并通过两个信号系统的共同活动来建立有关动作的概念和整个活动过程的条件反射，提高学习和活动的效率。

(七)信号法

信号法是指用口令、哨音、音乐、鼓声、拍手等声响来帮助和指导幼儿进行身体锻炼的方法。口令是身体锻炼活动中常用的信号，在组织幼儿排队、队形变换及做操时经常使用。使用时应做到声音洪亮、清晰、有节奏、有感情，并正确分清预令和动令，其他信号有利于发展动作的节奏感，活跃活动的气氛，培养幼儿分辨信号的能力。在使用时，应注意根据动作的特点和活动情节的变化，改变信号的节奏和速度。

幼儿园身体锻炼的方法是多种多样的，在具体开展活动时，应注意综合运用多种方法，并根据幼儿的情况、活动的内容和组织形式，幼儿的活动方式及场地、器械等具体情况灵活运用。

四、幼儿身体锻炼活动中的内容选择

(一)幼儿体育游戏的选择和创编

幼儿体育游戏依据不同的分类标准，可分为多种类型，如表 2-1 所示。

表 2-1　幼儿体育游戏分类表

<table>
<tr><th>分类标准</th><th colspan="2">游戏类型</th></tr>
<tr><td rowspan="3">按游戏组织特点分类</td><td colspan="2">集体性游戏</td></tr>
<tr><td rowspan="2">分散性游戏</td><td>自由结伴游戏</td></tr>
<tr><td>个别游戏</td></tr>
<tr><td rowspan="3">按游戏活动类型分类</td><td colspan="2">集体游戏(全班)</td></tr>
<tr><td colspan="2">小组游戏(分组)</td></tr>
<tr><td colspan="2">个人游戏</td></tr>
<tr><td rowspan="7">按基本活动技能分类</td><td colspan="2">走的游戏</td></tr>
<tr><td colspan="2">跑的游戏</td></tr>
<tr><td colspan="2">跳跃的游戏</td></tr>
<tr><td colspan="2">投掷的游戏</td></tr>
<tr><td colspan="2">钻的游戏</td></tr>
<tr><td colspan="2">爬的游戏</td></tr>
<tr><td colspan="2">攀登的游戏</td></tr>
<tr><td rowspan="7">按身体素质练习分类</td><td colspan="2">力量性游戏</td></tr>
<tr><td colspan="2">耐力性游戏</td></tr>
<tr><td colspan="2">速度性游戏</td></tr>
<tr><td colspan="2">平衡性游戏</td></tr>
<tr><td colspan="2">灵敏性游戏</td></tr>
<tr><td colspan="2">协调性游戏</td></tr>
<tr><td colspan="2">柔韧性游戏</td></tr>
<tr><td rowspan="3">按活动量大小分类</td><td colspan="2">活动量大的游戏</td></tr>
<tr><td colspan="2">活动量中等的游戏</td></tr>
<tr><td colspan="2">活动量小的游戏</td></tr>
<tr><td rowspan="2">按有无情节性分类</td><td colspan="2">情节性游戏</td></tr>
<tr><td colspan="2">无情节性游戏</td></tr>
<tr><td rowspan="6">按有无运动器械分类</td><td colspan="2">徒手游戏</td></tr>
<tr><td rowspan="5">器械游戏(举例)</td><td>球的游戏</td></tr>
<tr><td>圈的游戏</td></tr>
<tr><td>平衡板游戏</td></tr>
<tr><td>沙包游戏</td></tr>
<tr><td>垫上游戏</td></tr>
</table>

1. 幼儿身体锻炼游戏的选择要求

(1)所选游戏的内容必须与幼儿身体锻炼的教育内容相一致。

(2)所选游戏应符合幼儿的年龄特点。

由于同一教育内容可通过不同的游戏来实施，因此在选择游戏时，还应考虑幼儿的认知水平和身体机能的发展状况，注意游戏的选择应由易到难、由简到繁。

2. 幼儿身体锻炼游戏的创编

幼儿体育游戏是指以发展幼儿的基本动作和身体素质为主要目的，具有一定的情节、角色和规则的身体锻炼游戏。

(1)幼儿体育游戏创编的原则。

①趣味性原则。

教师应该把幼儿比较难理解的动作和单调的素质练习变成具体的、有趣的游戏情节，使其成为幼儿模仿生活和周围事物的有趣活动，促使幼儿愿意和喜欢去参加活动，自然而轻松地进行身体锻炼，同时又给幼儿的身心带来愉悦、欢乐的感受。

②教育性原则。

体育游戏的主要任务是促进幼儿身体的基本动作、技能和素质的发展。教育的相互渗透性或活动的综合性功能，又规定了游戏同样具有智育和德育的任务。

③量力性原则。

受大、中、小班幼儿的认知能力和身心发展水平的制约，各年龄班幼儿不仅对游戏的角色、情节、规则的理解存在着明显的年龄差异，而且学习新游戏的能力、对游戏目的性的认识、在游戏中表现出来的坚持性和合作性程度等，都存在着年龄差异。因此，在创编游戏时，教师应根据幼儿的年龄特点，有针对性地设计适合各年龄班幼儿活动的游戏。另外，在创编游戏时，也必须根据幼儿的年龄特点，选择教学内容，规定游戏的活动量。

(2)幼儿体育游戏创编的步骤。

①确定创编游戏的任务。

②根据游戏的任务选择合适的游戏内容，包括游戏动作。具有主题情节的幼儿体育游戏的内容主要来源于三个方面，即“模拟自然现象”“模拟动物的各种形态”“模拟社会现象和活动”，而社会现象又包括成人的劳动、军体活动和科技活动等诸多方面。

③把角色的游戏动作(内容)情节化，并确定游戏的规则。

④提供必要的游戏条件。

(3)幼儿体育游戏创编的基本格式。

创编游戏的一般格式如下。

①游戏的名称(年龄班)。

②游戏的目的。

③游戏的准备。

④游戏的玩法和规则(有时规则可独立)。

⑤游戏的建议或注意事项。

(二)幼儿基本体操的选择和创编

创编幼儿基本体操的一般步骤和方法如下。

1. 明确任务，提出总体构思

选编一套体操首先应该明确目的，即所选编体操的功用是什么。如果是早操，则编排的操节动作要全面，以便全面锻炼幼儿的身体。如果是准备活动操，则所选用的动作随意性较大，只要求能起到准备活动的作用。假如是表演操，则在锻炼身体的同时，更应强调体操的艺术性和表演效果。另外，任务明确后，教师应根据幼儿的年龄特点，构思体操的名称、全套体操的节数和每节操的名称、操节的节拍或呼数、操节动作的节奏(变化)、活动量的难易程度、对身体影响的特殊要求(形体矫正操中)等。一般来说，各年龄班体操的构思可参照表 2-2。

表 2-2　各年龄班幼儿基本体操的特点

年龄班	体操类型	动作难度	节数	呼数	节奏	活动量
小班	模仿操(主要类型)、简单的徒手操	动作较简单、动作对称变化小	每套 4～5 节	4×4 或 2×8	较慢、变化小	一般
中班	徒手操(主要类型)、简单的轻器械操	动作有一定的难度和变化	每套 5～7 节	2×8	有快、有慢、有一定的变化	增大
大班	轻器械操、徒手体操(包括韵律操、健美操、武术操等)	动作难度较大、变化较多	每套 6～9 节	2×8 或 4×8	有快、有慢、变化较多	较大

2. 设计单个或成节动作，组织整套体操的动作顺序

这是编操中最为关键的一个步骤，具体应注意以下几个方面。

(1)要根据幼儿的身心及体操的类型来选编动作。

①动作总的要求是简单或难度适中，优美、轻快、活泼并富有模仿性

和表现力，突出动作的形象化和幼儿化，便于幼儿模仿和学习，且有较强的锻炼价值。

②体现各类操的特点。例如，选编轻器械操，应该体现出所用器械的特点，充分发挥器械的功能。

(2)应注意动作编排的科学性。

①为保证身体锻炼的全面性，选编幼儿基本体操时，应包括头部、上肢、下肢、躯干等身体各部位不同类型的、向不同方向运动的动作内容，全面锻炼身体，并注重在体操中发展幼儿的灵敏性、协调性、柔韧性、平衡性等身体素质和良好的身体姿势。

②动作的编排应遵循人体生理机能能力变化规律，即整套操的活动量应遵循上升→平稳→下降(小→大→小)的变化规律。动作由慢到快再到慢，由易到难再到易。

(3)设计单个或成节动作时，应了解影响动作效果和难度的要素。

影响动作的要素是身体姿势、动作方向、动作幅度、动作路线、动作频率和速度等。教师在编操时，应通过改变影响动作要素的方法来编排出新颖、独特，有一定创造性和艺术性的体操动作，提高幼儿练习的兴趣和锻炼的效果，并从中得到美的熏陶。

3. 整套动作的记写

整套动作的记写应包括：体操的名称；每节操的动作名称和呼数；每节操的预备姿势、节拍呼数与动作说明(包括动作要点、要求、图示等)。

4. 选配体操的音乐

在音乐伴奏下进行体操练习，不仅能有效地增强幼儿的节奏感、韵律感、表现力和丰富的想象力，而且能激发幼儿学操的热情，加快掌握体操动作的速度，所以，在有条件的情况下，体操应在活泼轻快、节奏鲜明、旋律优美动听的音乐伴奏下进行练习。

选配音乐时常用的方法如下。

(1)先编操，再根据体操(动作)编配音乐。

(2)先选音乐，再根据音乐编操。

五、幼儿身体锻炼活动的设计与指导

(一)幼儿体育教学的设计和指导

1. 做好体育教学活动前的准备工作

体育活动前的准备工作包括幼儿的知识准备，活动前的场地、器材和玩具的准备和布置，熟悉活动计划及做好活动前幼儿及场地的安全、卫生工作。

2. 设计幼儿体育教学应分清体育活动的类型，明确活动的任务

幼儿体育教学一般有三种类型：一是以新授为主的体育活动，即学习新教材并把新教材作为身体锻炼活动的主要内容而展开的教育活动。二是以复习为主的体育活动，即以幼儿已经学习过的教材作为身体锻炼活动的主要内容而展开的教育活动。三是幼儿园最基本、最普遍采用的体育教学类型，即“综合性体育活动”。它包含两层含义：一是指活动的内容既有新的又有已经学习过的，即新、旧内容(教材)的综合。二是指活动中多种类型的活动内容综合，即既包括基本体操(队列队形)，又包括模仿性活动、游戏、运动技能练习等。从这一意义上理解，幼儿体育教学可划分为新授活动和复习活动，仅仅因为活动所要完成的任务的侧重点不同。

3. 幼儿体育活动的设计应依据人体机能能力变化规律

人体在运动过程中，生理机能能力是不断变化的，而且有一定的规律。一般在开始时，能力逐步上升，达到并在一定时间内保持最高水平，然后又逐渐下降，这个过程可分为上升、平稳和下降三个阶段。这个变化过程是一个客观规律。

根据这一规律，我们设计幼儿体育活动过程采用三部分结构：开始部分、基本部分、结束部分。各部分的任务、内容和时间安排如下。

(1)开始部分。

任务：组织幼儿，集中幼儿的注意力，使幼儿明确活动的内容和要求，激发他们参与身体锻炼活动的兴趣；通过身体活动，克服各器官、组织的惰性，提高其活动能力，发展主要肌肉群；根据基本部分的内容，做些有针对性的准备活动，为下面的活动做好适应性准备。

内容：排队和队列队形练习；向幼儿说明活动的要求和主要内容；做一些基本体操或模仿活动；开展一些运动负荷不大、有利于发展幼儿体能的游戏；也可进行一些简单的舞蹈和律动等。

时间：一般占总时间的 10%～20%。

(2)基本部分。

任务：学习新的或较难的活动内容；巩固和提高已学过的各类练习和游戏等，并通过幼儿自身的身体练习，提高幼儿的身体素质，发展幼儿的能力，培养幼儿良好的品质等。

内容：发展体能的游戏、基本体操等；其他各类游戏，一般以《纲要》中规定的内容为主。一次活动一般安排1～2项活动内容。在内容的安排上，应注意新旧教材搭配，急缓结合，全面锻炼幼儿的身体。

时间：一般占总时间的70％～80％。

(3)结束部分。

任务：降低幼儿大脑的兴奋性，使幼儿的身体由运动的紧张状态逐渐恢复到相对安静的状态；合理地小结评价，有组织地结束活动，收拾和整理器材。

内容：轻松自然地走步；徒手放松运动；简单、轻松的操节和舞蹈；较安静的游戏等。

时间：一般占总时间的10％～20％。

幼儿体育活动过程的三个部分之间是相互联系的，各部分都有自己的主要任务和内容，但在活动的结构上又是一个紧密相连的整体，以共同实现身体锻炼的目标。另外，体育活动的结构和各部分的内容、时间等方面也应根据具体的活动任务、目标、季节气候情况，幼儿的具体情况、场地、器材等条件灵活地组织和安排。

4. 应注意体育活动过程的游戏化

在体育活动中单纯练习走、跑、跳等基本动作，比较单调、枯燥，不仅不能引起幼儿的练习兴趣，而且也容易使幼儿产生疲劳。然而，通过丰富多彩、生动有趣的体育游戏，练习基本动作和进行身体锻炼，就能调动幼儿参加活动的积极性、主动性、创造性，使幼儿体验到参加体育活动的乐趣，也有利于幼儿更好地学习和掌握运动的知识技能，从而使幼儿的身体得到更好的锻炼和发展，同时促进幼儿心理健康和谐发展，为幼儿终身体育奠定良好的基础。

5. 注意运用多种指导方式方法，并灵活调控活动过程

在组织幼儿活动时，教师要注意精讲多练，讲练结合，多采用同时练习法、鱼贯练习法、巡回练习法，以保证幼儿有充分活动的机会和时间。同时，灵活机智地指导每个幼儿的活动，既做到面向全体，又应注意个体差异，因人施教。

在具体的体育活动过程中，教师还要密切注意观察幼儿的生理和心理现象的变化情况，如脸色、汗量、呼吸频率、动作协调性、精神状态等方面的变化，及时灵活调节活动的节奏，使幼儿所承受的运动负荷，始终处于适宜的状态。

6. 重视促进幼儿综合素质的发展

重视在体育活动中发展幼儿的智力，并通过建立活动常规，利用体育活动的有关内容，培养幼儿良好的品质和个性，从而促进幼儿身心全面健康的发展。

(二)幼儿早操活动的设计和指导

1. 做好早操活动前的准备工作

早操活动前的准备工作包括活动场地、器材和玩具的准备和布置及场地的安全、卫生工作。

2. 早操活动的运动负荷不宜过大

早操活动的全过程也应遵循人体生理机能能力变化规律，但是活动量的安排，应由小到中等，再由中等到小，绝不宜过大。

3. 早操活动的内容应丰富多样，并注意定期变换

早操活动的内容有基本体操、运动负荷不大的游戏、律动和舞蹈、慢跑、走跑交替练习或自选活动等，同时要配上合适的音乐，而且要根据幼儿的年龄特点和季节气候的变化而灵活调节早操活动的内容和时间。

早操活动的内容一般都是幼儿已经基本学会和掌握的内容，因此，应注意每学期要更换一两套操，以提高幼儿做操的积极性和做操的能力。

4. 早操活动的形式应灵活多样

幼儿园的早操活动，应将教师有组织地直接指导的活动与教师间接指导的幼儿自选自由活动结合，集中活动和小组活动有机结合，以适合不同活动内容的需要，并灵活运用多样形式，激发幼儿活动的积极性，提高幼儿活动的主动性、独立性和创造性。

5. 做操时教师要注意正确的镜面示范

教师要注意以优美、正确的镜面示范动作和语言提示指导幼儿做操，应注意幼儿动作姿势要正确、到位，注意帮助幼儿纠正错误动作，还应引导幼儿做操时注意呼吸与动作的正确配合。

6. 重视早操活动的安全和卫生

应重视早操活动的安全和卫生，即应保证场地的整洁，所用器械的安全和卫生，播放的音乐音量不宜过大，冬季做操时，可根据需要让幼儿戴上帽子。

(三)户外体育活动的设计和指导

户外体育活动与早操活动相比，其活动的内容和形式灵活性更大，因此在设计指导时应注意以下几点。

1. 户外体育活动的设计应依据人体生理机能能力变化规律

户外体育活动的全过程也应遵循人体生理机能能力变化规律，使活动量由小到大，再由大到小逐步变化。

2. 保证幼儿足够的户外活动时间

《规程》中指出：在正常情况下，幼儿户外活动时间(包括户外体育活动时间)每天不得少于两小时。考虑到每次活动时间不宜过长，且活动的安排应注意动静交替，因此，幼儿户外体育活动的时间最好上下午各一次。具体活动时间应根据幼儿的年龄特点、活动内容及季节气候等条件而定。一般小班约 20 分钟，中、大班约 30 分钟，冬季可适当长些。

3. 为幼儿提供探索活动的机会和条件，培养幼儿的创造性及良好的个性品质

采用多种内容和多种形式开展户外体育活动，为幼儿提供足够的活动器械和活动内容，提供充分的自由活动的机会和条件。在活动的不同时间，应注意投放新的、不同的活动器材和活动内容。启发幼儿在活动中积极思考，尤其是在小型多样的体育游戏活动中，要鼓励和引导幼儿创造多种玩法，发展幼儿活动的创造性，增进幼儿的智力。同时，应要求幼儿遵守活动规则，爱护活动器材，团结、合作，处理好同伴间的相互关系，以促进幼儿的社会性和良好品德、个性的形成。活动结束时，要求幼儿整理和收拾好活动的器材。

4. 注意建立活动常规，保证活动的安全

活动前应向幼儿提出活动的具体要求和注意事项，活动中要注意观察和了解每个幼儿的具体情况，有针对性地、灵活地加以指导，注意因材施教，做好个别教育工作，确保体育活动的顺利开展。

5. 注意灵活运用多种指导方式

应注意灵活运用多种指导方式指导幼儿的户外体育活动，尤其应加强对幼儿自选活动的指导，避免活动的失控。为此，教师一方面应限制幼儿的不当或过分活动，另一方面又要调动那些活动消极的幼儿积极参与活动，从而达到锻炼身体的目的。

第五课　幼儿园健康教育活动案例及评析

本课是案例及评析，为同学们提供了优秀案例，每个案例都有评析，以方便同学们在学习过程中能理论联系实际，加深对理论的理解和掌握，也有利于教育能力的提升。

一、中班身体保健教育活动：蔬菜宝宝我爱你

(一)活动目标

1. 了解几种常见蔬菜对人体的好处。

2. 能根据颜色、种类等特征进行搭配。

3. 喜欢并愿意主动吃多种蔬菜。

(二)活动准备

胡萝卜、芹菜、大蒜宝宝的手偶。洁净蔬菜一份。幼儿用书：《蔬菜宝宝我爱你》。操作材料：《各种颜色的蔬菜宝宝》《蔬菜宝宝的颜色和营养》。

(三)活动过程

1. 猜谜语导入活动。

(1)教师请小朋友猜谜语。

像柿子，没有盖，又当水果，又当菜。(谜底：西红柿)

头戴绿帽子，身穿紫袍子，小小芝麻子，装满一肚子。(谜底：茄子)

(2)幼儿每猜出一种谜语，教师便出示这一蔬菜的食物或图片，共同验证谜语，并认识这一蔬菜的主要特征。

2. 幼儿根据教师的提问讨论蔬菜的不同种类。

(1)教师提问：请小朋友想一想，红色、绿色、紫色、黄色、白色的蔬菜各有哪些？

(2)幼儿讨论并发言，教师根据幼儿的发言，从蔬菜百宝箱中取出相应的蔬菜。

3. 结合操作材料《各种颜色的蔬菜宝宝》《蔬菜宝宝的颜色和营养》，引导幼儿了解不同蔬菜的营养价值。

(1)教师提问：你们喜欢吃哪些蔬菜？为什么？

(2)幼儿自由表达自己的想法。

(3)教师小结：我们听听蔬菜宝宝是怎么说的。

4. 教师与幼儿用手偶共同表演，介绍各种蔬菜宝宝对人体健康的好处。

胡萝卜宝宝：我长得红红的，真漂亮。身体里有丰富的维生素A，小朋友吃了，眼睛更明亮。

大蒜宝宝：我的本领可真大，能帮小朋友杀灭细菌，保护小朋友身体健康。

芹菜宝宝：我长得绿绿的，身体里有各种维生素和膳食纤维，小朋友吃了，可以大便顺畅。

幼儿和蔬菜宝宝做朋友，说说悄悄话。

5. 幼儿尝试将不同的蔬菜进行搭配。

(1)教师提出要求：蔬菜宝宝想找好朋友，小朋友们能帮帮忙吗？看看哪些蔬菜搭配在一起好看又好吃？

(2)分别请幼儿根据蔬菜的颜色进行搭配，并说出为什么。

(3)欣赏挂图《蔬菜拼盘》，感知各种蔬菜的搭配。

6. 幼儿尝试自制凉拌蔬菜，体验蔬菜颜色的搭配和美味。

(1)教师出示黄瓜和胡萝卜，请幼儿说说它们和哪些蔬菜搭配在一起会好看又好吃。

(2)幼儿将事先加工好的黄瓜和胡萝卜丝进行凉拌，欣赏并品尝。

7. 教师现场炒制一份蔬菜，请小朋友品尝。

(四)活动延伸

在日常生活中与家庭配合，教育幼儿多吃蔬菜。

(该活动案例选自《幼儿园渗透式领域课程：健康、语言、社会》，略做修改)

［评析］

幼儿应做自己健康的主人，但只靠成人的说教，幼儿无论如何也成不了自己健康的主人，只有通过自己亲身的感知、体验、尝试，所得到的有关健康知识，才是幼儿最感兴趣、最愿意接受的。蔬菜是孩子经常要吃的食品，但有些孩子常常不爱吃，该活动能根据孩子的年龄特点，注意教学的趣味性，运用猜谜语的方法，用拟人化的口吻，让孩子饶有兴趣地了解各种蔬菜的营养和对身体的好处，引导孩子喜欢吃蔬菜。最后，通过自制凉拌蔬菜，体验蔬菜颜色的搭配和美味，品尝蔬菜，进一步激发孩子爱吃蔬菜的情感。

二、小班体育活动：小猫钓鱼

(一)活动目标

1. 初步学会钻过 70 cm 高的障碍物，练习双手双膝着地向前爬行。

2. 发展钻爬能力，锻炼大肌肉力量，促进手脚的协调性。

3. 体验克服困难独立完成任务的快乐。

(二)活动准备

垫子四块，分作两排摆放；长橡皮筋一条(挂上绿色纸树叶)；小鱼图片若干(为幼儿人数的 3～4 倍)，四散放在场地一端；“鱼篓”两只。

(三)活动过程

1. 开始部分。

(1)幼儿随音乐模仿小猫，边“喵喵”叫着边走入场。

(2)“小猫”在“猫妈妈”的带领下边念儿歌边愉快地做操。儿歌：“今天天气真正好，小猫小猫来做操，伸伸臂，伸伸臂，弯弯腰，弯弯腰，踢踢腿，踢踢腿，蹦蹦跳，蹦蹦跳，天天锻炼身体好。”

2. 基本部分。

(1)幼儿分成两队，分别站在垫子(草地)前的起跑线上。教师交代游戏名称、玩法：“今天猫妈妈要带小猫去小河边钓鱼，路上要爬过草地，再钻过树林，最后来到小河边钓(捡)起一条小鱼，放在鱼篓中，然后从垫子两边跑回来。”

(2)请两名幼儿分别示范一次。

教师指导重点：引导幼儿观察、掌握动作要领和游戏玩法。提醒幼儿注意，爬时双手双膝趴在垫子上，快快地向前爬；钻时不可碰到树上的树叶。

(3)幼儿游戏3～4次，直至把“小鱼”全部钓完。

(4)小结。教师表扬勇敢参加锻炼、认真练本领的“小猫”，并告诉大家，今天的任务完成得很好，“猫妈妈”非常满意。

3. 结束部分。

(1)游戏：“老猫睡觉醒不了”。玩法：边念儿歌边四散走。儿歌：“老猫睡觉醒不了，小猫偷偷往外瞧，小猫小猫爱游戏，轻轻走到外面去。”儿歌念完，“小猫”四散在场地周围躲好。“老猫”醒来，不见“小猫”，着急地说：“一觉睡醒四面瞧，我的孩子不见了，喵喵喵，我的小猫快回来。”“小猫”听到“老猫”叫声，一边“喵喵”叫着，一边赶快走回“老猫”身边。游戏进行1～2次。

(2)“小猫”跟着“妈妈”抬着“鱼篓”自然地走下场。

(四)活动延伸

游戏还可根据幼儿动作发展情况增添跨过小沟、走过小桥等情节，在户外活动中继续玩此类游戏。

（该活动案例选自《幼儿园课程指导丛书健康(小班)》，略做修改）

［评析］

该活动以游戏的方式，让幼儿在有趣的游戏情境中，积极主动地进行钻爬动作的练习。活动设计的突出特点是，以模仿“小猫”做操开始活动，不仅能激发幼儿的活动兴趣，而且有利于增进幼儿对游戏角色的认识，为下面的游戏做铺垫。活动过程中，以“小猫钓鱼”的情节，让幼儿学习“新本领”：爬过草地、钻过树林、跑到河边捡起小鱼、再跑回来。这些活动情节不仅让幼儿体验玩游戏的快乐，也使幼儿在活动中的各种身体动作和素质得到发展，并在重复的游戏过程中慢慢增加运动负荷，调整全身活动量。最后，以轻松的游戏《老猫睡觉醒不了》结束活动，活动过程自然合理，真正做到寓教于乐。

三、小班体育活动：战胜大灰狼

扫一扫，看视频

小班体育活动：战胜大灰狼(上)

小班体育活动：战胜大灰狼(下)

(一)活动目标

1. 学会正确的投掷方法，锻炼手臂力量。

2. 喜欢参加体育锻炼，体验与同伴一起游戏的快乐。

(二)活动准备

沙包若干、大灰狼卡片若干、背景音乐《喜羊羊》，场地布置：小桥、山洞、山坡。

(三)活动过程

1. 开始部分。

(1)教师扮演“羊妈妈”，小朋友扮演“小羊”，以“小羊学本领”的游戏口吻导入活动，激发幼儿兴趣。

(2)教师示范带领幼儿做准备运动：听《喜羊羊》音乐，小羊跟着羊妈妈做操，锻炼身体各个部分。

2. 基本部分。

(1)小羊学本领。

①组织幼儿自由投掷沙包，激发投掷兴趣。

②教师示范讲解投掷动作，指导幼儿掌握正确的投掷要领。

教师讲解投掷要领：将沙包举在肩膀上方，胳膊向上伸直，用力投出，并示范。

幼儿练习，教师及时指导。

③教师指导幼儿听指令进行投掷练习，进一步提高幼儿的投掷能力。

(2)教师组织幼儿游戏：战胜大灰狼。

①教师提出问题，引出游戏。

教师介绍游戏并提出问题：这些小路就是通向大灰狼家的路，中间还要走过小桥。羊妈妈还听说大灰狼白天要睡觉，晚上就要出来吃小羊，咱们怎么办呢?

教师引导幼儿想出办法：把沙包当“炸弹”，天黑前把大灰狼的家炸掉。

教师示范讲解投“炸弹”的方法：手紧握“炸弹”并举在肩膀上，然后手臂向前用力投出去，才能投得远，才能炸掉大灰狼的家。

教师指导幼儿练习投掷动作——投“炸弹”。然后再组织幼儿，走过小桥，把“炸弹”投到大灰狼的家，把大灰狼的家炸掉。

②教师把幼儿分成两组，再次游戏。

教师讲解游戏的方法规则：一组幼儿与配班老师扮演大灰狼，另一组幼儿扮演小羊。游戏开始，小羊在羊妈妈的带领下走过小桥来到大灰狼家投掷炸弹，当听到“大灰狼来了”的口令，小羊必须跟着妈妈躲到安全地带。大灰狼可以出来将炸弹投回小羊的领地，当听到“猎人来了”时，大灰狼就要躲到家里的安全位置，小羊才能出来进行投掷。当听到“天黑了”的口令，小羊要赶紧回家。

教师组织幼儿游戏，并注意及时指导。

3. 结束部分。

教师带领幼儿唱着喜羊羊的歌，并一起做放松动作，胜利回家，结束活动。

(四)活动延伸

在户外活动中，引导幼儿探索沙包的多种玩法，并进一步练习基本动作。

（该活动案例由汕头市儿童福利会第三幼儿园提供，略有改动）

［评析］

“战胜大灰狼”这个体育活动的设计，有主题、有情节、有角色，让幼儿在生动有趣的游戏情境中，积极主动练习投掷动作，提高了锻炼的实效性。活动设计的突出特点是，游戏贯穿整个活动过程，以扮演“小羊”做操开始活动，不仅能激发幼儿的活动兴趣，而且有利于增进幼儿对游戏角色的认识，为后面的游戏和练习做铺垫，并在多次的游戏过程中逐渐增加投掷动作的难度，慢慢增加运动负荷，进一步激发幼儿练习的兴趣。最后，以教师带领幼儿唱着喜羊羊的歌，并一起做放松动作，胜利回家，结束活动。整个活动真正做到寓教于乐。

四、中班体育活动：好玩的瓶罐

扫一扫，看视频

中班体育活动：好玩的瓶罐

(一)活动目标

1. 能探索瓶罐的多种玩法，发展创造性思维。

2. 学会利用瓶罐进行跳跃、平衡练习，提高动作的灵活性和协调性。

3. 感受游戏的愉悦，体验合作、成功的快乐。

(二)活动准备

矿泉水瓶若干、饮料瓶若干、奶粉罐若干、呼啦圈 4 个、其他各种瓶罐。

(三)活动过程

1. 开始部分：通过瓶罐游戏操，激起活动兴趣。

(1)玩“高人走、矮人走”游戏进入活动场地。

(2)请幼儿每人拿一个瓶子，用瓶子做做准备运动(上肢运动、体转运动、踢腿运动、跳跃运动、整理运动)。

2. 基本部分：在自由探索活动中发展跳跃和平衡技能。

(1)幼儿分成三组，启发幼儿大胆地探索瓶罐的多种玩法。

教师提出要求：“小朋友，刚才我们用瓶子来做操，你还能用瓶罐玩怎样的游戏？找一个空地方，自己和小伙伴们一起去玩一玩瓶子。”

(2)幼儿自由玩瓶罐，探索瓶罐的多种玩法，教师及时进行指导。

教师重点指导：鼓励胆小的幼儿进行游戏活动；幼儿平衡和跳跃的方法，要求幼儿踩罐时脚踩中间、身体保持平衡；跳跃时脚尖先落地。

(3)指名个别幼儿演示自己的玩法，并让其他幼儿学一学他人的玩法。

(4)幼儿合作玩瓶罐，鼓励幼儿与他人大胆探索瓶罐的多种玩法。

教师重点指导：幼儿平衡和跳跃的方法，鼓励幼儿互相交换着玩。

(5)教师组织幼儿玩游戏：建房子。

①教师提出要求："老师刚刚收到一个消息：连续下了几天雨，树林那边小动物的家也被大水淹没了，小动物没地方可住，都逃到山上去了，我们来帮小动物建房子好吗?"

②幼儿用瓶罐搭建障碍小路，并练习用跳跃、平衡等方法走过"瓶罐障碍"。

③教师交代游戏的玩法及规则。

讲解示范搬运"砖块"：分别用腿夹、用头顶的方法运送"砖块"，通过"障碍"小路来到森林，将瓶罐用叠高的方法建造房子。

④幼儿分组游戏，游戏结束后比比哪一组的房子建得最高，即为获胜组。

3. 结束部分：通过游戏放松身体。

玩游戏"占罐子"进行放松，结束活动。

听音乐自由走动，音乐停，每个孩子占一个罐子坐，没坐着罐子的孩子为坐到罐子的孩子进行按摩。

(四)活动延伸

在户外活动中启发幼儿探索瓶罐更多的玩法，进一步练习基本动作。

（该活动案例由汕头市儿童福利会第三幼儿园提供，略做修改）

[评析]

"好玩的瓶罐"这个体育活动，充分利用废旧物品，启发幼儿探索瓶罐的各种玩法，引导幼儿在探索的过程中积极思考，发展了幼儿的创造性思维能力；并结合跳跃、平衡等动作练习的要求，通过丰富多彩、生动有趣的体育游戏练习基本动作和进行身体锻炼，调动幼儿参加活动的积极性、主动性、创造性，有利于幼儿更好地学习和掌握运动的知识技能，促进幼儿身体素质和活动能力的提高；同时让幼儿在活动中充分体验与同伴一起游戏的乐趣，既锻炼了幼儿主动交往、相互合作的能力，也培养了幼儿的团队精神。

五、大班体育活动：顶沙包过小桥

扫一扫，看视频

大班体育活动：顶沙包过小桥(上)　　大班体育活动：顶沙包过小桥(下)

(一)活动目标

1. 能探索沙包的多种玩法，发展创造性思维。

2. 能运用已有的运动技能过小桥，锻炼身体的平衡能力和协调性。

3. 敢于克服困难和勇于挑战。

(二)活动准备

大轮胎若干、竹梯若干、沙包若干。

(三)活动过程

1. 利用“沙包乐园”的情境导入活动。

教师导入：“小朋友，沙包乐园里又有新的游戏了，今天我们一起去玩玩吧。”(随着音乐进场)

2. 教师示范带领幼儿做准备运动。

播放音乐《健康快乐动起来》，幼儿跟着老师一起做准备运动。

3. “沙包乐园”玩一玩，让幼儿学习各种运动技能及锻炼身体。

(1)幼儿自由玩沙包，探索沙包的多种玩法。

教师提出要求：“小朋友，沙包放在身体的哪些部位不会掉？比比看，谁的玩法多?”(如放头上、放腿上、放脖子上等)

(2)让幼儿练习听口令，“顶沙包”做相应的动作，如蹲下、金鸡独立、向前走、向后退……

(3)教师组织幼儿开展顶沙包比赛，锻炼身体的平衡能力和协调性。

①教师讲解比赛方法规则：小朋友头顶沙包，从起跑线出发，向前走到终点，沙包不能掉下来，最先走到终点的胜。

②幼儿分组进行顶沙包比赛。

4. 顶沙包过桥，进一步锻炼身体的平衡能力和协调性。

(1)教师创设多种不同难度的轮胎竹桥，鼓励幼儿大胆尝试。

(2)活动中，教师及时给予帮助和指导，并提醒幼儿注意安全及做好保护工作。

活动一：

活动二：

活动三：

(3)练习结束时，教师小结。

评价重点：幼儿在活动中的表现，并鼓励幼儿克服困难勇于挑战。

5. 通过游戏“老狼老狼几点钟”，放松身体。

教师交代游戏玩法和规则：教师扮演大灰狼，幼儿扮演小动物，游戏开始，小动物问大灰狼“老狼老狼几点钟”，大灰狼回答说“一点钟……两点钟……”直到老狼说：

"天黑了"。小朋友听到"天黑了"，马上跑到指定的家里去，大灰狼去抓小动物，被抓到者停止玩游戏。

提醒幼儿：小动物要模仿自己扮演的动物走；小动物走在大灰狼的后面，不推别人；小动物们要跑回自己的家。

6. 放松音乐《饼干歌》，结束活动。

(四)活动延伸

在户外活动中教师创设多种不同难度的轮胎竹桥，鼓励幼儿大胆尝试练习。

（该活动案例由汕头市儿童福利会第三幼儿园提供，略做修改）

［评析］

"顶沙包过小桥"这个体育活动，充分利用沙包，让幼儿有充分自由的活动机会和时间去探索沙包的各种玩法，发展了幼儿的创造性思维能力；在活动中，教师创设多种不同难度的轮胎竹桥，由易到难，循序渐进提升挑战的难度，使活动呈现出挑战性，进一步发展幼儿的平衡能力及身体协调性；同时教师的鼓励调动了幼儿练习的积极性，帮助幼儿克服了害怕心理，从而锻炼了幼儿勇敢、坚毅、乐观的意志品质。

六、大班体育活动：小猴运粮食

扫一扫，看视频

大班体育活动：小猴运粮食(上)　　大班体育活动：小猴运粮食(下)

(一)活动目标

1. 学会背着篮子，膝盖不着地平稳爬行的动作，提高身体的协调性和灵敏性。

2. 能自主创设游戏场地，创造性地搭建"过河"的垫脚石。

3. 喜欢参加体育活动，体验与同伴合作及游戏的乐趣。

(二)活动准备

音箱、背篮、各类大小的瓶子、竹梯、轮胎、梅花桩等。

(三)活动过程

1. 开始部分。

教师示范带领幼儿做准备运动：听音乐做瓶子操，锻炼身体各个部分。

2. 基本部分。

(1)复习双手双脚着地，膝盖不着地爬行的动作。

(2)以游戏的形式引导幼儿练习：小猴背篮爬行。

①教师出示背篮并讲解背着篮子爬行的方法：背着篮子双手双脚着地，膝盖不着

地平稳前进的方法。

②幼儿自主练习：幼儿在场地上自由背着篮子练习双手双脚着地，膝盖不着地爬行。

③逐步增加练习难度，指导幼儿练习。

幼儿在软垫上爬行—在平衡木上爬行—在架高的竹梯上爬行，教师提醒幼儿注意安全，在平衡木和架高的竹梯爬行时注意抓紧。

(3)教师组织幼儿玩游戏：小猴运粮食。

教师讲解游戏方法的规则如下。

①猴子们通过小桥(平衡木)，来到河中的小岛上，取一份粮食背在背上，爬过很高的竹桥，将粮食送给小动物，再从瓶子小路绕回来。

②幼儿分成三组，同伴之间合作完成将各种材料(如梅花桩、奶粉罐、跷跷板等)放在河里做垫脚石，并继续给小动物运送粮食。

教师重点指导：提醒幼儿注意爬行竹桥的同时要保护好背篮里的粮食。

3. 结束部分。

(1)听音乐，幼儿和教师一起做放松动作。

(2)引导幼儿收拾游戏器械，并归类摆放整齐。

(四)活动延伸

在户外活动中投放更多的材料，鼓励幼儿创新玩法，并进一步练习基本动作。

(该活动案例由汕头市儿童福利会第三幼儿园提供，略做修改)

[评析]

“小猴运粮食”这个体育活动，以游戏的方式，让幼儿在有趣的游戏情境中，积极主动地进行爬行动作的练习。活动中，以“小猴运粮食”的情节，让幼儿学习“新本领”：在场地上自由背着篮子练习双手双脚着地，膝盖不着地爬行，在游戏的练习过程中逐步加大练习难度，慢慢增加运动负荷，这些活动情节不仅让幼儿体验了玩游戏的快乐，也使幼儿在活动中的各种身体动作和素质得到了发展。活动过程中，教师鼓励幼儿自主创设游戏场地，有创造性地搭建“过河”的垫脚石，引导幼儿在合作游戏中互相帮助，学会独立解决活动中的问题，发展幼儿的创造性思维能力，既锻炼了幼儿的团队精神，也培养了幼儿的勇敢自信和创新精神。

七、大班体育活动：学做解放军

(一)活动目标

1. 学会手脚协调地在高约 40 cm、长约 2 m 的斜架上攀爬。

2. 能巩固肩上挥臂投准(距离 2～3 m)的技能，发展目测能力和判断力。

3. 喜欢参加体育活动，体验克服困难取得胜利后的愉悦。

（二）活动准备

音乐带、录音机；垫子4块，轮胎12个，梯子4把，小沙包若干，悬挂纸飞机的长绳一条。

（三）活动过程

1. 开始部分。

(1)教师扮演“司令员”，以“解放军学本领”的游戏口吻导入活动，激发幼儿兴趣。

(2)队列练习：组织幼儿练习一路纵队走，要求步伐整齐。

(3)准备运动：幼儿听口令迅速站成四排，跟着教师听音乐学做解放军模仿操。

2. 基本部分。

(1)幼儿集体练习基本动作：攀爬。

①请个别幼儿示范正确动作，其他幼儿观察，教师讲解动作要领：手脚着地，弯腰屈膝，膝盖不能着地，一步一步向前蹬。

②集体练习基本动作，教师及时做个别指导。

A. 幼儿分成两组，在垫子上练习攀爬动作，教师及时纠正幼儿动作。

B. 幼儿分成四队，在梯子上练习攀爬动作，教师提醒幼儿注意安全。

(2)教师组织幼儿玩游戏：“解放军打敌机”。

①幼儿分成四列纵队，教师交代游戏规则：司令员发出信号后，每队解放军逐个出发，手脚并用攀爬过山岭后，拿起炸药去投掷击中飞机，然后跑回站到队尾，最快完成任务的队伍即可获胜。

②幼儿玩游戏两遍，教师注意及时指导。

3. 结束部分。

(1)小结，评价幼儿的表现。

(2)听音乐，幼儿和教师一起做完放松动作离场，结束活动。

（四）活动延伸

在户外活动中，教师提供更多的轮胎和梯子，鼓励幼儿探索多种玩法，进一步大胆尝试练习。

（该活动案例由汕头市政府第二机关幼儿园提供）

［评析］

该活动目标定位合适全面，表述精练、明确具体，既让幼儿学习新的动作“在斜架上攀爬”，又在游戏情境中“打敌机”，从而复习巩固“肩上投”动作；不仅突出身体锻炼的要求，而且重视培养幼儿相关的能力与良好的个性品质。活动过程设计巧妙，方法灵活多样，让幼儿扮演“解放军”，做解放军模仿操，学习“新本领”“打敌机”，通过组织幼儿在游戏情境中进行多种多样的活动，由易到难地锻炼走、跑、攀登、平衡、跳跃、投掷等身体基本动作，不仅发展了各种身体动作，而且提高了各种身体素质，培养了勇敢精神和合作能力，很好地贯彻了全面发展的原则。

第六课　幼儿园健康教育活动实践训练

本课主要是组织开展幼儿园健康教育活动的训练，目的是提高同学们设计、组织幼儿园健康教育活动的技能及能力。

项目一　幼儿健康教育活动目标设计的实践训练

(一)实训目标

1. 熟悉幼儿健康教育各年龄段的目标要求。

2. 能够对具体活动目标表述的合理性进行分析。

(二)内容与要求

1. 阅读1～2个幼儿健康教育活动目标案例并对活动目标表述的合理性进行分析。

2. 根据下列课题设计幼儿健康教育活动目标，全班同学进行评析，教师再进行评价和总结。

(1)小班健康教育活动：小刺猬运果子。

(2)中班健康教育活动：蔬菜营养多又多。

(3)大班健康教育活动：好心情。

项目二　幼儿身心保健教育活动的实践训练

(一)实训目标

1. 掌握各年龄段幼儿身心保健教育活动的目标及活动过程的组织程序。

2. 具有设计和组织各年龄段幼儿身心保健教育活动的能力。

(二)内容与要求

1. 阅读完整的幼儿身心保健教育活动方案。

认真阅读教师提供的幼儿身心保健教育活动方案，并结合所学理论进行分析：活动方案中活动目标及活动过程的设计是否符合要求？需要怎样改进？

2. 观摩、评析幼儿园各个年龄班的幼儿身心保健教育活动。

观看幼儿身心保健教育活动教学实况录像或者到幼儿园现场观摩，记录幼儿身心保健教育活动的全过程，然后分小组讨论活动的设计和组织是否符合要求？可以怎样改进？

3. 设计幼儿身心保健教育活动的目标和活动过程的组织程序。

根据下列课题设计幼儿身心保健教育活动的目标和活动过程的组织程序，全班同学进行评析，教师再进行评价和总结。

(1)小班身心保健教育活动：我的小手真干净。

(2)中班身心保健教育活动：预防传染病。

(3)大班身心保健教育活动：绿色食品。

4. 设计完整的幼儿身心保健教育活动方案，并练习说课或试教。

根据下列课题设计出完整的幼儿身心保健教育活动方案，并分小组说课或试教。

(1)小班身心保健教育活动：我爱吃饭。

(2)中班身心保健教育活动：春来野菜香。

(3)大班身心保健教育活动：爱护牙齿。

项目三　幼儿身体锻炼活动的实践训练

(一)实训目标

1. 掌握各年龄段幼儿身体锻炼活动的目标及活动过程的组织程序。

2. 具有设计和组织各年龄段幼儿身体锻炼活动的能力。

(二)内容与要求

1. 阅读完整的幼儿身体锻炼活动方案。

认真阅读教师提供的幼儿身体锻炼活动方案，并结合所学理论进行分析：活动方案中活动目标及活动过程的设计是否符合要求？需要怎样改进？

2. 观摩、评析幼儿园各个年龄班的幼儿身体锻炼活动。

观看幼儿身体锻炼活动教学实况录像或者到幼儿园现场观摩，记录幼儿身体锻炼活动的全过程，然后分小组讨论活动的设计和组织是否符合要求？可以怎样改进？

3. 设计幼儿身体锻炼活动的目标和活动过程的组织程序。

根据下列课题设计幼儿身体锻炼活动的目标和活动过程的组织程序，全班同学进行评析，教师再进行评价和总结。

(1)小班身体锻炼活动：运水果。

(2)中班身体锻炼活动：冬季动物运动会。

(3)大班身体锻炼活动：丢沙包。

4. 设计完整的幼儿身体锻炼活动方案，并练习说课或试教。

根据下列课题设计完整的幼儿身体锻炼活动方案，并分小组说课或试教。

(1)小班身体锻炼活动：小青蛙跳荷叶。

(2)中班身体锻炼活动：好玩的圈圈。

(3)大班身体锻炼活动：有趣的轮胎。

思考与练习

1. 简述幼儿健康教育的目标和内容。

2. 幼儿身心保健教育的方法有哪些？并举例说明。

3. 幼儿身心保健教育活动如何指导？

4. 组织幼儿身体锻炼应遵循哪些原则？

5. 幼儿身体锻炼的方法有哪些？并举例说明。

6. 如何创编幼儿体育游戏？

7. 阐述幼儿体育教学活动的设计指导要求，以“发展幼儿跳跃能力”为目标，设计一节大班体育教学活动。

8. 如何指导早操活动和户外体育活动？

学习反思

第三单元
幼儿社会教育

学习目标

知识目标

1. 了解幼儿社会学习的特点.

2. 掌握幼儿社会教育的目标和内容。

3. 掌握幼儿社会教育活动的途径和方法。

能力目标

1. 学会评析幼儿社会教育活动，并提出改进意见。

2. 具有设计和组织实施各年龄班幼儿社会教育活动方案的能力。

素养目标

1. 自觉弘扬中华优秀传统文化，增强文化自信。

2. 能积极主动加强对社会教育理论的学习和研究，自觉提升幼儿教师的职业素养。

学前期是人的社会性发展的重要时期，幼儿社会领域的学习与发展的实质在于社会化，即社会性不断发展完善并奠定健康个性的基础。幼儿社会教育也是做人的教育，是形成和完善幼儿人格的教育，是幼儿全面发展的重要组成部分。良好的社会性发展对幼儿身心健康和其他各方面的发展都具有重要影响。本单元主要根据《规程》《纲要》《指南》的精神、幼儿身心发展规律、社会领域特点，就幼儿社会教育内涵、目标和内容、途径和方法及活动指导进行较为系统地论述，以期帮助同学们掌握组织幼儿园社会教育活动的基础理论，从而初步形成组织指导活动的能力。

第一课　幼儿社会教育概述

心理学研究表明，社会化是儿童在社会环境并与他人相互作用的过程中逐步发展和实现的，儿童社会化的目标是形成完整的个性。本课是在同学们学习幼儿心理学理论的基础上，进一步帮助同学们理解幼儿社会教育的内涵和幼儿社会学习的特点。

一、什么是幼儿社会教育

幼儿社会教育是指以发展幼儿的情感—社会性为目标，以促进幼儿的社会认知，激发幼儿的社会情感，培养幼儿的社会行为为主要内容的教育。幼儿社会教育是以情感—社会性为发展目标的。所谓社会性，是指人在形成自我意识、进行社会交往、内化社会规范、进行自我控制及进行其他社会活动时所表现出来的心理特征。幼儿社会性发展是通过社会化过程来实现的。儿童社会化是一个相当复杂的过程。它是以生物的遗传素质为基础，通过个体与社会环境的相互作用而逐渐完成的。它不是一个单项的、由外向内作用的过程，而是一个双向的、内外交互作用的过程。社会化一般应包括三个方面的任务：第一，儿童必须学习适当的行为表现，即这种行为表现必须是社会所认可的符合行为规范的。第二，儿童必须学习扮演其社会角色，学习其角色的职责，如男或女的角色，学生或儿女的角色以及团体成员的角色等。第三，儿童必须发展其社会态度，使其能与他人建立良好的关系，能够与不同的人进行各种活动。

幼儿社会教育就是要引导幼儿在社会认知、社会情感及社会行为方面协调发展，使幼儿成为诚实的人、守信的人、勇敢的人、活泼开朗的人、善于交往的人、热心助人的人。幼儿社会教育也是做人的教育，是形成和完善幼儿人格的教育，是幼儿全面发展的重要组成部分。

二、幼儿社会学习的特点

幼儿自身的心理特点和社会内容本身的特殊性，决定了幼儿社会学习有其特定的学习特点，了解这些特点，有利于我们更好地实施幼儿社会教育。

(一)随机性和无意性

人是生活在一定的生活环境中的，他要从一个“自然人”发展成为一个

"社会人"，就必然要认识周围环境，与人交往，学习社会所认可的行为方式、价值取向等。由此可见，社会学习涉及社会生活的方方面面，社会学习无处不在，无时不有。在幼儿期，幼儿模仿现象普遍存在，表现为别人有什么我也要有什么、别人做什么动作我也需做什么动作，幼儿每天都在观察、模仿、学习父母、教师、同伴等的行为、举止、态度等。也就是说，幼儿可以在许多活动中随机地、无意地进行社会学习，这也就为我们进行社会教育提供了广阔的空间和多样的机会，教师应在各种活动中利用各种时机对幼儿进行有意识的引导。

(二)长期性和反复性

人在社会的不同时期、不同地点分别扮演着不同的社会角色。人要适应这个社会，按社会某种角色的要求行事，就要不断地进行社会学习。因为幼儿处在人生的初始阶段，其身心发展尚不成熟，各种行为还不稳定，特别是一些良好的行为习惯、自我意识等正在形成中，可塑性、可变性较大，所以幼儿的社会学习有长期性和反复性的特点。在幼儿社会教育中，教师必须要有高度的责任感，耐心、细心地对幼儿加以引导。

(三)实践性和情感性

社会学习的实质是一种社会化的过程。人需要将外在的道德规范、准则变为自己的行为准则，使自己逐渐适应周围的社会生活，成为社会人。幼儿的社会学习也是一种不断内化的过程，而且这种内化过程需在实践中实现。因为幼儿的思维是具体形象的，外在的社会道德规范、行为准则对幼儿而言却是抽象的，幼儿在实践中，在与他人的交往中，通过成人和同伴的评价、强化及自己的体验，从而调节自己的行为，把别人肯定、认可的准则、行为留下来，所以幼儿的社会学习具有实践性和情感性。在幼儿社会教育中，幼儿必须重视实践活动，不断感知、体验，才能更好地实现社会化的过程。

第二课　幼儿社会教育的目标和内容

《纲要》明确规定幼儿园社会领域的总目标，总目标又是确定相应的年龄阶段目标及具体教育活动目标的依据。幼儿社会教育的目标是选择幼儿社会教育内容的依据，幼儿社会教育的内容又是教育目标的具体体现，对于实现目标至关重要。

一、幼儿社会教育的总目标

《纲要》提出了社会领域教育的目标。

(1)能主动地参与各种活动，有自信心。

(2)乐意与人交往，学习互助合作和分享，有同情心。

(3)理解并遵守日常生活中基本的社会行为规则。

(4)能努力做好力所能及的事，不怕困难，有初步的责任感。

(5)爱父母长辈、老师和同伴，爱集体、爱家乡、爱祖国。

幼儿社会领域教育的目标就在于引导幼儿顺利地进入集体生活，养成良好的习惯。

二、幼儿社会教育的年龄阶段目标

1. 小班

(1)初步了解自己身体主要部分的基本特征和功能，初步学会自我保护。

(2)知道自己是幼儿园的小朋友，初步培养独立性和最基本的自我控制能力。

(3)逐步熟悉幼儿园的环境，认识幼儿园的同伴和成人，初步了解他们和自己的关系，初步适应幼儿园的生活。

(4)保持愉快的情绪，愿意与他人交往，积极参与集体生活。

(5)初步掌握日常生活中常用的礼貌用语，初步学会有礼貌地同他人交往，见了老师和长辈会鞠躬、问好。

(6)初步懂得最主要的交通安全常识。

(7)遵守最基本的学习活动规则，初步养成良好的学习习惯。

(8)激发从事简单的自我服务性劳动的兴趣，初步了解父母和教师的劳动。

(9)懂得与同伴共同活动时不争夺或独占玩具等道理。

2. 中班

(1)初步了解自己与他人的异同。

(2)初步了解自己与他人的情绪，初步学会同情和关心他人。

(3)培养最基本的自我控制能力，初步懂得不侵犯同伴的道理。

(4)初步了解周围主要的社会机构、社区设施，初步知道它们与人们生活的关系，引发最初步的爱家乡的情感。

(5)初步了解重大的节日，感受节日的快乐。

(6)初步激发与他人交往的愿望，在与同伴或成人交往时，学习使用准确的礼貌用语。

(7)初步学会与他人合作，初步学会分享与谦让。

(8)了解周围成人的劳动，学做一些力所能及的事，初步养成爱劳动、爱惜劳动成果的习惯。

(9)大胆表达自己的见解，初步学会克服困难，坚持有始有终地做一件事。

(10)初步学会评价自己与同伴，并勇于承认错误、改正缺点。

(11)初步养成诚实、守纪律等良好的品德行为。

(12)初步感知我国的民间艺术及传统文化精品。

3. 大班

(1)初步了解自己的成长和成人为此付出的劳动，激发爱父母、爱老师及爱长辈的情感。

(2)初步学会控制自己的情绪和行为，初步学会在紧急情况下的应变方法。

(3)了解自己所在的幼儿园，初步懂得应为幼儿园做有益的事，培养初步的集体荣誉感和责任感。

(4)主动、准确地使用礼貌用语，以恰当的方式与他人交往。

(5)主动照顾、关心中班和小班的小朋友。

(6)了解周围的社会生活，初步了解各社会机构成员的劳动及其与人们生活的关系，引发尊敬、热爱劳动者的情感。

(7)初步了解我国的民族、我国的主要物产，激发爱祖国的情感。

(8)初步了解国家间的友好往来，引发爱好和平的情感。

(9)初步学会分辨是非，初步懂得向好的榜样学习，激发初步的爱憎感。

(10)能遵守各种行为规则，初步学会以规则的要求对照自己或他人的行为，喜好从事力所能及的劳动，初步懂得爱惜劳动成果，爱惜公物。

(11)初步感知家乡的自然环境和人文景观，初步了解我国主要的自然环境和人文景观，引发对民族文化的兴趣及保持自然、社会环境的初步意识。

(12)初步感知世界著名的人文景观及优秀艺术精品，培养对世界文化的兴趣。

三、幼儿社会教育的活动目标

活动目标的确立详见第一单元第二课。

延伸阅读

《指南》关于社会教育的目标

（一）人际交往

目标 1　愿意与人交往

3～4 岁	4～5 岁	5～6 岁
1. 愿意和小朋友一起玩游戏。 2. 愿意与熟悉的长辈一起活动。	1. 喜欢和小朋友一起玩游戏，有经常一起玩的小伙伴。 2. 喜欢和长辈交谈，有事愿意告诉长辈。	1. 有自己的好朋友，也喜欢结交新朋友。 2. 有问题愿意向别人请教。 3. 有高兴的或有趣的事愿意与大家分享。

目标 2　能与同伴友好相处

3～4 岁	4～5 岁	5～6 岁
1. 想加入同伴的游戏时，能友好地提出请求。 2. 在成人的指导下，不争抢、不独霸玩具。 3. 与同伴发生冲突时，能听从成人的劝解。	1. 会运用介绍自己、交换玩具等简单技巧加入同伴游戏。 2. 对大家都喜欢的东西能轮流、分享。 3. 与同伴发生冲突时，能在他人帮助下和平解决。 4. 活动时愿意接受同伴的意见和建议。 5. 不欺负弱小。	1. 能想办法吸引同伴和自己一起游戏。 2. 活动时能与同伴分工合作，遇到困难能一起克服。 3. 与同伴发生冲突时能自己协商解决。 4. 知道别人的想法有时和自己不一样，能倾听和接受别人的意见，不能接受时会说明理由。 5. 不欺负别人，也不允许别人欺负自己。

目标 3　具有自尊、自信、自主的表现

3～4 岁	4～5 岁	5～6 岁
1. 能根据自己的兴趣选择游戏或其他活动。 2. 为自己的好行为或活动成果感到高兴。 3. 自己能做的事情愿意自己做。 4. 喜欢承担一些小任务。	1. 能按自己的想法进行游戏或其他活动。 2. 知道自己的一些优点和长处，并对此感到满意。 3. 自己的事情尽量自己做，不愿意依赖别人。 4. 敢于尝试有一定难度的活动和任务。	1. 能主动发起活动或在活动中出主意、想办法。 2. 做了好事或取得了成功后还想做得更好。 3. 自己的事情自己做，不会的愿意学。 4. 主动承担任务，遇到困难能够坚持而不轻易求助。 5. 与别人的看法不同时，敢于坚持自己的意见并说出理由。

目标 4　关心尊重他人

3～4 岁	4～5 岁	5～6 岁
1. 长辈讲话时能认真听，并能听从长辈的要求。 2. 身边的人生病或不开心时表示同情。 3. 在提醒下能做到不打扰别人。	1. 会用礼貌的方式向长辈表达自己的要求和想法。 2. 能注意到别人的情绪，并有关心、体贴的表现。 3. 知道父母的职业，能体会到父母为养育自己所付出的辛劳。	1. 能有礼貌地与人交往。 2. 能关注别人的情绪和需要，并能给予力所能及的帮助。 3. 尊重为大家提供服务的人，珍惜他们的劳动成果。 4. 接纳、尊重与自己的生活方式或习惯不同的人。

(二)社会适应

目标 1　喜欢并适应群体生活

3～4 岁	4～5 岁	5～6 岁
1. 对群体活动有兴趣。 2. 对幼儿园的生活好奇，喜欢上幼儿园。	1. 愿意并主动参加群体活动。 2. 愿意与家长一起参加社区的一些群体活动。	1. 在群体活动中积极、快乐。 2. 对小学生活有好奇和向往。

目标 2　遵守基本的行为规范

3～4 岁	4～5 岁	5～6 岁
1. 在提醒下，能遵守游戏和公共场所的规则。 2. 知道不经允许不能拿别人的东西，借别人的东西要归还。 3. 在成人提醒下，爱护玩具和其他物品。	1. 感受规则的意义，并能基本遵守规则。 2. 不私自拿不属于自己的东西。 3. 知道说谎是不对的。 4. 知道接受了的任务要努力完成。 5. 在提醒下，能节约粮食、水电等。	1. 理解规则的意义，能与同伴协商制定游戏和活动规则。 2. 爱惜物品，用别人的东西时也知道爱护。 3. 做了错事敢于承认，不说谎。 4. 能认真负责地完成自己所接受的任务。 5. 爱护身边的环境，注意节约资源。

目标 3　具有初步的归属感

3～4 岁	4～5 岁	5～6 岁
1. 知道和自己一起生活的家庭成员及与自己的关系，体会到自己是家庭的一员。 2. 能感受到家庭生活的温暖，爱父母，亲近与信赖长辈。 3. 能说出自己家所在街道、小区（乡镇、村)的名称。 4. 认识国旗，知道国歌。	1. 喜欢自己所在的幼儿园和班级，积极参加集体活动。 2. 能说出自己家所在地的省、市、县(区)名称，知道当地有代表性的物产或景观。 3. 知道自己是中国人。 4. 奏国歌、升国旗时能自动站好。	1. 愿意为集体做事，为集体的成绩感到高兴。 2. 能感受到家乡的发展变化并为此感到高兴。 3. 知道自己的民族，知道中国是一个多民族的大家庭，各民族之间要互相尊重，团结友爱。 4. 知道国家一些重大成就，爱祖国，为自己是中国人感到自豪。

四、幼儿社会教育的内容

幼儿社会教育的内容是指幼儿社会领域所包含的特定现象、事实、规则及问题等基本的组成成分，它们依照一定的原则，形成一个有机的整体。它是实现幼儿社会教育目标的重要保证。

(一)幼儿社会教育内容的选择依据

1. 幼儿社会教育的目标

在选择幼儿社会教育内容的过程中，应力争使所选的教育内容能更有效地实现社会教育的目标。

2. 幼儿的社会现实生活

幼儿是通过现实生活及其表象来增进社会认知，发展社会情感及完善社会行为的。幼儿对社会机构、社会成员、社会现象、社会文化的感知、理解无不通过具体的社会生活来实现。

3. 幼儿的发展水平及需要

幼儿现有的生活经验、学习的能力，制约着社会教育内容的广度和深度。在选择教育内容时，一定要根据幼儿发展的需要、幼儿发展的不同侧面，使教育内容更有效地促进幼儿的发展。

(二)幼儿社会教育内容的范围

幼儿社会教育的内容主要涉及社会学、伦理学、地理学、经济学、文化学、心理学、历史学等学科的知识。这些学科中最粗浅、最基本的知识，是幼儿社会教育内容选择的重点，这些知识是以一种综合的、与现实生活经验相结合的方式出现在幼儿园社会课程之中的。社会领域教育内容可分为 4 个相互联系的方面。

1. 人际关系

人际关系指幼儿在与周围环境中的人的交往过程中形成的相互关系。主要包括交往态度、交往规则、交往技能以及交往中形成的自我意识、他人意识和相互关系。

2. 社会环境

社会环境是一个综合体。它由物质要素(包括人的要素)、文化要素等组成。这里是指物质要素，即幼儿生活中经常接触的社会机构、生活设施、社会事件和其中的社会角色。

3. 社会规则

社会规则是指与社会要求相符合的从事社会活动、处理社会关系必须依循的一般要求。例如，举止要文明，待人要有礼貌；不随便打扰别人，不损害别人的利益；遵守公共秩序，爱护环境等。

4. 社会文化

社会文化是指生活中稳定的价值取向、行为方式及精神风貌及其多种表现形式。例如，文化古迹、风土人情、传统节日、民歌民谣、民间工艺、优秀历史人物等。也应适当地向幼儿介绍其他主要国家和民族的优秀文化，使他们感知人的多样性和差异性，学习以理解、尊重、平等的态度对待差异。

总之，教师应注意幼儿社会教育内容的广泛性、启蒙性、有效性、生活性和可接受性。

(三)各年龄班社会教育内容的重点

1. 小班

(1)关注对幼儿园环境的认识，使幼儿有安全感，并喜欢幼儿园。

(2)关注同伴交往，使幼儿掌握初步的交往技能。

(3)形成良好的活动习惯。

(4)对社会生活现象的好奇。

2. 中班

(1)拓展生活范围，感受多样化的生活现实。

(2)强化交往技能，减少交往冲突。

(3)注重基本社会品质的养成。

3. 大班

(1)进一步拓宽幼儿社会认知的范围，加深幼儿对社会生活的体验。

(2)围绕幼儿入小学，进行必要的情感、能力和认识的准备。

(3)进一步激发积极向上的社会情感，养成良好的社会行为习惯。

(4)进一步发展基本的社会技能。

第三课　幼儿社会教育的途径和方法

社会领域教育活动是在一定的教育目标的指引下，运用一定的方法，选择一定的形式，采取一定的手段(途径)作用于教育对象，使教育对象在情感—社会性方面获得发展的过程，即达成幼儿社会领域教育目标的过程。因此，要根据幼儿的年龄特点，灵活选择合适的方法、形式和途径，更有效地促进幼儿社会性的发展。

一、幼儿社会教育的途径

（一）游戏活动

游戏活动是一种符合幼儿身心发展要求的快乐、自主的活动，也是进行社会性教育的有效途径。因为游戏本身就是一种社会性活动，它是受社会生产方式、道德观念、文化习俗及环境影响的。在游戏情境中，幼儿通过对成人生活的身体力行，能积累有关社会经验，使自己逐渐成为“社会人”。

（二）教学活动

教学活动是幼儿获得社会知识、社会技能和发展社会情感的重要途径。教学活动的目的不仅在于对系统知识的传授，还在于让幼儿在与教师、同伴、环境的相互作用中体验、感受，以获得知识，发展能力和情感。教学活动应注意幼儿的情绪，注重幼儿的体验、幼儿的兴趣及投入度。

（三）劳动

组织幼儿劳动是向幼儿进行爱劳动教育的最基本的途径。只有幼儿亲自投入劳动才能养成劳动习惯，体会到劳动成果的来之不易，懂得劳动成果和尊重别人的劳动。在劳动过程中，幼儿的意志品质和集体责任感、合作技能、勤劳勇敢的性格能得到较好的发展。应注意幼儿劳动是教育途径，不能将幼儿当劳力使用，应注意劳动的安全卫生。

（四）生活活动和节日娱乐活动

幼儿园生活活动是满足幼儿生理需要的活动。在活动中，幼儿要掌握一定的生活技能和适应集体生活的规则，在自身需要和客观要求的交互作用下，获得适应社会生活的能力，锻炼独立性。生活活动的各个环节都有不同的德育因素。

幼儿园节日娱乐活动是指幼儿园为庆祝节日而组织幼儿开展的活动，可分成纪念性的节日和民间性的传统节日。它能促进幼儿爱国、爱家乡、爱父母的情感，增进幼儿与人的交流，促进交往能力的发展。

（五）参观游览

参观游览是根据教育目标组织幼儿到幼儿园以外的地方参观自然现象和社会现象。社会生活是丰富多彩的，参观游览能让幼儿直接深入社会生活，感知社会生活的丰富内容，激发幼儿的情感，使幼儿理解相关的社会行为规范，实践有关的社会行为。

二、幼儿社会教育的特殊方法

幼儿社会教育方法体系包括两部分：一部分是指各个领域普遍使用的教育方法，称为“一般方法”，包括口头语言法、直观教育法和实践练习法等；另一部分是社会领域教育的特殊方法。这里，着重介绍社会教育的特殊方法。

（一）移情训练法

移情训练法是通过现实生活事件或故事、情境表演等手段，引导幼儿理解和分享他人的情绪情感体验，使幼儿在日后生活中，对他人类似的情绪情感会产生习惯性的理解并做出反应。运用移情训练法的要求是：第一，选择适合的情绪情感。第二，引导幼儿辨认情绪情感。第三，引导幼儿进行情感追忆和换位体验，用多种方式使幼儿回忆相关情感从而理解、分享他人的情感。第四，引导实际行动，包括应用性操作和表演性练习，如说出关心的话、制作礼物等。

（二）角色扮演法

角色扮演法就是创设现实社会中的某些情境，让幼儿扮演一定的社会角色，从而掌握自己承担的角色所应遵循的社会行为规范和道德要求的方法。运用角色扮演法的要求是：第一，围绕教育目标创设情境，应力求真实、生动、有人有景；道具、化装应简单，有代表性。第二，所选角色应符合幼儿的接受水平和表演技能。第三，注意角色行为的学习和锻炼，可用提问和教具等多种方式引导幼儿学习角色的行为规范。角色扮演法的一般步骤是：创设情境→启发思考→讨论明理→学习表演。

（三）观察学习法

观察学习法是指幼儿通过观察学习而获得相应的社会行为的方法。幼儿园社会教育中，观察的主要对象是现实的社会生活事件、影视作品、儿童的表演等。运用这种方法的要求是：第一，要根据幼儿社会性发展的水平和特点，设计提供容易引起幼儿关注的行为模式。第二，要给幼儿记忆、思考的机会。模式出现停留时间长一些，行为展示清楚一些。第三，提供让幼儿实践观察到的行为模式。第四，引导幼儿对良好的行为模式给予积极的态度与评价，对不良的行为模式进行改变与消除。观察学习法的一般步骤是：注意→记忆→行为复出→强化或调节。

（四）社会认知冲突训练法

社会认知冲突训练法是指教师创设能够诱发社会认知冲突的客观情境，并且不急于向幼儿陈述正确的道德规范和要求，而是让幼儿在争论、辩解和表演中去主动探索，并寻求解决办法。它使幼儿在解决冲突中，不仅要考虑自己，而且要考虑同伴的动作、观点等。经历冲突和解决冲突后，教师的总结概括会给幼儿留下深刻的印象，取得良好的效果。运用这种方法的要求是：第一，围绕教育目标创设诱发幼儿认知冲突的情境。第二，鼓励幼儿积极思考和发表看法。第三，让幼儿有充分的时间进行争论、辩解。第四，教师对幼儿见解进行概括、小结。社会认知冲突训练法的一般步骤是：创设诱发认知冲突的情境→观察思考→争论、辩解→概括、小结。

（五）价值澄清法

价值澄清法是让幼儿在活动中直接思考一些价值选择的途径，使他们对社会活动和周围的人产生积极的态度，然后付诸外部行动的方法。价值澄清法在幼儿社会教育中常用的三种具体教育方法是澄清应答法、价值表决法和价值排队法。运用这种方法的要求是：第一，围绕教育目标提供尽可能多的选择内容。第二，让幼儿自由选择并积极思考。第三，让幼儿公开表示自己的选择，获得大家的认可。第四，让幼儿根据自己的选择去行动。这种方法一般包括五个步骤，即列举选择途径→思考和想象后果→自由选择 →情感体验 →行为强化。

（六）陶冶教育法

陶冶教育法是利用环境条件、生活气氛及教师本身的言行举止，对幼儿进行积极感化、熏陶，发挥潜移默化影响作用的方法。它主要是利用人际关系、行为环境、社会风气、情感气氛等来“陶情”“冶性”，培养幼儿良好的社会品德、社会行为与亲社会情感。这类方法以环境陶冶法和艺术感染法居多。环境陶冶法是通过优美的自然环境、良好的社会环境和教育者有意识创设的教育情境，对幼儿进行社会性培养的教育方法。运用环境陶冶法的要求是：第一，根据教育目标设置教育环境。第二，注重幼儿的感受与体验。艺术感染法是利用音乐、绘画等艺术形式的感染力，渗透幼儿心灵，激发幼儿情感，并使之化作行动的一种教育方法。运用艺术感染法的要求是：第一，选择优秀、合适的艺术作品。第二，引导幼儿体验作品的思想感情。第三，鼓励幼儿表达对作品的感受。第四，让幼儿进行艺术实践。艺术感染法的主要步骤是：感知欣赏作品→讨论明理→联想深化→艺术实践→小结。

第四课　幼儿社会教育活动的指导

社会领域是一个综合的学习领域，社会学习往往融合在各种学习活动中，并渗透于幼儿一日生活的各个环节中；社会学习又具有潜移默化的特点，尤其是社会态度和社会情感的学习。幼儿主要是通过在实际生活和活动中积累有关的经验和体验而学习的。因此，应根据社会领域的特点和幼儿年龄的特点指导活动，更好地促进幼儿社会性的发展。

一、专门化社会教育活动的指导

专门化社会教育活动是指教师依据国家的课程标准和幼儿园教育纲要，有目的、有计划地以实现幼儿社会学习为目的的教育活动。

(一)专门化社会教育活动指导的一般要求

1. 应结合幼儿的生活实际

社会教育的内容涉及幼儿生活的方方面面，即在幼儿生活中蕴藏着极为丰富的社会教育内容。比如，认识周围环境及在那里工作的人的劳动，了解他们的劳动与我们的关系，培养幼儿相应的尊重、热爱等社会性情感。培养幼儿良好的生活习惯、交往能力等，更是在幼儿的生活、游戏的过程中进行的。

2. 应把幼儿对现实的感知、体验放在首位

幼儿在实践中、在与他人的交往中，会有许多体验，幼儿对这些体验经过思考后，可以调节自身的行为，这是一个主动学习的过程。如果有成人的适当帮助，学习效果就会更好。集体教育活动是对幼儿感知体验的归纳、总结和提高，因此，在组织教学之前，幼儿必须有大量的感知体验过程。

3. 应注重以情感人

幼儿易感性强，喜欢模仿教师的言行举止。教师在组织活动时，要做到以自己积极的情绪感染幼儿，才能引起幼儿的共鸣，直接激发幼儿愉快向上的情感，有利于培养幼儿热爱生活、关心周围事物等的积极情感。教师的语言应做到表现力强、感染力强，易于幼儿理解。例如，教师引导幼儿尊重某职业的劳动者时，语言要流露出对他们的敬佩与尊敬。

4. 善于利用多种社会资源

幼儿园除了教师的教育更有目的性以外，与家庭相比，幼儿园还具有更为丰富的社会教育资源。它包括社会教育方面的图书、挂图、光碟、玩具等，幼儿园有炊事员、保育员以及他们的工作环境、幼儿园的院子、周边环境等，这些都是社会教育的丰富的资源。

(二)幼儿社会教育各类型活动的基本思路

1. 幼儿园自我意识教育活动的设计与组织的基本思路

(1)创设生活情境或故事情境引出主题。

活动一开始，可采用故事、图片、生活情境、游戏等直观形象的方式来引出主题，可以让幼儿印象深刻，又可增强活动的趣味性。

(2)动手操作、自主探索，引导幼儿认识自我或获得自我体验。

操作练习可以进一步巩固、加深幼儿对自己的了解，如让幼儿通过叠衣服、整理玩具等认识自己能做很多事情，借助画自己的名片表达自己的爱好等，让幼儿在操作活动及探索中不仅明白自己的需求、情感、能力，而且还能做力所能及的事情，增强自信心。

(3)运用语言、行为等方式，组织幼儿表现自我。

组织幼儿讨论相关内容，引发幼儿积极思考，让幼儿通过语言、表情、动作等适当的方式表达自己的爱好、感受，学习正确评价自己和他人，能积极主动参加各种活动。

(4)强化认识，用正确的方法表现自我。

活动设计还要充分结合实例使幼儿强化对自身特点的认识，如进一步认识自身的优点和缺点，引导他们能够在平时的生活、学习和游戏中表现自己的能力、长处等。

2. 人际交往的设计与组织的基本思路

(1)创设人际交往情境，引发幼儿参与的兴趣。

活动开始创设人际交往情境，能直接引发幼儿参与活动的兴趣，让幼儿直观感受朋友的友情或与人相处时可能出现的矛盾、问题，引起幼儿的关注或体验与人交往的乐趣。

(2)运用正面或反面的事例(情境模拟、图片、视频)，引导幼儿学习(讨论、评价)人际交往。

其主要有两种方法：一是直接呈现法，就是直接学习人际交往的具体技巧，如面带微笑，使用礼貌用语，并让幼儿感受这种交往技巧能够给他人带来快乐，从而使他们愿意使用交往技巧；二是间接呈现法，就是教师通过呈现一些反面事例，让幼儿讨论，逐步引出正确的人际交往技巧。

(3)总结正确的人际交往技巧。

总结正确的人际交往技巧是对所学的人际交往技巧的具体方法、使用场合、使用对象等进行总结。例如，在"大家一起玩"活动中，教师要引导幼儿用语言总结借玩具的多种方法(交换、轮流、合作玩)：与同伴商量说"请借你的玩具让我玩一会儿"；也可以交换玩具玩；还可以一起合作玩玩具。

(4)设计交往的情境(情境表演、模拟情境、写、画、说悄悄话等)，组织幼儿运用或体验人际交往技巧。

要让幼儿学以致用，这是人际交往活动的核心环节。这一环节主要是设计交往情境，运用交往技巧。例如，在"我交新朋友"活动中，教师交给幼儿如何交新朋友后，便请幼儿到隔壁班和新朋友交往。

3. 社会行为规范的设计与组织的基本思路

(1)运用多种方式引出活动主题。

在活动开始时，教师可灵活运用情境表演、动画、儿歌、故事等直观形象的方式，激发幼儿对主题的好奇心和参与活动的积极性。

(2)利用实地或图片、录像，引导幼儿观察、讨论环境及规范。

引出主题后，教师可以有针对性地提问，引发幼儿思考和讨论。例如，结合图片，引导幼儿结合生活经验讨论过马路为什么要走人行道？为什么不能闯红灯？在相互交流中明确生活中特定的社会规则和行为规范。

(3)运用行为练习、讨论、绘画及表演等方法，组织幼儿自由表达、表现自己的体验。

教师可以借助图片展示、情境表演方式、播放相关的动画再现生活中的情境，引导幼儿利用刚刚掌握的社会知识去判断、分析，明确对错，以便在实际生活的类似情境中可以表现出符合社会规范的行为。

(4)运用模仿、游戏等方法，引导幼儿正确认知社会环境和规范、学会遵守规范。

社会行为规范活动游戏化是规范认知的有效途径，游戏活动有助于培养幼儿按规则进行活动的习惯，增强执行规则的能力。应充分利用游戏活动，帮助幼儿加深体验，进行社交语言的迁移，可以引导幼儿模拟某种情境进行表演，进一步巩固应遵守的行为规则。例如，组织幼儿模拟过马路的情境和行为，引导幼儿注意交通规则。

4. 社会环境的设计与组织的基本思路

(1)运用多种方式引出活动主题。

活动开始可通过谈话讨论、讲故事、看图片等创设主题情境，激发幼儿兴趣，导入活动，引出活动主题。

(2)运用参观等方式，引导幼儿充分感知观察对象。

让幼儿在观察中认识新环境及规范。观察可实地进行，也可观察图片、录像。例如，在“参观超市”活动中，观察超市的门是怎样的？超市里的商品摆放、超市的工作人员、顾客是如何买东西的、超市里有哪些文明行为？在超市购物要遵守哪些行为规范？等。

(3)运用绘画等各种方式，组织幼儿自由表达自己的认知体验。

观察后，要组织幼儿交流、讨论、表达观察的认识，通过绘画、表演等形式体验社会规范的重要性。如果条件允许，可进行现场行为练习，如“参观超市”活动可以组织幼儿进行现场购物练习，注意运用购物的文明行为。如果是参观“汕头海滨长廊”，可以让幼儿在参观后通过绘画、表演等方式表达在海滨长廊游览应遵守哪些行为规范。

(4)教师小结，及时巩固学习的收获。

教师小结幼儿观察或参观的社会环境及相关社会规范，目的是引导幼儿加深理解相关社会规范的重要性，及时巩固学习的收获，培养幼儿在生活中学以致用。

5. 社会文化的设计与组织的基本思路

(1)运用多种方式引出活动主题。

活动开始，教师可组织幼儿观看节目、活动、品尝探索美食等并运用提问、教具、音乐等方式引起幼儿的注意和兴趣，引出社会文化活动主题。

(2)运用讨论方式，引导幼儿充分感知社会文化的特点。

对于要认识的传统节日、民族风情等，教师要引导幼儿进行充分的感知和理解，视、听是主要的途径，当然也可以通过触觉、味觉、嗅觉等通道获得认识。例如，为了帮助幼儿了解中秋节，可以引导幼儿观察中秋节的月亮，分享、交流中秋节的来历、故事、民俗等，也可以组织幼儿读有关中秋节的儿歌、品尝月饼等。

(3)运用绘画、表演等方式，组织幼儿自由表达自己的认知体验。

幼儿在感知理解社会文化的基础上，可以选择一定的方式表达自己的感受和经验收获。例如，认识“多彩的少数民族”，活动结束环节可以组织幼儿跳藏族舞蹈，在表演中体验藏族“献哈达”的风俗等。

二、非专门化社会教育活动的指导

非专门化的社会教育活动是指该活动的本来目的不是要向幼儿进行社会教育，如进餐、户外体育活动等。这些活动各有其主要目的，但在客观上又有引导幼儿按照社会价值取向、社会道德规范行事的作用。因此，应注意以下几点要求。

(一)重视榜样的作用

“榜样的力量是无穷的。”幼儿教师和同伴、家长等都可以成为幼儿社会学习的好榜样。教师在幼儿的心目中具有相当高的地位，在许多情况下，他们是幼儿模仿的对象。教师的言行乃至说话的语气、声调等，若都给幼儿以良好的榜样，则能使幼儿在潜移默化中获得社会认可的道德认识和行为模式。与同伴的交往中，幼儿能不断完善自我认识，学习理解他人的想法，学习控制自己的行为，学习交往的技能和技巧。

(二)重视乡情教育

《纲要》指出，充分利用自然环境和社区的教育资源，扩展幼儿生活和学习的空间。“乡情”是幼儿社会教育的重要资源。“乡情”是具体、可感的，如家乡的一草一木，尤其是美丽的山川河流，拔地而起的高楼大厦，日新月异的建设和变化，辛勤的劳动者……都是幼儿可见可闻，可理解、可接受的“乡情”。因此，从爱家乡、爱亲人入手，培养幼儿对家乡、对亲人的依恋感，对本土文化及传统的亲切感，为爱祖国教育打好基础。

(三)重视渗透教育

幼儿交往能力的形成，学会乐意做力所能及的事情等社会性品质的发展是一个长期、连续的过程，且有反复的可能。因此，幼儿社会性的发展必须注意幼儿园全方位的渗透，坚持一贯性、连续性的教育与指导，才能取得明显的效果。

一是学科渗透。幼儿观察学习的对象是多方面的，教师应具有整体观念和相互渗透的意识，在各领域教学中促进幼儿社会性的发展。比如，在美术活动中培养幼儿细致、耐心、认真的绘画态度；在体育活动中培养勇敢、坚强、抗挫折的精神等。

二是注重物质环境的熏陶。《规程》要求教师创设与教育相适应的良好环境，为幼儿提供活动和表现能力的机会与条件，从而发挥环境育人的功能。比如，“好书一起看”“美丽的汕头”“我们爱劳动”等巨幅墙饰的布置；各班活动室美丽的图案或标记的布置，时时都能提醒幼儿合作、分享、关心、谦让等。在幼儿社会教育中利用环境的熏陶，使幼儿园的每个角落都成为育人之地，能有效地促进幼儿社会性的发展。

三是重视日常渗透。幼儿日常生活活动的各个环节随时都有潜在的教育机会，幼儿很多生活卫生习惯和社会行为规范是通过日常生活完成的。比如，每天来园、离园，教师主动向幼儿问好，说“你好”“再见”，久而久之幼儿就会养成礼貌待人的习惯。要求幼儿自己穿脱衣服，收拾玩具，当值日生等，能培养幼儿的自理能力和为大家服务的思想。

(四)重视游戏的作用

游戏是幼儿最喜爱的活动。在游戏中学习，幼儿是最轻松、最没有压力的。游戏对促进幼儿的社会性发展十分有效。各类有规则的游戏可以培养幼儿的规则意识。各种创造性游戏是发展幼儿社会性的主要途径。比如，幼儿在构建房子的游戏中学会了独立思考，锻炼了耐心；通过让幼儿扮演医生、司机、售货员等，能让幼儿了解各行各业人们的劳动、行为规范、职业道德以及人与人之间的关系。多种角色的轮换、内容情节的多样性，为幼儿开展交往提供了充足的条件。

第五课　幼儿园社会教育活动案例及评析

本课为同学们提供了多个优秀案例，每个案例都有评析，以方便同学们在学习过程中能理论联系实际，加深对理论的理解和掌握，也有利于教育能力的提升。

一、中班社会活动：妈妈，我爱你

(一)活动目标

1. 知道妈妈为自己做了许多事，感受妈妈的爱。
2. 学会用各种方法表达对妈妈的爱。
3. 萌发爱妈妈的情感。

(二)活动准备

1. 亲子录像短片、录音机、磁带。

2. 吸管、各种彩色纸、蜡笔、水笔、糨糊各若干。

(三)活动过程

1. 观看亲子录像，感受妈妈的爱。

“老师今天带来了一些小朋友和妈妈的录像，我们看看妈妈是怎样爱宝宝的，她们都为宝宝做了哪些事情?”

2. 引导幼儿讲述妈妈是怎样爱自己的。

(1)提问：“你来想想自己的妈妈平时是怎样爱你的?”

(2)请个别幼儿讲述。

(3)总结：妈妈很爱我们，她为我们做了很多事。

3. 幼儿表演唱《好妈妈》，感谢妈妈对自己的爱。

4. 引导幼儿讲述自己是怎样爱妈妈的。

提问引导：“妈妈为我们做了这么多的事情，她很辛苦，我们该怎样爱自己的妈妈呢? 你想做些什么事情让她高兴呢?”

5. 幼儿制作礼物送给妈妈。

(1)穿项链或手链。

(2)做卡片。

(3)制作彩色花。

(4)折纸。

6. 幼儿说“爱的甜甜话”。教师录下幼儿说的话，并放给幼儿听。

(四)活动延伸

1. 利用家长园地介绍，引导家长在家中让幼儿做些力所能及的事情，表达对妈妈的爱。

2. 引导幼儿在日常生活中多关心爸爸、妈妈等长辈。

(该活动案例由汕头市中山幼儿园提供)

[评析]

家是幼儿最熟悉的地方，也是幼儿最重要的生活环境。父母及家人是幼儿最亲密的人，而幼儿最依赖的是妈妈，妈妈每天为孩子做许多事，但幼儿很少能说出妈妈每天为他们所做的事。该活动通过组织幼儿观看亲子录像，让幼儿直观地了解妈妈做的事，感受妈妈的爱，激发幼儿爱妈妈的情感，培养幼儿关心妈妈的行为。幼儿期教育的特点是“养成教育”。该活动让幼儿在“做中学”，大部分时间让幼儿亲自参与实践练习。比如，幼儿讲述妈妈是怎样爱自己的，唱《好妈妈》歌曲以感谢妈妈对自己的爱，制作各种礼物送给妈妈，说“爱的甜甜话”等。这为幼儿表达爱提供了实践机会，并获得了直接经验，增进了幼儿爱妈妈的情感，使幼儿初步掌握了关心妈妈的一些行为要求，有助于幼儿良好行为的养成。

二、中班社会活动：合作才会赢

(一)活动目标

1. 知道很多事情需要大家合作才能做好。

2. 掌握一些合作的方法和技能。

3. 体验合作、协调一致共同完成任务的快乐。

(二)活动准备

1. 用一张大报纸，中间挖3个洞，做成“车”。准备若干辆“车”。

2. 布置小兔的家；红、黄、蓝队旗；大灰狼、小兔图卡。

3. 小桥，山洞3个，球9个。

(三)活动过程

1. 游戏“赶走大灰狼”。

(1)教师讲解游戏规则：全班幼儿分成红、黄、绿三队进行比赛，过小桥，过山洞，最先插上队旗，捉到大灰狼，又能保持车完好的队伍获胜。

(2)幼儿进行游戏。

(3)集体讨论：游戏中车为什么会坏？怎样做才能尽量保持车完好？

2. 游戏“送小兔回家”。

(1)教师讲解游戏规则：最先把小兔送到家、又能保持车完好的队伍获胜。

(2)集体讨论：为什么大家想办法了，车还是不能保持完好？

(3)教师小结：大家必须商量好，步调一致才能合作好。

3. 游戏“送球给小兔”。

(1)教师讲解游戏规则：两人一组合作(不能用手运球)，过小桥，过山洞，把球送到小兔家。

游戏中教师注意提醒幼儿遵守游戏规则。

(2)请获胜的小组谈谈：“两个人怎样做才能取得胜利？”请未能取胜的小组谈谈：“为什么不能取得胜利？”

(3)教师小结：好好合作才能取得胜利。

4. 迁移经验，说说平时幼儿园里有哪些事是需要大家合作的。

(1)提问：你和别人合作过吗？讲给大家听听好吗？

(2)引导幼儿讨论合作完成作品的好处，进一步感受合作的重要性。

(3)教师小结：生活中有些事情可以自己做，但很多事情需要大家合作才能完成，学会合作会获得更多的快乐。

(四)活动延伸

1. 户外组织幼儿进行“两人三足”等游戏。

2. 区角活动组织幼儿分工合作建花园、公园。

3. 收集破损图书合作作画。

4. 生活中合作叠被子等。

（该活动案例由汕头市中山幼儿园提供）

［评析］

该活动最突出的特点是“寓教于乐”，组织幼儿玩“赶走大灰狼”“送小兔回家”“送球给小兔”等有趣的游戏，加上讨论，让幼儿在快乐的玩耍中认识合作的好处，体验合作的乐趣，学会合作的一些方法。幼儿在游戏活动中很好地发挥了主动性和积极性，巧妙地实现了活动目标。合作是人重要的社会性品质，对于现在的幼儿（大多数是独生子女）培养其合作意识尤为重要。而真正的合作是需要大家互相配合、协调一致才能完成的。怎样才能使幼儿正确理解合作，学会合作呢？该活动除了让幼儿玩一个又一个的游戏，还运用了“启发迁移经验”等环节，结合日常生活中幼儿已有的体验，进而使幼儿认识到很多事情必须合作才能完成，合作能使事情干得又快又好，也能收获更多快乐的道理。可见，整个活动设计巧妙，方法灵活多样，不仅实现了活动目标，而且活动过程也能让幼儿体验到极大的乐趣。

三、大班社会活动：关心生病的小朋友

（一）活动目标

1. 知道要多关心和帮助生病的小朋友，有同情心。

2. 学会用各种方式表达对生病小朋友的关心。

3. 萌发同情、关爱生病小伙伴的情感。

（二）活动准备

录音机、空白磁带；信笺、笔；制作礼品的材料等。

（三）活动过程

1. 引出情境。

（1）用“点名”的方法让幼儿意识到小朋友缺席。

（2）请幼儿猜测小朋友缺席的原因。

（3）此时，事先安排好的一位教师来班告知小朋友因病请假一周的消息。

2. 启发提问。

（1）你生病时是怎么样的？心里会感到怎么样？会想些什么？为什么？

（2）现在小朋友生病在家，他心里会怎么想？

（3）人在生病时最需要的是什么？

3. 分组讨论：怎样帮助生病的小朋友？

4. 请幼儿按意愿选择“关心病人”的方式，参加相应的小组活动。

(1)幼儿口述，教师代笔，共同给生病的小朋友写一封问候信，送上大家的祝福。

(2)把自己想与生病的小朋友说的话进行录音，通过录音带把问候和快乐传递给病人。

(3)为生病的小朋友制作一些有趣的小礼品，祝他早日康复。

5. 教师把写好的信读给幼儿听，并让幼儿听录音、看礼品，对孩子们的每一种“关心”予以表扬和鼓励。

6. 活动结束，推举一名幼儿代表随有关教师把信、录音带、小礼品转送给生病的小朋友。

(四)活动延伸

1. 把小朋友的录音、制作的礼物等送给生病的小朋友。

2. 在日常生活中，提醒幼儿关爱他人。

（该活动案例选自《幼儿教育》杂志，部分有修改）

[评析]

该活动改变了品德教育流于说教的方式，巧妙地运用移情训练法引导幼儿结合实际生活事件设身处地地理解生病的小朋友的心情，为生病的小朋友着想。活动一开始，教师以点名方式让幼儿知道某个小朋友因生病没能到幼儿园参加活动，并通过提问引导幼儿回忆自己生病的经历或想象生病时的心情和想做的事，促使幼儿实现情感换位，即转换到他人的位置去体验特定的社会情感和事件并产生移情，做到急生病的小朋友之所急、想生病的小朋友之所想。于是，在理解生病的小朋友心情的基础上，幼儿纷纷表示愿意通过写信、送礼品、说安慰的话等具体行动来关心生病的小朋友。最后，教师让幼儿把想法付诸实践，强化行为练习，使幼儿正确对待情境中他人的情绪反应并采取积极的行动，很好地实现活动目标。

四、大班社会活动：小记者

(一)活动目标

1. 了解记者职业及采访的基本过程。

2. 能够在与人交往时主动使用礼貌用语。

3. 乐意了解和关心自己能理解的社会新闻。

(二)活动准备

1. 事先排练“记者采访”的情境表演。

2. 与全班幼儿人数配套的玩具小话筒、各种社会角色服饰。

(三)活动过程

1. 幼儿观看情境表演，初步了解记者职业及采访的基本过程，懂得与人交往时要主动并采用礼貌用语。

(1)向幼儿提出观看要求。

(2)幼儿观看情境表演“记者采访”。

(3)教师围绕表演内容提出有关问题，引导幼儿结合生活经验讨论怎样做好一名记者。

2. 引发幼儿学习当小记者的兴趣，并乐意向别人了解自己所关心的社会新闻。

(1)教师提出“假如你是一名记者，你想采访哪方面的新闻?”引发幼儿学习的兴趣。

(2)请个别幼儿学做小记者进行采访。

(3)师幼共同评价幼儿的采访表现。

3. 开展“小记者团”实践活动，提高幼儿与人交往的能力。

(1)幼儿分组扮演小记者及各种社会角色进行采访活动。教师巡视，鼓励每个幼儿都参与活动。

(2)全体幼儿扮演小记者，对现场听课教师进行采访。

4. 小结活动情况。

(四)活动延伸

1. 在角色区中让幼儿玩“小小记者”游戏。

2. 在语言区开展“新闻发布会”活动。

（该活动案例由汕头市儿童福利会第三幼儿园提供）

[评析]

该活动突出的特点是运用角色扮演法，活动过程的设计采用观看表演、讨论明理、学习表演等步骤，使幼儿直观地初步了解记者职业及采访的基本过程，懂得与人交往时要主动并采用礼貌用语。通过围绕表演内容解答问题，巧妙地结合幼儿的生活经验，使幼儿了解做好一名记者的行为要求。活动过程中，教师分别采用个别、小组、集体的形式，让幼儿扮演小记者进行采访活动，这一角色行为的实践练习，不但能加深幼儿对小记者行为规范的了解，而且还锻炼了幼儿当小记者的能力，提高了幼儿与人交往的能力。由此可见，幼儿在扮演角色的活动中学习良好的社会行为，学得更有兴趣，积极性、主动性更强，学习效果更好。

五、小班社会活动：五星红旗在飘扬

扫一扫，看视频

小班社会活动：五星红旗在飘扬

(一)活动目标

1. 知道十月一日是我们国家的国庆节，五星红旗是我们国家的国旗。

2. 会动手操作制作五星红旗。

3. 初步萌发热爱祖国的感情。

(二)活动准备

1. 五星红旗一面、广州市庆祝国庆的图片。

2. 裁剪好的红色长方形纸、黄色五角星(大、小)、固体胶等材料。

(三)活动过程

1. 欣赏国庆节庆祝活动，知道十月一日是我们国家的国庆节。

出示广州市庆祝国庆的图片，引导幼儿欣赏。

提问：小朋友，这几天全国到处一片红色的海洋，你们知道是快到什么节日了吗？(国庆节)祖国妈妈的名字叫什么呢？

小结：今年的十月一日是我们祖国母亲70岁的生日，大家都来为她庆祝生日，祖国母亲的名字是中华人民共和国。

2. 认识国旗。

提问：小朋友知道什么东西可以代表我们中国吗？(出示国旗)国旗上都有什么？

小结：每个国家都有属于自己国家的国旗，五星红旗是我们中国的国旗。国旗上一共有五颗星星，一颗大星星和四颗小星星，小星星围绕在大星星的四周。

3. 幼儿合作制作五星红旗。

(1)提供给每个幼儿裁剪好的红色长方形纸、黄色五角星(大、小)、固体胶等材料，幼儿粘贴星星，制作五星红旗，教师巡回指导。(教师先定位好大星星，幼儿贴四颗小星星)

(2)幼儿展示自己制作的五星红旗。

(3)教师小结，表扬能独立动手制作的小朋友。

4. 向国旗行注目礼和唱国歌，萌发热爱祖国的感情。

(四)活动延伸

1. 组织幼儿参加幼儿园的升旗仪式，向国旗行注目礼和唱国歌。

2. 在音乐活动中组织幼儿学唱国歌。

(该活动案例由广州市天河区骏景稚乐幼儿园提供，略做修改)

[评析]

2019年是中华人民共和国成立70周年。国庆前夕，大街小巷国旗飘扬，全国人民欢欣鼓舞，孩子们的日常谈论中也有很多关于这些话题的内容。本次活动选择“五星红旗在飘扬”这个课题既切合社会实际，又符合孩子的兴趣需要。本次活动提出的活动目标符合社会领域里要求幼儿“认识国旗，爱祖国”的教育要求。

该活动通过观赏国庆节庆祝活动的画面，让幼儿感受节日的气氛，知道国庆节的来源。再通过认识国旗，制作国旗，向国旗行注目礼和唱国歌等活动，激发幼儿热爱祖国的情感，培养幼儿热爱祖国的行为。四个环节的活动从社会认知入手，到社会情感的激发，再到社会行为的学习，由浅入深，为幼儿表达对祖国的爱提供了实践机会，并获得了直接经验。

六、中班社会活动：美味的春菜汤

扫一扫，看视频

中班社会活动：美味的春菜汤(上)　　中班社会活动：美味的春菜汤(下)

(一)活动目标

1. 了解春菜的主要特征、生长过程及其营养价值。

2. 知道“春菜汤”的烹饪方法，会和他人合作制作“春菜汤”。

3. 体验合作烹饪、品尝蔬菜的乐趣。

(二)活动准备

春菜、电子锅、碗、筷子等。

(三)活动过程

1. 到种植园地观察春菜的生长情况。

教师多次在晨间带幼儿到种植园地观察春菜，了解其名称、外形特征、生长情况和营养价值。

提问：我们的春菜长得怎么样了？长高了没有呀？为什么长得这么快啊？多吃春菜有什么作用啊？

小结：因为阿姨常常来浇水和施肥，所以我们的春菜天天在长高，过段时间就可以采摘来吃了。多吃春菜能使我们身体更健康。

2. 到种植园地采摘春菜。

在春菜长到可以采摘时，教师组织幼儿一起到种植园地采摘春菜，提醒幼儿注意不要将泥土弄到眼睛里。

提问：小朋友看看什么样子的春菜才可以采摘？要怎样采摘？

3. 师生共同制作“美味的春菜汤”。

(1)与幼儿讨论春菜的烹饪方法。

提问：你吃过春菜吗？你吃的春菜是怎样烹饪的？你觉得怎样煮的春菜是最好吃的？

(2)教师利用图示向幼儿讲解烹煮“春菜汤”的过程。

(3)幼儿分组做准备工作。

幼儿协商进行分组，有的人将采摘来的春菜切去头部，有的人洗净春菜，有的人将洗好的春菜切成小块等。在准备过程中提醒幼儿要将春菜洗干净，不要弄湿衣服，切菜时要注意安全，不要切到小手。

(4)教师将幼儿洗好的春菜进行烹煮，请幼儿观察教师烹煮的过程。

提问：小朋友仔细看看老师是怎样烹煮“美味的春菜汤”的？

4. 品尝“美味的春菜汤”，感受劳动的快乐。

组织幼儿一起品尝好吃又营养的“美味的春菜汤”。

组织幼儿谈论：“春菜汤”吃起来感觉怎么样？好不好吃？吃我们自己做的“春菜汤”心里有什么感受？

(四)活动延伸

让幼儿在家里观看爸爸妈妈烹煮蔬菜，并请爸爸妈妈在日常生活中鼓励幼儿多吃蔬菜。

（该活动案例由汕头市儿童福利会第三幼儿园提供，略做修改）

[评析]

春菜是日常生活中最常见的一种蔬菜，几乎所有的孩子都有过吃春菜的经历，选择这样一个活动内容，贴近孩子的生活，能够充分调动孩子的生活经验，激发活动兴趣。

本次活动按照“到种植园地观察春菜”“采摘春菜”“制作美味的春菜汤”“品尝春菜汤”四个环节开展活动。四个环节的活动都采用现场教学的方式，把幼儿带到真实的自然环境和社会环境中，让幼儿在真实的环境中通过观察交流，了解春菜的主要特征和生长过程。再通过动手共同制作和亲自品尝，了解春菜汤的烹饪方法和品尝春菜汤的美味，让幼儿在真实的环境里亲身体验劳动的辛苦，感受劳动的快乐。另外，在活动过程中，教师秉持促进幼儿主动学习的理念，让幼儿主动交流，共同合作，在增长见识的过程中又提高了幼儿社会交往的能力和自主解决问题的能力。

七、小班社会活动：爱的抱抱

扫一扫，看视频

小班社会活动：爱的抱抱(上)　　小班社会活动：爱的抱抱(下)

(一)活动目标

1. 知道抱抱是表达爱的一种方式。

2. 能用拥抱的方式表达对别人的爱。

3. 体验与老师、同伴拥抱的亲切感。

(二)活动准备

1. 材料准备：绘本《抱抱》；幼儿与家人拥抱的照片；宝宝哭泣的视频；歌曲《找一个朋友抱一抱》。

2. 经验准备：音乐游戏《找一个朋友抱一抱》。

(三)活动过程

1. 阅读绘本《抱抱》，感受拥抱带来的快乐。

(1)导语：今天老师带来一本绘本，让我们一起来讲给大家听吧！

(2)师幼共阅绘本《抱抱》，鼓励幼儿用表情、语言、动作等表达对故事的理解。

2. 通过抱抱的照片，了解可以用拥抱来表达爱。

(1)出示幼儿与家人拥抱的图片。

(2)提问：在家里，你和谁抱抱过呀？老师这里有好多抱抱的照片，我们一起来看看、说说。

3. 观看抱抱的视频，尝试用拥抱的方式表达爱。

(1)引导幼儿与同伴、老师拥抱。

提问：来到幼儿园，你和谁抱抱过？抱抱的感觉怎么样？

老师也想跟你们抱抱，快来抱抱老师吧！

(2)观看宝宝哭泣的视频，感受拥抱是爱的表达。

提问：你们听，谁在哭？我们来看看发生什么事了？

宝宝为什么哭得这么伤心？你们有什么办法让他开心？

宝宝怎么样了，为什么不哭啦？

4. 音乐游戏《找一个朋友抱一抱》，体验拥抱的亲切感。

(1)导语：让我们找个朋友抱一抱吧！抱抱你、抱抱他，一起来抱抱吧！

(2)幼儿跟着音乐玩游戏，抱抱好朋友，说说拥抱的感觉。

(四)延伸活动

1. 环境创设：继续收集幼儿与别人抱抱的照片，展示在“爱的抱抱”主题墙上。

2. 区角活动：在语言区投放绘本《抱抱》，供幼儿阅读欣赏。

3. 家园合作：亲子游戏《爱我你就抱抱我》。

(该活动案例由汕头市中山幼儿园提供，略做修改)

[评析]

《指南》指出应培养3～4岁幼儿具有初步的归宿感，能感受到家庭生活和幼儿园的温暖，能亲近与信赖长辈。本活动目标具体明确，活动准备充分，活动过程设计巧妙，结合幼儿的生活经验，创设具体情境，在充满爱的气氛中，指导幼儿学习“用拥抱的方式表达对别人的爱”的交往技能。首先，以阅读绘本《抱抱》，感受拥抱带来的快乐导入活动。其次，重点观察在场每个幼儿与家人“拥抱”的相片，让每个幼儿给其他人介绍与家人“拥抱”的感受，孩子们彼此分享与家人“拥抱”的快乐与亲切感，脸上洋溢着幸福的笑容，教师引导幼儿边分享、边与旁边的小朋友“抱抱”，在实践中体验与老师、同伴拥抱的亲切感。再次，观看宝宝哭泣的视频，感受教师的拥抱给了宝宝极大的安慰和关心，强化对“拥抱是爱的表达方式”的理解。最后，在音乐游戏《找一个朋友抱一抱》中进一步体验拥抱的亲切感。整个活动充满爱的气氛，教师的语言富有爱的感染力，是注重情境体验、榜样示范的典型活动范例。

八、大班社会活动：十二生肖

扫一扫，看视频

大班社会活动：十二生肖(上)　　大班社会活动：十二生肖(下)

(一)活动目标

1. 熟悉十二生肖中十二种动物的名称及其排列顺序，了解十二生肖的轮回。

2. 能对不同生肖的年龄进行简单的判断。

3. 萌发热爱中国民俗文化的情感。

(二)活动准备

1. 材料准备：十二生肖故事课件、操作图、图片、胸卡；检察官胸卡；生肖钟操作图、游戏垫。

2. 经验准备：幼儿知道自己的属相、认识时钟。

(三)活动过程

1. 想一想，说一说，了解自己及身边人的属相。

(1)提问：小朋友们，你知道自己属什么吗?

(2)提问：你还知道哪些属相?

2. 看一看，念一念，认识生肖的名称和顺序。

(1)观看课件，了解十二生肖的传说。

①导语：属相也叫生肖，我们一起来看一个生肖小故事，看看生肖有多少种，有哪些动物。

②出示操作图，请幼儿把十二生肖按顺序贴在相应的序号下面。

(2)幼儿边念生肖儿歌，边模仿生肖动作。

(3)游戏：生肖捉迷藏。

教师用布把操作图盖上，随机拿走1～2个动物，或调换动物顺序，请幼儿找一找。

3. 算一算，记一记，了解生肖的轮回，学会判断。

(1)出示生肖钟，将生肖和序号相对应。

①提问：一个数字代表一年，一年代表一个属相，想一想，走一轮需要多少年？今年是什么年？那下一个猪年得再过多少年？

②提问：猪年生的属猪，鼠年生的属鼠……同一年出生的宝宝属相都一样，每一个属相都代表不同的年龄。

③提问：我们班属马的小朋友几岁呀？那比你们早一年出生属蛇的呢？比你们晚一年出生属羊的呢？

④与台下老师互动，发现不同轮回相同属相的年龄不同。

(2)游戏：钟儿滴答滴。

游戏规则：幼儿人手一个胸卡(十二生肖、检察官)，围着生肖游戏垫拍手唱歌，歌曲结束后，快速找到生肖相应的序号站好，检察官进行检查。

教师小结，结束活动。

十二生肖是我们中华民族的传统文化，我们还有很多优秀的传统文化，如剪纸、书法、武术……老师今天就要送给你们一份生肖剪纸作品，以后再带着你们慢慢认识和了解我们的大中国。

(四)活动延伸

1. 区域活动。

(1)数学区：提供1～12数字卡、十二生肖图片让幼儿排序，说说不同的小动物具体排在第几位。

(2)语言区：①投放相关绘本，跟同伴分享、交流故事内容。②图文对应，找到和生肖图片相匹配的动物名称。

(3)表演区：收集十二生肖的头饰，进行故事表演、儿歌朗诵。

2. 家园合作：亲子自制小书《我们家的生肖》。

(该活动案例由汕头市中山幼儿园提供，略做修改)

［评析］

该活动选材独到、合理，能“运用幼儿喜闻乐见和能够理解的方式激发幼儿爱家乡、爱祖国的情感”，符合大班幼儿的年龄特点，设计新颖、富有童趣，是实践式教学的范例。活动准备非常充分，操作材料丰富多样，活动过程巧妙结合幼儿的生活经验，幼儿在“想一想，说一说，看一看，念一念，算一算，记一记”及“角色扮演”等一系列活动中熟悉十二生肖中十二种动物的名称及其排列顺序。多样化的游戏活动：“生肖捉迷藏”“生肖钟”及“钟儿滴答滴”等游戏设计巧妙，极大地调动了幼儿社会文化学习的积极性、主动性和创造性，既让幼儿在玩游戏中掌握了十二生肖中动物的名称及其排列顺序、生肖的轮回等传统文化，又促进了幼儿数学及音乐能力的发展，对幼儿整体发展具有明显的意义。

九、大班社会活动：买文具

（一）活动目标

1. 知道购物的规则，巩固对人民币的认识。

2. 学会用人民币进行简单交易和购物的方法。

3. 感受购物的快乐心情，体验购物的乐趣。

（二）活动准备

1. 请家长带幼儿一起去商场购物，了解购物的方法、步骤。

2. 请家长为每位幼儿准备10元人民币，一个小的购物袋。

3. 提前做好与超市的沟通，然后先考察路线、环境、安全等问题。

（三）活动过程

1. 出发前集中谈话、清点人数，为购物做准备。

（1）和幼儿一起讨论购物规则和注意事项。

提问：去买东西时要注意什么问题？怎样做一个文明顾客？

（2）请幼儿自己制订购物计划。

提问：小朋友你们想好去买什么文具了吗？想要买多少？

2. 组织幼儿出发去超市。

提醒幼儿排好队伍，走路要注意安全。

3. 幼儿自主购物，感受商场物品的丰富。

（1）帮助幼儿了解文具物品标价单："元、角、分"。

提醒幼儿购物前要注意看清楚物品的价格。

（2）请幼儿自主购物。

提出要求：用现有的钱买自己需要的文具用品。

（3）引导幼儿做文明顾客。

提醒幼儿遵守商场规则，不乱拿乱放东西，鼓励幼儿不懂地主动咨询售货员阿姨。

4. 尝试简单的购物结算。

提问：你买了多少文具？数数自己花了多少钱？

引导孩子把自己选择的文具进行结账。提醒幼儿懂得排队，遵守公共场合的秩序。

5. 说说我购买的文具。

回到幼儿园后引导幼儿与同伴交流自己购买的物品：自己花去了多少钱？买了几件东西？还有剩余吗？买这些东西有什么用？

（四）活动延伸

1. 在语言活动中引导幼儿画出自己的"购物日记"，并讲述购物过程中最难忘的事。

2. 和爸爸妈妈一起去商场购物，积累购物经验。

（该活动案例由汕头市儿童福利会第三幼儿园提供，略做修改）

[评析]

《纲要》社会领域教育的目标明确提出：大班幼儿要“了解周围的社会生活，初步了解各社会机构成员的劳动及其与人民生活的关系，引发尊敬、热爱劳动者的情感。”商场是幼儿日常生活中非常熟悉的地方，“购物”是小朋友最喜欢的一种生活活动。“去商场购买文具”这样一个活动，把幼儿的学习活动和生活活动紧密地结合在一起，在生活中学习，在学习中生活，真真正正地实现了课程生活化。

本次活动通过“出发前谈话”“去商场”“买文具”“结算”“说说我购买的文具”五个环节开展活动。活动采用现场教学的方式，把幼儿带到真实的社会环境里去亲身体验社会生活。在商场这个真实的社会环境中，幼儿通过自己观察交流，去了解商场，认识商品，认识人民币，自己主动寻找答案。在幼儿购物的过程中，幼儿自己主动发问，主动体验购物，学会用人民币进行简单交易和购物的方法。购物回来后，幼儿又主动交流回顾购物经验。通过一系列活动，能让幼儿感受购物的快乐，体验购物的乐趣，又锻炼了社会交往能力和语言表达能力。

第六课　幼儿园社会教育活动实践训练

本课主要是组织和同学们一起开展幼儿园社会教育活动的训练，目的是提高同学们设计、组织幼儿园社会教育活动的技能及能力。

项目一　幼儿社会教育活动目标设计的实践训练

(一)实训目标

1. 熟悉幼儿社会教育各年龄段的目标要求。
2. 能够对具体活动目标表述的合理性进行分析。

(二)内容与要求

1. 阅读1～2个幼儿社会教育活动目标案例并对活动目标表述的合理性进行分析。
2. 根据下列课题设计幼儿社会教育活动目标，全班同学进行评析，教师再进行评价和总结。

(1)小班社会教育活动：玩具大家一起玩。

(2)中班社会教育活动：请你认识我。

(3)大班社会教育活动：香香的茶。

项目二 幼儿社会教育活动中运用各种特殊方法的实践训练

(一)实训目标

1. 掌握幼儿社会教育活动中各种特殊方法(包括移情训练法、角色扮演法、观察学习法、社会认知冲突训练法、价值澄清法、陶冶教育法)的运用要求。

2. 具有运用各种特殊方法设计和组织幼儿社会教育活动的能力。

(二)内容与要求

1. 阅读完整的幼儿社会教育活动方案。

认真阅读教师提供的幼儿社会教育活动方案，并结合所学理论进行分析：活动方案中运用了什么方法？是否符合其运用要求？

2. 观摩、评析幼儿园的幼儿社会教育活动。

观看幼儿社会教育活动教学实况录像或者到幼儿园现场观摩，记录幼儿社会教育活动的全过程，然后分小组讨论：该活动运用了哪种特殊方法来设计和组织？是否符合要求？可以怎样改进？

3. 设计幼儿社会教育活动的目标和活动过程。

根据下列课题设计幼儿社会教育活动的目标和活动过程，全班同学进行评析，教师再进行评价和总结。

(1)小班社会教育活动：我爱幼儿园。

(2)中班社会教育活动：美丽的家乡。

(3)大班社会教育活动：三明治DIY。

4. 设计完整的幼儿社会教育活动方案，并练习说课或试教。

根据下列课题设计出完整的幼儿社会教育活动方案，并分小组说课或试教。

(1)小班社会教育活动：你好！

(2)中班社会教育活动：我是小导游。

(3)大班社会教育活动：帮助别人快乐自己。

项目三 个案分析的实践训练

(一)实训目标

1. 能根据个案特点提出有针对性的、合理性的教育建议。

2. 能根据个案特点设计和组织幼儿社会教育活动。

(二)内容与要求

1. 根据以下个案的具体情况，提出合理性的教育建议并设计一个社会教育活动方案。

文文小朋友第一天来幼儿园，就一直不停地哭。第二天、第三天，一直如此，从不参加活动。他一直紧紧地拿着自己的玩具，坐在远离小朋友的地方，默默地流着眼泪。老师的任何关心，他都不愿意接受。老师从家长那里了解到，文文的父母都很忙，他多数时间与爷爷奶奶或外公外婆在一起，是个非常受宠爱的孩子。文文也很少和同龄的小伙伴一起玩耍，也从来没有离开过家人。

2. 利用见习观察、记录，分析一个个案，提出合理性的教育目标及建议并设计、组织一次社会教育活动。

思考与练习

1. 幼儿社会教育的总目标是什么?
2. 幼儿社会教育的内容可分为哪四个方面?
3. 幼儿社会教育的特殊方法有哪些?
4. 移情训练法的运用要求是什么?
5. 请设计一个运用角色扮演法的幼儿社会教育活动计划。
6. 请设计一个以“培养幼儿关心他人”为主要目标的幼儿社会教育活动计划。
7. 选择你在幼儿园见习过的一个社会教育活动，尝试对该活动进行评析。

学习反思

第四单元 幼儿科学教育

学习目标

知识目标

1. 了解幼儿科学教育的指导思想及幼儿学习科学的特点。

2. 掌握幼儿科学教育的目标、内容、途径和类型。

3. 了解各类型科学教育活动的特点，掌握各类型科学教育活动的设计思路和指导要求。

能力目标

1. 能够运用所学理论知识，正确评析实际工作中的各种科学教育活动现象。

2. 具有设计和组织实施各年龄班幼儿科学教育活动方案的能力。

3. 初步具备创设和评价幼儿科学教育环境的能力。

素养目标

1. 能积极主动加强对科学知识的学习和研究，提高自身的科学素养。

2. 形成追求真理、尊重客观规律的意识。

3. 具有科学探究及创新的精神。

幼儿科学教育活动是幼儿园五大领域的重要组成部分，是培养幼儿热爱科学的情感、获得学科学的方法、提高科学素养的重要手段。幼儿科学教育是“幼儿园教育活动设计与指导”课程的重要组成部分，是同学们实现专业培养目标必须学习的教学法的课程内容。本单元简单介绍了幼儿科学教育活动的特点、目标、内容、途径、类型，重点就各类型幼儿科学教育活动的设计及组织指导进行较为系统地阐述并加强了实训，以期帮助同学们掌握幼儿科学教育活动设计及组织指导的基本知识和形成科学教育的能力，使同学们能够尽快适应岗位要求。

第一课　幼儿科学教育概述

幼儿学习科学是不同于成人学习科学的，作为幼儿教师，只有正确理解幼儿学习科学的独特性，才能使幼儿科学教育活动真正符合幼儿的年龄特点，并发挥其独特的价值。

一、什么是幼儿科学教育

(一)定义

从广义上讲，幼儿科学教育是指一切促进幼儿学习科学的教育活动，包括家庭、社会和幼儿园。

从狭义上讲，幼儿科学教育是指幼儿在教师的指导下，通过自身的活动，对周围物质世界进行感知、操作、发现问题、寻求答案的探索过程。

(二)特点

幼儿科学教育与其他年龄阶段(如中小学)的科学教育相比，具有以下特点。

1. 启蒙性

幼儿身心发展的特点决定了幼儿不可能接受高深抽象的科学知识，科学启蒙表现在：一是内容浅显。以幼儿的生活和周围的环境为出发点，以认识、了解一些感性现象为主。二是重在启迪幼儿对科学的好奇心、求知欲和兴趣，并因此引发幼儿的创造力、思维能力以及相关的科学技能等方面的发展。

2. 直观性

幼儿身心发展的特点决定了幼儿认识事物的方式：形象化的方式或动手操作。幼儿科学教育应充分发挥幼儿的多种感官，让幼儿在操作中获得发展。

3. 综合性和趣味性

综合性是指幼儿科学教育是不分学科的综合教育，内容包含生物、地理、物理和化学等。

趣味性是指幼儿科学教育应在丰富多彩的活动中进行。

二、幼儿科学教育的指导思想

(一)以科学素质的早期培养为基点，实施幼儿科学教育

科学素质是指个体表现出的一种热爱科学、理解科学、运用科学知识

和科学方法创造性地解决问题的内在的综合品质。

当代幼儿的科学素质应包括以下内容：第一，对客观事物有广泛而稳定的兴趣和主动探索的精神。第二，拥有一定的科学知识，并自觉地运用科学知识来理解和对待各种事物。第三，掌握简单的科学方法。第四，形成初步的科学概念。

幼儿科学教育以科学素质的早期培养为基点，不仅为幼儿学习科学创造了良好的开端，而且为他们长大后成为具有科学素质的现代公民打好了基础。

(二)以辩证唯物主义观点指导幼儿科学教育

马克思主义的辩证唯物主义思想告诉我们：世界是物质的，任何事物都是客观存在的，而且是不断运动、变化和发展的，它们之间彼此联系、相互制约。

在幼儿科学教育中，教师应客观地向幼儿介绍丰富多彩、相互联系、变幻无穷的周围世界。避免一成不变地、孤立地向幼儿介绍科学知识，更要反对用唯心的、封建迷信的思想和行为，有意地侵蚀幼儿的心灵，影响幼儿的行为。

(三)以自然生态观点渗透幼儿科学教育

生态学是研究生物、人和环境之间相互关系的一门科学。它阐明了人、生物、空气、阳光、水、岩石、沙土等构成环境不可缺少的因素。任何因素的缺乏，将会使环境失去生态平衡，将会给人类、动物和植物带来危害，有时甚至会带来毁灭性的灾难。

在幼儿科学教育中，教师应以自然生态观为指导，无论是在目标、内容、方法和活动设计方面，还是在环境的创设、材料的提供方面都要渗透环保教育。从小培养幼儿与自然和睦相处，帮助他们形成保护环境的意识，激发他们爱护环境的情感。

(四)以科学技术和社会相结合的观点渗透幼儿科学教育

科学技术与社会生产、社会生活和社会发展有着密切的联系，把这个观点渗透到幼儿科学教育是现代科学教育新构思的体现。

这个观点要求幼儿科学教育不仅要增添让幼儿观察、了解周围生活中的科技产品的内容，而且要使幼儿初步了解科学技术给人们生活带来的便利和产生的消极影响。

三、幼儿学习科学的特点

(一)幼儿学科学开始于好奇心

幼儿有天生的好奇心，他们对周围世界和自己的身体都充满着惊奇和兴奋。科学领域几乎有关的现象和事物，都会激起幼儿的好奇心，使他们表现出对周围世界的注视、跟踪、操作和提问。好奇心是幼儿学习科学的内驱力，成人要加以保护。

(二)爱探索，边探索边学科学

幼儿对陌生的事物与现象都喜欢听一听，看一看，摸一摸，闻一闻，问一问，总有一种要尝试、摆弄、弄清楚的愿望。在探索时，幼儿会提出各种各样的问题，这是一种寻根究底的探索。教师应鼓励幼儿的探索精神，给予他们充分的探索机会。

(三)喜参与，在活动中学科学

参与科学活动是幼儿学习科学的实质。幼儿学科学，不是靠成人讲解和灌输，而是通过他们的操作，以自己的感官直接接触周围世界来获取经验。教师在指导幼儿学科学时，应更多地让幼儿有参与活动的机会。

(四)在科学活动中易受成人态度的影响

幼儿对科学的兴趣仍处于萌芽状态，不稳定、不持久，易受成人态度的影响。如果成人对幼儿的探索活动表示关注、支持、鼓励，会提高其积极性。相反，如果成人不给予支持，或敷衍了事，或厌烦、指责，就会挫伤幼儿的积极性。另外，民主式或权威式的态度，对幼儿学习科学也会产生重大的影响。

第二课　幼儿科学教育的目标和内容

幼儿科学教育活动是一种有目的、有计划、有组织的教育活动。教育目标指明了幼儿科学教育要达到的要求，它是幼儿科学教育活动的出发点和归宿。教育内容是实现教育目标的载体，正确选择幼儿科学教育的内容，才能保证幼儿科学教育目标的实现。

一、幼儿科学教育的目标

幼儿科学教育的目标规定了幼儿园教师在科学领域的努力方向和幼儿

的发展方向。它是制订计划和评价的依据，制约着科学教育的内容、方法、手段的选择，活动的设计，环境的创设以及材料的提供。因此，幼儿教师必须全面理解幼儿科学教育目标的精神实质，以取得良好的教育效果。

幼儿科学教育的目标可以分为总目标、年龄阶段目标和活动目标三个层次。

(一)幼儿科学教育的总目标

《纲要》中，明确规定了幼儿园科学教育的目标，这就是幼儿科学教育的总目标。幼儿科学教育的总目标是根据幼儿教育总目标和现代社会发展对人才的要求以及幼儿的年龄特点而制定的，其核心是培养幼儿的科学素质，具体表述如下。

(1)对周围的事物、现象感兴趣，有好奇心和求知欲。

(2)能运用各种感官，动手动脑，探究问题。

(3)能用适当的方式表达、交流探索的过程和结果。

(4)能从生活和游戏中感受事物的数量关系并体验到数学的重要和有趣。

(5)爱护动植物，关心周围环境，亲近大自然，珍惜自然资源，有初步的环保意识。

(二)幼儿科学教育的年龄阶段目标

幼儿科学教育的年龄阶段目标是根据幼儿科学教育的总目标和各阶段幼儿的年龄特点而确立的。年龄阶段目标的制订便于教师的操作，使教师能较好地把握各年龄阶段幼儿科学教育的要点，对各年龄班幼儿的科学教育有更直接的指导作用。但对各年龄阶段的科学教育目标无法制订一个统一的标准和要求，只是在与总目标保持一致的前提下，根据不同年龄阶段幼儿的发展情况制订适合的目标。以下所列小、中、大班的具体目标仅作参考。

1. 知识方面

小班

(1)引导幼儿观察周围常见的个别自然物(动植物和无生命物质)的特征，获取粗浅的科学经验，初步了解它们与幼儿生活、周围环境的具体关系。

(2)引导幼儿观察周围常见自然现象的明显特征，获取粗浅的科学经验，并感受它们和生活的关系。

(3)引导幼儿观察日常生活中直接接触的个别人造产品的特征及用途，获取粗浅的科学经验，感受它们给生活带来的方便。

中班

(1)帮助幼儿获取有关自然环境中有生命物质、无生命物质及其与人类关系的具体经验，了解不同环境中个别动植物的形态特征和生活习性。

(2)帮助幼儿了解四季的特征及其与人们生活的关系，观察简单的理化现象，获取感性经验。

(3)引导幼儿获取周围生活中常见科技产品的具体知识和经验，初步了解它们在生活中的运用。

大班

(1)帮助幼儿初步了解不同环境中的动植物及其与环境的相互关系。

(2)介绍幼儿周围生活中的环境污染现象和人们保护生态环境的活动。

(3)帮助幼儿获取有关季节、人类、动植物与环境等关系的感性经验，形成四季的初步概念。

(4)引导幼儿探索周围生活中常见的理化现象，获取有关的科学经验。

(5)让幼儿接触周围生活中的现代科学技术及其在生活中的运用。

2. 方法技能方面

小班

(1)帮助幼儿了解各种感官在感知中的作用，学习正确使用各种感官感知的方法，发展感知能力。

(2)帮助幼儿掌握根据一个或两个特征从一组物体中挑选出物体并归为一类的分类方法。

(3)帮助幼儿掌握通过目测等简单方法比较物体的形体大小和数量的差别。

(4)引导幼儿能用词语或简单的句子描述事物的特征或自己的发现，并与同伴、教师交流。

(5)帮助幼儿学习使用日常生活中常用科技产品的简单方法，参与简单的制作活动。

中班

(1)帮助幼儿学会综合运用多种感官感知事物的特征，发展观察力。

(2)帮助幼儿学会按照指定的标准对物体进行简单的分类。

(3)帮助幼儿学习运用简单的工具进行测量的方法。

(4)引导幼儿能用自己的语言描述自己的发现，并与同伴、教师交流。

(5)指导幼儿学习使用常见科技产品的方法，运用简单工具进行制作活动。

大班

(1)使幼儿能主动运用多种感官观察事物，学会观察的方法，发展观察力。

(2)使幼儿能按照自己规定的不同标准对物体进行分类。

(3)帮助幼儿学习使用各种工具进行测量，掌握正确的测量方法。

(4)引导幼儿能用完整、连贯的语言与同伴、教师交流自己的探索过程和结果，表达愿望，提出问题并参与讨论，能够表达发现的愉快，能够和他人交流和分享。

(5)引导幼儿学习使用常见科技产品的方法，运用简单工具和多种材料进行制作活动，能够发现物品和材料的多种特性和功能，并能表现出一定的创造性。

3. 情感方面

小班

(1)激发幼儿对周围事物的好奇心，使其愿意感知和摆弄他们能够直接接触到的自然物和人造物。

(2)使幼儿探索自然现象和参与制作活动的兴趣。

(3)使幼儿喜爱动植物和周围环境，并能在成人的感染下表现出关心、爱护周围事物的情感。

中班

(1)发展幼儿的好奇心，引导幼儿喜欢探究周围生活中常见的自然物和人造物，愿意参加制作活动。

(2)培养幼儿关心、爱护动植物和周围环境的情感和行为。

大班

(1)激发和培养幼儿好奇、好问、好探索的态度。

(2)激发幼儿对自然环境和现代社会生活中的科技产品产生广泛的兴趣，能自己发现问题、提出问题、寻求答案。

(3)使幼儿喜欢并能主动参与，集中于自己的科学探索活动和制作活动。

(4)培养幼儿主动关心、爱护周围环境的情感和行为。

(三)幼儿科学教育的活动目标

活动目标的确立详见第一单元第二课。

延伸阅读

《指南》关于科学教育的目标

(一)科学探究

目标1　亲近自然，喜欢探究

3～4 岁	4～5 岁	5～6 岁
1. 喜欢接触大自然，对周围的很多事物和现象感兴趣。 2. 经常问各种问题，或好奇地摆弄物品。	1. 喜欢接触新事物，经常问一些与新事物有关的问题。 2. 常常动手动脑探索物体和材料，并乐在其中。	1. 对自己感兴趣的问题总是刨根问底。 2. 能经常动手动脑寻找问题的答案。 3. 探索中有所发现时感到兴奋和满足。

目标2　具有初步的探究能力

3～4 岁	4～5 岁	5～6 岁
1. 对感兴趣的事物能仔细观察，发现其明显特征。 2. 能用多种感官或动作去探索物体，关注动作所产生的结果。	1. 能对事物或现象进行观察比较，发现其相同与不同。 2. 能根据观察结果提出问题，并大胆猜测答案。 3. 能通过简单的调查收集信息。 4. 能用图画或其他符号进行记录。	1. 能通过观察、比较与分析，发现并描述不同种类物体的特征或某个事物前后的变化。 2. 能用一定的方法验证自己的猜测。 3. 在成人的帮助下能制定简单的调查计划并执行。 4. 能用数字、图画、图表或其他符号记录。 5. 探究中能与他人合作与交流。

目标3　在探究中认识周围事物和现象

3～4 岁	4～5 岁	5～6 岁
1. 认识常见的动植物，能注意并发现周围的动植物是多种多样的。 2. 能感知和发现物体和材料的软硬、光滑和粗糙等特性。 3. 能感知和体验天气对自己生活的影响。 4. 初步了解和体会动植物和人们生活的关系。	1. 能感知和发现动植物的生长变化及其基本条件。 2. 能感知和发现常见材料的溶解、传热等性质或用途。 3. 能感知和发现简单的物理现象，如物体形态或位置变化等。 4. 能感知和发现不同季节的特点，体验季节对动植物和人的影响。 5. 初步感知常用科技产品与自己生活的关系，知道科技产品有利也有弊。	1. 能察觉到动植物的外形特征、习性与生存环境的适应关系。 2. 能发现常见物体的结构与功能之间的关系。 3. 能探索并发现常见的物理现象产生的条件或影响因素，如影子、沉浮等。 4. 感知并了解季节变化的周期性，知道变化的顺序。 5. 初步了解人们的生活与自然环境的密切关系，知道尊重和珍惜生命，保护环境。

二、幼儿科学教育的内容

(一)选择内容的要求

1. 科学性和启蒙性

科学性和启蒙性是幼儿科学教育内容选择的首要要求。所谓科学性是指幼儿科学教育的内容应符合科学原理，不违背科学事实。所谓启蒙性是指幼儿科学教育的内容应是粗浅的，而不是系统的科学知识；应是幼儿可见、可直接探索的内容，而不能超越幼儿的发展水平和理解能力。

2. 时代性和民族性

所谓时代性是指幼儿科学教育的内容应是适当反映时代与科技进步的新知识。所谓民族性是指科学教育的内容应对保存、传播和发展我国的优秀民族传统文化有所体现。

3. 广泛性和代表性

所谓广泛性是指幼儿科学教育的内容应尽量涉及多个方面，确保能让幼儿获得广泛的科学经验。所谓代表性是指幼儿科学教育的内容应能典型地反映某领域的基本知识结构。

4. 地方性和季节性

所谓地方性和季节性是指幼儿科学教育的内容应具有鲜明的地方特色和季节特点。

(二)幼儿科学教育的内容

1. 幼儿常见的自然现象及其与人类、动植物的关系

幼儿常见的自然现象包括季节现象，气候现象(雨、雪、霜等)，理化现象(空气与风、电、光、声等)。

2. 幼儿周围的物质世界及其相互关系以及生态环境教育

幼儿周围的物质世界，即大自然。它包括有生命物质(动物、植物、微生物)；无生命物质(岩石、沙、土、水等)；宇宙和星球(日、月、星辰等)；环保教育。

环保教育应渗透于上述三项内容之中，主要包括以下几点。

(1)使幼儿知道地球上的水资源是有限的，可以供人们饮用的淡水资源更加有限，懂得保护水资源，节约用水。

(2)认识几种珍稀动植物，知道它们数量减少的原因，懂得爱护野生动植物。

(3)了解废弃物对人类造成的危害，知道废弃物可以分类回收利用，变废为宝。

(4)了解土壤对动植物的作用及土壤污染对人类健康的影响。

(5)初步了解植树造林对人类的重要意义，懂得保护森林的重要性。

(6)初步理解什么是环境污染，环境污染的具体体现及其对人类的影响，掌握保护环境的基本方法。

3. 幼儿日常生活中常见的科技产品及其对人类的影响

幼儿日常生活中常见的科技产品包括家庭生活中的科技产品及其功用；社会生活中的科技产品及其和人类生活的关系；著名的科学家所发明的东西。

4. 人体的奥秘及其保护

以感官教育为主，主要包括感官的结构和功能；感官的运用及感知能力的培养；保护感官。

此外，还有初步的性别教育、性教育和安全教育等。

第三课　集体教学活动中的科学教育

幼儿科学教育的途径包括三个方面：教学活动、游戏活动和生活活动。从当前的幼儿科学教育实践看，教学活动仍是占据主导地位的教育途径。

幼儿科学教育的内容非常广泛，对于不同内容的活动，其具体的方法、过程和指导策略也有很大的差别。根据不同的认识对象和学习方式，我们把幼儿科学教育活动分为四种类型：观察认识型活动、实验操作型活动、科学讨论型活动和技术操作型活动。本课内容主要介绍这四种类型教学活动的设计与指导。

一、观察认识型活动的设计与指导

(一)观察认识型活动概述

观察是一种有目的、有计划，比较持久的知觉活动，是幼儿认识事物的最主要的方法。

观察对幼儿学习科学的意义表现在：一是丰富感性经验，扩大幼儿眼界；二是学会科学的观察方法，提高感官的机能。在实践中，除了以观察为主线组织的科学活动外，在其他的活动中，如实验、制作等，也离不开观察这种方法。

观察认识型活动指的是专门性的观察活动，也就是指幼儿运用各种感官了解客观事物的特点，获取感性经验的科学活动。根据不同的划分标准，可以把观察认识型活动分为不同的类型。

1. 个别物体观察和比较性观察

这是根据观察对象的多少划分的。

个别物体观察是指幼儿有目的地运用多种感官，对某一特定的自然物或自然现象、科技产品进行的观察。

比较性观察是指幼儿对两种或两种以上的自然物或自然现象、科技产品进行的观察和比较。比较性观察是幼儿学习分类，形成类概念的基础。

2. 随机观察和长期系统性观察

这是根据观察时间的长短划分的。

随机观察是指教师或幼儿发现有教育价值的事物或现象，及时抓住机会进行的观察。

长期系统性观察是指幼儿为探索自然物及自然现象的发生及变化而进行的连续、持久的观察。

3. 室内观察和室外观察

这是根据观察地点划分的。

室内观察是指在幼儿园活动室内进行的观察。

室外观察是指在活动室以外的地方进行的观察。它包括园内观察和园外观察，主要指到大自然中去观察。

(二)观察认识型活动的设计思路

根据观察对象的不同特点，观察认识型活动的组织可以遵循不同的设计思路。

1. 物体观察活动的设计思路

出示观察对象—幼儿自由观察—表达交流—教师引导观察—表达交流—教师总结。

一般用于单个物体观察、同类物体观察和比较性观察。比如，大班：美丽的菊花。

2. 展示观察活动的设计思路

收集物体—布置展览—共同参观—表达交流—教师总结(或开放性结束)。

一般用于观察认识物体的多样性。比如，大班：生活中的管子。

3. 现象观察活动的设计思路

引出对象或问题—观察现象—观察中的交流与个别指导—教师组织讨论和交流—教师总结。

一般用于观察变化的发生。比如，小班：糖怎么不见了。

(三)观察认识型活动的指导要点

第一，在提供典型观察对象的基础上，提供多样化的观察对象，引导幼儿发挥多种感官，全面了解观察对象。其包括获取以下信息。

(1)物体的形状、颜色、大小、声音、气味、味道、软硬、光滑、轻重、弹性、光度、湿度等。

(2)物体的外部结构和功能及两者的关系。

(3)物体的静止状态和运动状态。

(4)物体的存在与周围世界的关系。

第二，通过提问，启发幼儿观察、发现、想象和思考。

观察过程中，教师的提问是关键。教师要多以启发式、开放性的问题，引导幼儿多方面观察、发现、想象和思考，如“你发现什么了?”“什么像什么?”“它有什么用途?”等。由此引发幼儿丰富的联想，寻求新颖的不同答案，发展幼儿的集中性思维和发散性思维。

第三，帮助幼儿掌握观察的方法和技能：顺序观察和细致观察。

幼儿观察事物较笼统，不够精确，常常凭兴趣东看看、西瞧瞧，抓不住要领，获得的经验常常是表面的、片面的、零散的，甚至是错误的。教师应适当给予指导，既要给予幼儿适当的自由度，又要在多次观察中通过提问、提示和小结教幼儿学会顺序观察和细致观察。

第四，给予幼儿充分的表达机会，鼓励幼儿表达、交流自己的观察印象。

观察过程中，要给幼儿充分表达的机会，鼓励幼儿和同伴讨论、交流。这样做，既能巩固幼儿的观察印象，促进幼儿思维和语言的发展，又能激发幼儿观察和表达的积极性，增进同伴交流，促进幼儿社会性的发展。

二、实验操作型活动的设计与指导

(一)实验操作型活动概述

科学实验是指在人为控制的条件下，利用一定的仪器或设备，通过操纵变量来观测相应的现象和变化的方法。

幼儿科学实验的特点：第一，内容生活化。第二，器材简单化。第三，幼儿亲自动手操作。

实验对幼儿学科学的意义表现在：第一，帮助幼儿理解科学概念。第二，训练幼儿动手操作的技能。第三，发展幼儿科学的情感和态度以及思维、创造能力。第四，调动幼儿学习科学的积极性和主动性。

(二)实验操作型活动的设计思路

根据幼儿的年龄及实验内容的不同，可以采用不同的设计思路。

1. 演示—操作式

这一设计思路是：先由教师对实验内容进行演示，然后幼儿按照教师演示的方法进行实验操作，并进一步进行观察，获得发现。

适用条件：幼儿年龄较小无法独立进行探究，或实验材料的操作方式不易被幼儿理解。比如，大班：会吹气球的瓶子。

2. 自由—引导式

这一设计思路是：教师通过材料引发幼儿的探究兴趣，让幼儿先进行自由的探究，然后教师在组织幼儿交流各自经验的基础上，引导其进行有目的、有计划的探究活动。

这个探索过程可分为三个阶段：第一，“瞎忙”的阶段(表现为无目的地摆弄物体)。第二，“探究”的阶段(表现为尝试性地摆弄物体)。第三，“领悟”的阶段(表现为验证性地摆弄物体)。

这样的设计思路不仅能让幼儿尽享“动手做”的乐趣，而且能较好地将幼儿的自主探究和教师的引导结合起来，并将教师的指导建立在幼儿自由发现的基础之上。因此，这一设计思路在幼儿科学实验活动中得到了广泛的运用。比如，大班：旋转的小船。

3. 猜想—验证式

这一设计思路是：针对某一问题，教师不是让幼儿先去探索，而是先猜想一下可能会有什么结果，然后再进行实际的探究活动，来验证原先的猜想是不是正确。

这样的设计思路可以教会幼儿科学探究的基本过程和方法，可以让幼儿学习做科学记录，有助于幼儿形成实事求是的科学态度。

适用条件：适用于幼儿已有类似的生活经验，而答案并不明确的问题。比如，大班：有趣的油和水。

(三)实验操作型活动的指导要点

第一，给幼儿充分的实践和探索的机会。

(1)提供给幼儿合适、足够的实验材料(最好人手一套)。幼儿的发现来自他们自己的摆弄和操作，因此实验材料的提供非常重要。只有多样化的材料才能保证幼儿反复进行操作，不断地与客体相互作用，在实验过程中去探索、发现、判断，自己找出问题的答案。

(2)给予幼儿充分的实践和探索的时间(包括给幼儿尝试错误的自由)，鼓励幼儿进行大胆尝试，教师进行个别指导。

(3)避免教师灌输或包办代替。

第二，提问指点，引导幼儿多方面操作、观察、发现、思考和表达。

(1)提问的要求：见第一单元第三课。

(2)关键性指点：指点不是教师手把手地教，而是启发幼儿正确的思考和探索。在幼儿的探索过程中，教师应把握好时机进行个别指点。

三、科学讨论型活动的设计与指导

(一)科学讨论型活动概述

科学讨论型活动是指在收集、整理资料的基础上，通过集体的讨论交流等手段获取科学知识的活动。

科学讨论型活动对幼儿学习科学的意义表现在：第一，活动的信息量大，能充分满足幼儿的求知欲。第二，能够培养幼儿获取信息，特别是获取间接经验的能力。第三，科学讨论型活动一般以集体讨论的形式进行，这对于培养幼儿的语言表达能力，促进幼儿的思维社会化都是非常有益的。

这种类型的活动主要适用于那些不易通过直接的探究进行学习，但又是很重要或者幼儿很喜欢的科学内容。比较适合于中、大班幼儿。比如，我们需要干净的河水、海洋生物怎样保护自己等。

(二)科学讨论型活动的设计思路

按照幼儿知识经验准备的途径不同，科学讨论型活动的设计思路大致可分为以下三种。

1. 参观调查—汇报交流式

对这类活动，通常是带领幼儿通过外出考察获取直接经验，外出归来后，再进行汇报交流，分享经验。为了便于幼儿的交流，可以采用绘画、拍照、摄像等方式将调查的第一手资料记录下来，在集体讨论时可利用其再现幼儿的经验。比如，大班：我们需要干净的河水。

2. 收集资料—共同分享式

对这类活动，教师可事先提供一些图书资料，或建议家长和幼儿一起查询有关资料，然后在集体活动中和大家分享。比如，大班：海洋生物怎样保护自己。

3. 个别探究—集中研讨式

有些幼儿共同感兴趣但认识可能出现不一致的问题，可以先让幼儿进行个别探究。在个别探究的基础上，再进行集中研讨，通过集中研讨使不同的观点产生“碰撞”。这种活动的目的不在于让幼儿获得一个正确的结论，而在于让他们经历不同观点之间相互交流的过程。比如，大班：茶叶是树叶吗。

(三)科学讨论型活动的指导要点

第一，避免把科学讨论型活动变成灌输科学知识的课堂。不能由教师“一言堂”，而应该把充足的时间留给幼儿。

第二，建立“民主”课堂，充分体现平等对话的精神。教师不要预设结论，而应倾听幼儿的观点。

第三，帮助幼儿利用多种手段特别是艺术的手段表达他们的科学认识。

第四，可以利用视听媒体进一步丰富幼儿的知识经验，扩大幼儿的眼界。

四、技术操作型活动的设计与指导

(一)技术操作型活动概述

技术操作型活动是指学习制作产品，使用科技产品或掌握工具的操作方法的科学活动。

技术操作型活动对幼儿学习科学的意义表现在：第一，在技术操作型活动中，幼儿亲历“技术设计”的过程，能够获得对技术的直接经验。第二，能加深幼儿对科学现象的理解。第三，能让幼儿获得一些具体的制作和操作技巧，培养他们动手操作的技能和习惯。

(二)技术操作型活动的设计思路

技术操作型活动有两种不同的类型：一是学习使用科技产品或工具的

活动。二是科技小制作活动。其具体的设计思路如下。

第一，学习使用科技产品或工具活动的设计思路：观察—操作—交流讨论—正确操作。比如，小班：我让电筒亮起来。

第二，科技小制作活动的设计思路：演示（展示产品或分步演示）—操作—交流讨论（或指导纠正）—展示分享。比如，中班：自制喷水壶；大班：我们也会造纸。

（三）技术操作型活动的指导要点

第一，为幼儿提供的制作材料应尽量是半成品的，而且制作的材料应具有选择性。

第二，应使幼儿明确科技制作的目标、方法和评价标准。

第三，要让幼儿自己探索制作的方法和技巧。

第四课　区角与游戏活动中的科学教育

幼儿科学教育实践除集体教学活动这一途径外，区角活动和游戏活动也是具有独特价值的教育途径，在幼儿科学教育中发挥了极其重要的作用。

一、区角活动中的科学教育

（一）区角科学活动的两种类型

第一，以班级为单位设立的科学区。

第二，全园共享性的科学活动室。

（二）区角科学活动的特点

第一，幼儿自主选择、自由组织。

第二，以对材料的操作来达成学习目标和内容。

第三，个别化、操作性的学习与间接的指导。

（三）区角科学活动的材料提供

1. 材料提供的几种情况

（1）为配合集体教学提供材料。

（2）围绕主题内容提供材料。

（3）根据幼儿的兴趣提供材料。

2. 材料提供应注意的问题

（1）提供多样性的材料。

所谓多样性的材料，不仅指活动材料要涉及多方面的学习内容，而且指对于同一学习内容，教师也要考虑怎样通过多样性的材料丰富幼儿的相关经验。

(2)提供层次性的材料。

所谓层次性的材料，不仅是指材料本身要有层次性，即从材料的提供上体现出不同的程度要求，而且指操作方式上要有层次性，以蕴含活动目标的个别差异性。

(3)提供结构性的材料。

所谓结构性的材料，指的是活动材料应该能蕴含探索和发现的可能性，或者说，要将科学的原理蕴藏在材料和对材料的探索之中。

供幼儿探索的材料可以有：

①光学材料，如各种透镜(凸透镜、凹透镜)，凸面镜和凹面镜，平面镜，三棱镜，万花筒，颜料和调色盘，可以叠加颜色的彩色塑料片等。

②磁性材料，如各种形状和大小的磁铁(圆形磁铁、环形磁铁、条形磁铁、马蹄式磁铁等)，各种可以被磁化的和不能被磁化的物体，如指南针等。

③声学材料，如音叉、锣鼓等乐器，可以试验声音高低的各种响声盒、纸杯电话等。

④电学材料，如连接简单电路所必备的材料、小电动机、手电筒等。

⑤力学材料，如斜面板、滑轮、弹性物体等。

⑥玩水材料，如与沉浮现象有关的物体，玩水容器等。

供幼儿进行科技小制作等操作活动的材料有：

①进行各种小制作所需要的材料，如不倒翁、传声筒、风车等各种小制作所需的材料。

②可供幼儿摆弄、操作的各种工具，如已采取安全措施的剪子、锤子、钳子、钉子、螺丝等。

③各种测量工具，如温度计、尺等。

④其他可能用到的工具，如纸、胶水等。

⑤各种废旧物品，如纸盒、纸杯、饮料瓶等。

供幼儿进行感知的材料有：

①触摸材料，如各种质地(粗糙和光滑)的物体，用不同质地纺织面料缝制的娃娃，让幼儿通过触摸分辨物体的“魔箱”。

②训练嗅觉的材料，如各种气味瓶。

③训练听觉的材料，可结合声学材料提供一些能发出不同声音的物体供幼儿听辨。

供幼儿用肉眼或放大镜观察的材料有：

①各种生物和无生物的标本，如鸟类标本、蝴蝶标本、昆虫标本、岩石标本、化石标本等。

②幼儿自己收集的物品，如树叶、种子、贝壳、羽毛、动物骨骼等。

③活的生物，如大型的水族箱（里面可以养殖水生生物）、昆虫世界（让幼儿可以看到蚂蚁生活的地下世界）、无土栽培的植物等。

还可以放置一些买来的科学玩具，如各种电动玩具等，或幼儿自己的小制作等。

（四）区角科学活动的指导要求

第一，更重视幼儿的学习体验，而不强求达到某一知识技能的目标。

第二，更重视个别化的启发引导，而不是集体的讲解和讨论。

第三，更重视宽松心理环境的创设，而不是直接的指导。

二、游戏活动中的科学教育（幼儿科学游戏）

（一）什么是幼儿科学游戏

幼儿科学游戏是指借助自然界的物质材料进行游戏或将科学的道理寓于游戏之中的活动。

（二）科学游戏的作用

第一，使幼儿成为活动的主人，促进幼儿自主性的发展。

第二，使幼儿在轻松的状态下学习科学，“寓教于乐”。

（三）科学游戏的种类

1. 感知游戏

主要是通过幼儿的感觉器官，感知辨别自然界物质的属性和功能。可以帮助幼儿学习使用感官，发展感知能力。

2. 排列游戏

让幼儿把各种自然材料，按照物体的外部特征或发展过程进行排列。它可以巩固幼儿对事物的认识，发展幼儿的比较能力。

3. 分类游戏

按照自然物的异同点进行归类。

4. 配对游戏

让幼儿从各种自然材料中找出相同的或有联系的物体配成“对子”。

5. 情境游戏

教师根据一定的意图，创设特定的情境，让幼儿观察、思考、发现事物之间的相互联系，并分析其原因等。比如，用四季的图片，让幼儿找出表示四季特征的自然物的卡片(水果、树、花、昆虫等)粘贴于四季图片上，并进行分析。

(四)科学游戏活动的组织领导

第一，集中幼儿的注意力，调动幼儿参与游戏的热情。

第二，帮助幼儿理解游戏的规则。根据需要，可示范玩一次。

第三，正式组织游戏活动。一方面要关注游戏的进展，另一方面还要关注幼儿在游戏中的反应，必要时可对个别幼儿提供一些帮助。

第四，做好游戏的评价工作。在游戏结束时，可组织幼儿交流游戏中自己的发现和内心的感受等。

第五课　生活中的科学教育

科学就在幼儿的生活中，科学就在幼儿身边。生活中的幼儿科学教育，特指教师在专门组织的教学活动、游戏活动以外，引导幼儿开展的科学活动，包括自然角中的观察与照料活动、种植和饲养活动、参观和游览活动(远足活动)和偶发性科学活动。

一、自然角中的观察与照料活动

(一)什么是自然角

自然角就是在幼儿园的活动室内向阳的角落，安放一张桌子或设置一个分层木架，将一些适于在室内生长和照料的动植物或收集来的非生物有序地布置在上面。

(二)自然角的特点

第一，能够集中、真实地再现和反映自然环境中的事物，同时也使活动室增添一份自然美。

第二，能够方便幼儿在日常生活中进行随机的和长期的观察活动。

第三，能够激发幼儿主动探索的兴趣和对周围事物的敏感性和责任感。

(三)自然角的日常管理

第一，自然角的陈列物要体现各年龄班幼儿的认知特点，并利用自然角开展观察和探索活动。

小班幼儿对动植物的明显特征感兴趣，自然角的陈列物宜选择具有明显特征的物体或具有不同外部特征的同一系列的观察物。

对中班幼儿来说，全面了解动植物的主要特征与比较性观察是这一年龄段的学习内容。自然角上可陈列一些有可比性的动植物，以发展幼儿辨识物体的能力和帮助幼儿类概念的形成。

大班幼儿求知欲旺盛，为他们提供的陈列品应是能引起他们深入研究或细致观察的内容。可展示物种的多样性；展示动植物不同时期的存在方式；增加一些在发育过程中有明显形态改变的动物，以促使幼儿更加细致地进行长期系统的观察和比较。

第二，自然角的内容应随季节变化和幼儿的学习进程更换。

第三，随时注意观察和指导幼儿在自然角的活动。

第四，让幼儿参与自然角的日常管理。

二、种植和饲养活动

(一)什么是种植和饲养

种植和饲养是幼儿学习科学的一项实践活动，是幼儿探索生命科学的重要方法。种植活动包括播种、管理和收获，饲养活动包括喂养和照料。

(二)种植和饲养的特点

第一，目的是受教育。

第二，内容与生活密切联系。

第三，所需的技能十分简单。

(三)种植和饲养的组织领导

1. 种植的步骤(过程)

(1)种植前的准备。包括松土、作畦或收集种植器皿、种子和劳动工具等。

(2)播种和移植。包括挖洞、放种子或秧苗、盖土、浇水等。

(3)日常管理。包括浇水、除草、间苗、防治害虫、施肥、剪枝、搭架等。

(4)收获。包括采集种子和处理劳动成果。

2. 种植和饲养的指导要求

(1)种植、饲养活动要与认识活动、解决问题、记录相结合。

种植和饲养活动总要持续一段时间，教师应引导幼儿对生命成长的过程有完整的认识，学习解决种植和饲养过程中遇到的问题，同时还应培养幼儿长期系统观察的能力，并养成及时做观察记录的习惯。记录的方式有图画、图表和文字等。

(2)收获工作应与分享活动相结合。

包括欣赏成果、计算收获量和品尝等。这些对幼儿来说是一种积极的情绪体验，会给幼儿留下深刻的印象，有利于激发幼儿的劳动兴趣。

(3)组织谈话和讨论。

收获与分享活动结束后，应组织幼儿用语言表达种植或饲养的经历，总结经验。

三、参观和游览活动(远足活动)

(一)什么是参观和游览

参观和游览是指根据教育目标组织幼儿到室外或园外去直接接触社会和自然，它是一种外出的实地观察活动。

(二)参观和游览的特点

第一，直接接触社会和自然，观察范围广泛。

第二，组织结构较宽松。

(三)参观和游览的组织领导

第一，重视幼儿的安全问题。

第二，给予幼儿充分的时间和自由感知、探索的机会。

(1)活动计划宜粗不宜细。

(2)只要不违反安全要求，就不必对幼儿限制过多。

(3)可与采集、游戏、文艺和文学活动结合起来。

第三，鼓励幼儿提出问题，并引导他们自己去寻找答案。

第四，允许、鼓励幼儿互相交流各自所获取的信息。

第五，在整个过程中，教师要善于观察幼儿的反应，细心倾听幼儿的交谈，了解幼儿的情绪，以自己对大自然的好奇去感染幼儿。

第六，外出回来后，应开展多种形式的交流活动。比如，谈话活动、美术活动、展览会等。

四、偶发性科学活动

(一)什么是偶发性科学活动

偶发性科学活动是在教师完全没有计划的情况下发生的。它是指在幼儿的周围世界中，突然发生的某一自然科学现象、自然物或有趣、新奇的科技产品和情境，激起幼儿的好奇，导致幼儿自发投入的一种科学探索活动。

(二)偶发性科学活动的特点

第一，探索活动常由偶然的情境引起，教师无法事先估计。

第二，探索的内容广泛，常常是就地取材。

第三，活动的时间、地点不定，随机性强。

第四，活动的过程多样、多变，容易受外界因素干扰。

第五，活动的主体具有强烈的内在探索动机。

(三)偶发性科学活动的指导要求

1. 观察、了解

教师要重视偶发性科学活动，要随时关注幼儿平时的一切活动，观察幼儿在干什么，说什么，尤其是当某个幼儿蹲在那里或几个幼儿聚在一起，对外界其他事物“漠不关心”的时候。当某个幼儿兴冲冲地来向教师报告某某地方发生什么事的时候，教师应给予特别的关注，深入地了解具体情况。

2. 支持、鼓励

教师在充分了解了幼儿的行为，并判定这是幼儿的偶发性科学活动之后，就应该热情地支持幼儿的行为。对幼儿提出的问题，应鼓励他们继续探索，自己寻找答案；对幼儿提出的合理要求，应尽量给予满足。

3. 适当引导

在支持幼儿的探索活动的同时，当活动难以深入开展时，教师可以适当介入，使其继续开展下去；当幼儿发生争吵时，教师可以帮助幼儿通过协商解决。通过引导，帮助幼儿发现蕴含在其中的科学道理，帮助幼儿获得成功的体验。如果教师觉得幼儿探索的内容确实有价值，可以转化为一次专门的教学活动。

第六课　幼儿园科学教育活动案例及评析

本课为同学们提供了幼儿科学教育活动多个类型的案例，每个案例都有评析，以方便同学们在学习过程中能理论联系实际，加深对理论的理解和掌握，也有利于教育能力的提升。

一、大班观察认识型(物体观察)活动：美丽的菊花

(一)活动目标

1. 学会运用多种感官有序地观察菊花，了解菊花的外部特征。

2. 初步学会用简单的图形、色彩记录观察的结果。

3. 乐意与他人交流，能用较完整的语言表达观察的结果。

4. 了解更多品种的菊花，萌发爱护花卉的情感和审美情趣。

(二)活动准备

1. 参观公园菊展，剪制录像。

2. 菊花数盆，剪插一枝；记录表每人一张，蜡笔数支。

3. 各个品种的菊花照片，粘贴黑板。

(三)活动过程

1. 回顾参观录像，激发观察兴趣。

播放参观录像，教师和幼儿共同观赏，再现对菊花的印象。

2. 观察菊花。

(1)运用多种感官感知菊花。

引导幼儿通过闻、看、轻轻地摸等方法初步感知菊花。

(2)按顺序细致地进行观察并记录。

引导幼儿按照记录表的文字提示，从外到里、从上到下有顺序地进行观察，并用绘画的方式记录观察结果。

(3)讨论交流观察结果。

请幼儿根据自己的记录表讲述观察结果，提醒发言不要太多重复，注意补充。

3. 教师小结。

(1)小结菊花的外部特征。

(2)小结观察方法的运用效果。

4. 了解欣赏更多品种的菊花。

展示更多品种的菊花照片，启发幼儿主要从颜色、花冠造型、花瓣形态去欣赏比较这些菊花。在幼儿自由观看的过程中，教师参与讨论，激发幼儿感受美的积极性。

(四)活动延伸

让幼儿回家了解菊花的用途，回到幼儿园与教师、同伴交流信息，并告诉大家获得信息的途径。

(该活动案例由汕头市中山幼儿园提供)

[评析]

该活动的目标定位全面、合理，表述规范。菊花是幼儿常见的一种植

物。在菊花盛开，公园里纷纷举办菊花展览的时候，选择“美丽的菊花”作为幼儿观察的对象是很合理的。该活动能从组织幼儿参观菊展入手，选择一种典型的菊花作为该活动的主要观察对象教幼儿学会观察的方法，在此基础上提供各种品种的菊花供幼儿欣赏。活动中既要求幼儿用图画记录观察的结果，又重视让幼儿用语言表达观察的印象，同时又很自然地渗透了爱护花卉的教育，是一个很不错的物体观察活动范例。

二、大班观察认识型(展示观察)活动：生活中的管子

(一)活动目标

1. 了解各种管子与人们生活的关系，从中体验科学的重要性和趣味性，萌发尊敬成人创造性劳动的情感。

2. 初步学会对各种管子进行分类，提高分析和概括能力。

3. 积极参加小组讨论，能与同伴交流、分享探索的结果。

(二)活动准备

1. 幼儿通过实验活动了解管子的特性。

2. 幼儿在日常生活中观察各种各样的管子，并用文字、绘画、图片、照片等形式进行记录。

3. 教师丰富观察环境：影像播放、图片展示、实物摆放。

(三)活动过程

1. 回顾观察：引导幼儿进入师幼共同创设的环境，再现对生活中各种管子的认识。

2. 讨论交流：让幼儿带着自己的观察记录与同伴交流，分享探索的结果。

3. 展示讲述：请部分幼儿将自己的作品通过投影展示，并讲述自己观察到的管子及用途。

4. 集体总结：总结出管子的特点、与人们生活的关系，鼓励创想。

5. 讨论分类：由幼儿思考讨论出分类标准，然后进行分类并检查。

(四)活动延伸

找找人身体里的管子(血管、气管、食管等)以及植物的管子(根、茎、叶脉等)。

(该活动案例由汕头市中山幼儿园提供)

[评析]

管子在日常生活中无处不在，该活动正是根据幼儿对日常生活中各种各样的管子很感兴趣这一特点而设计的。该活动属于展示观察类活动，它以展示生活中的各种管子为中心，在收集、布置、参观、介绍等活动中加深幼儿对生活中的管子的认识。该活动很重视调动幼儿的主动性，很重视对幼儿已有经验的总结和提升，是一个很有创意的活动范例。

三、大班科学活动：会吹气球的瓶子

扫一扫，看视频

大班科学活动：会吹气球的瓶子(上)　　大班科学活动：会吹气球的瓶子(下)

(一)活动目标

1. 了解小苏打与醋混合会产生气体的科学现象，并了解气体产生的多少与材料用量之间的关系。

2. 初步学会科学探究的方法。

3. 能对科学探索感兴趣，体验发现、交流、合作的快乐情感。

(二)活动准备

1. 教具准备：实验记录纸一张、幼儿实验记录表 6 张、白板笔、颜色磁铁、课件《二氧化碳在生活中的用途》、操作音乐。

2. 学具准备：小苏打、盐、白糖、面粉、醋；空瓶子、量杯、匙子、漏斗、气球、托盘 17 个、毛巾 8 条。

(三)活动过程

1. 魔术导入，激发幼儿进行实验探索的兴趣。

(1)魔术导入：教师表演“瓶子吹气球”。

(2)幼儿观察、发现“瓶子吹气球”的秘密。

2. 猜测验证，发现小苏打和醋混合会产生气体。

(1)猜一猜：引导幼儿进行猜测，并与同伴交流自己的看法。

①引导幼儿与同伴讲述、交流猜测结果。

②幼儿猜测哪种材料能与醋产生气泡？

(2)做一做：幼儿实验探索哪种材料能与醋产生气泡。

①教师介绍科学操作材料，讲解实验要求。

②幼儿实验操作，探索哪种材料能与醋产生气泡。

(3)说一说：讲述瓶子吹气球的秘密。

①通过实验，与同伴进行实验结果交流。

②结合实验表，帮助幼儿梳理正确的实验结果。

3. 操作实验，用瓶子吹气球，进一步感知小苏打和醋混合能产生气体。

(1)试一试：用瓶子吹气球，让幼儿感知气体的产生。

①教师介绍科学操作材料，讲解实验要求。

②幼儿实验操作，尝试用瓶子吹气球，直观地感知小苏打和醋混合能产生气体。

③展示实验结果，进行比较，感知气球的大小与材料的用量有关。

(2)看一看：引导幼儿对比发现气球大小不同的原因。

①为什么有的气球大，有的气球小？

②为什么瓶子里的醋一样多，气球大小却不同呢？

③比较用同样多小苏打的两个气球。

4. 再次实验，进一步验证产生气体的多少和材料的用量有关。

(1)提出问题，交流讨论：怎么样才能把气球吹得更大？

(2)再次实验，合作探索：验证产生气体的多少和材料的用量有关。

(3)交流发现，实验总结：小苏打和醋在一起能产生气体，两种材料用得越多，产生的气体就越多，气球就会吹得越大。

5. 经验拓展，了解二氧化碳原理在生活中的实际运用。

(1)结合经验，提出问题：生活中你见过有这样冒气泡的现象吗？

(教师：在我们的生活中，你发现有这样冒气泡的现象吗？谁来说一说。你观察得真仔细，我们下次可以去试一试。)

(2)教师总结，播放课件：了解二氧化碳在生活中的实际运用。

(3)拓展思维，提出要求：寻找生活中哪些地方还需要用到二氧化碳。

(四)活动延伸

1. 区角活动：将材料投放在科学区，让幼儿进一步尝试、探索、发现。

2. 家园共育：鼓励家长带幼儿了解更多生活中关于二氧化碳的用途。

(该活动案例由东莞市东华幼儿园提供，略做修改)

[评析]

该活动选题紧贴幼儿的生活实际。气球，对于幼儿来说并不陌生，是他们爱玩的东西。在日常生活中，大部分幼儿都有吹气球的经验。不过用瓶子吹气球，幼儿应该未曾接触，活动内容对幼儿来说是有趣的并具有较大的吸引力。活动过程设计思路清晰，活动环节层层递进，通过观察、猜想、动手操作、交流讨论等活动形式，让幼儿发现小苏打与醋混合会产生气体的科学现象，并感知气体产生的多少与材料的用量有关，使幼儿体验科学发现的乐趣，体验探索成功的乐趣，最后通过经验拓展，将幼儿的生活与科学教育紧密结合起来，感受科学对生活的作用。该活动充分发挥了幼儿的主体作用，达到了良好的教学效果。

四、大班科学活动：旋转的小船

扫一扫，看视频

大班科学活动：旋转的小船(上)　　大班科学活动：旋转的小船(下)

(一)活动目标

1. 知道受水的吸附力能使船转动，并发现大小不同的船向下转动时的速度不一样。

2. 初步学会科学探究的方法。

3. 对小船转动的现象产生探究的兴趣，体验发现、交流的快乐。

(二)活动准备

大、中、小船，光滑的底板人手一份，抹布一组一块，装满水的小碗一组一个，表格一张，记录表人手一份，红、黑色磁铁及水彩笔。

(三)活动过程

1. 教师出示材料，引题。

教师出示小船：今天老师请来了一位好朋友，你们看，它像什么？(像月亮，也像船的形状，我们叫它小船吧！)

2. 幼儿自由探索各种使船转动的方法。

(1)教师出示小船：小船有一种神奇的本领，即会跳旋转舞。我们请它跳个舞转起来给我们看看。

(2)教师拿起底板说："这是小船的小舞台，说一句口令：小船，小船，快快转起来。咦！小船不转呀？你们有什么好办法，可以让小船转起来呢？"

(3)幼儿第一次操作：幼儿自由玩小船，使小船转起来。

(4)教师引导幼儿集中讨论：你刚刚用了什么办法，让小船转动起来的？

(5)教师小结：原来可以通过手动、嘴巴吹、底板转动，都可以使小船转起来。

3. 操作探索，感受旋转现象。

(1)教师提出问题：小船非常感谢你们的帮忙，但是它不想停下来，它想一直旋转下去，小朋友们，你们有什么好办法能让小船一直旋转下去吗？

(2)幼儿第二次操作。

教师提出操作要求：老师在每一组中间放了一种新材料，请你利用这种新材料去试一试，在不用手动、嘴巴吹的情况下使小船一直旋转下去。

(3)教师引导幼儿集中讨论：你是用什么方法让小船转起来的？你们觉得哪一种方法能使小船转得又快又稳呢？现在请小朋友用这种方法再操作一遍。

(4)教师小结：原来把水放在光滑的底板上，水就会发出一种神奇的力量，这种力量叫作水的粘力。这种粘力把小船的底部紧紧地拉住，小船受到了力就转起来了。

4. 竞赛游戏：发现三艘不同的船向下转动时速度的快慢。

(1)教师出示三艘不同的船：这三艘船有什么不一样？

(2)教师引导幼儿猜想：如果这三艘船放在同一高度的起跑线上，一起往下开，猜猜谁开得最快？谁开得最慢？为什么？引导幼儿将猜想结果记录到黑板的大表格上。

(3)幼儿操作，验证猜想。幼儿动手操作后把结果记录到表格上。(大船下滑快，小船下滑慢。)

(4)师生一起总结分享实验结果：为什么在有水的底板上大船滑得快，小船滑得慢？

教师小结：大船因为身体重，水拉不住它的身体，它就往下滑得很快；小船因为身体很轻，底板上的水拉得住它，所以小船下滑时就慢了。

(四)活动延伸

老师将小船和小舞台投放到区域里，小朋友可以在区域活动中再去探索更好的方法。

（该活动案例由东莞市东华幼儿园提供，略做修改）

[评析]

“转动”的现象在我们生活中随处可见，孩子们非常熟悉，也非常好奇。教师就是利用了身边的事物与现象作为幼儿科学探索的对象，让他们产生了探究的兴趣和热情。活动过程中，教师先让幼儿自由探索，享受动手做的乐趣，进而提供材料、提出问题和要求，引导幼儿思考、尝试探究、交流讨论，最终发现、领悟现象和知识经验，最后通过竞赛游戏，增强幼儿对知识的理解。该活动能将幼儿的自主探究和教师的引导结合起来。因此，这是一次较有成效的活动。

五、大班科学活动：有趣的油和水

扫一扫，看视频

大班科学活动：有趣的油和水(上)　　大班科学活动：有趣的油和水(下)

(一)活动目标

1. 感知不同物质放入水和油中的相容性和不相容性的现象。

2. 能大胆猜想并积极动手操作，初步学会科学探究的方法。

3. 体验科学知识在生活中的运用，对科学探索活动感兴趣。

(二)活动准备

颜料、醋、酱油、油、水、洗洁精、洗衣粉。搅拌管人手一根、记录表人手一份、笔人手一支。

(三)活动过程

1. 导入谜语，认识实验材料。

(1)教师请小朋友猜谜语：“有一种东西，用手拿不起，用刀劈不开，煮饭、洗衣和喝水，都得请它来”。你们知道它是谁吗？(水)

(2)教师介绍实验材料：今天我们要一起做一个非常有趣的实验，你们可以到后面的桌子上看一看、摸一摸、闻一闻。每个桌子上的两位小朋友，看看老师给你们准备了哪些实验材料呢？

2. 猜想验证，探索发现。

(1)幼儿猜想：谁能和水融合在一起。(解释“融合”意思：一种物体和另一种物体结合在一起说明它们是能相容在一起的，如果不能够融合在一起说明它们是分开的。)

①老师请小朋友先来猜一猜，想一想，如果把这些材料分别放进有水的杯子里，然后用筷子搅拌，想想会发生什么？它们会融合在一起呢？还是会分开呢？如果能融合在一起，就用“√”来表示；如果不能融合在一起，是分开的，则用“×”来表示。

②幼儿观察并记录自己的猜想。

教师：我刚刚看了几位小朋友的记录，发现小朋友的记录都不太一样，有的画“√”，有的画“×”，我怎么才能知道谁猜对了，谁猜错了呢？怎么办呢？(做实验)

(2)幼儿实验验证：观察两种物品搅拌出现的现象。

①教师引导并提出要求：接下来，我们就要来进行这个非常有趣的实验了，请你们根据记录纸把材料放到杯子里面，进行充分的搅拌之后，观察观察，看看有什么有趣的现象发生？

②幼儿实验、观察(两个人一桌，四杯水，四杯材料)，并把实验结果记录在纸上。(提醒幼儿操作一个，记录一个，以免忘记实验结果)

③教师引导幼儿互相交流：谁愿意来讲一讲，你看到了什么有趣的现象？(如有异议，再次实验验证，理解溶解)

(3)实验探索：怎么样才能把油和水融合在一起呢？

①教师提出要求：根据记录纸把材料放到杯子里，进行充分地搅拌，然后观察，看看能不能把水和油融合在一起。

②幼儿实验、观察(两人一桌，两杯水，两杯油，两杯材料，一种实验材料放进一个杯子，用吸管充分地搅拌)，并把实验结果记录在纸上。(提醒幼儿操作一个，记录一个，以免忘记实验结果)

③教师引导幼儿互相交流：谁愿意来讲一讲你的实验结果。

教师小结：原来像洗洁精、洗衣粉、洗衣液这些洗涤用品都能让油和水融合在一起，在生活中帮助我们把衣服上、手上的油渍洗干净呢！

(四)活动延伸

除了洗洁精、洗衣粉，还有什么可以让油和水融合在一起呢？我们一起去外面找找还有哪些能帮助水和油融合的物品吧！

(该活动案例由广州市天河区骏景稚乐幼儿园提供，略做修改)

[评析]

该活动属于“猜想—验证式”的设计。活动的主题来源于幼儿的生活，活动过程中教师为幼儿提供能引发幼儿不断思考的具有操作性和开放性的材料，先让幼儿大胆猜想，再让幼儿根据猜想进行实验验证，并做好记录。活动环节设计合理，活动中不仅尊重了幼儿的主体性，使幼儿掌握了初步的科学探究过程和方法，而且有利于培养幼儿实事求是的科学态度和良好的学习习惯。这是一节较成功的活动。

六、大班科学讨论型活动：保护水资源

(一)活动目标

1. 认识水的重要性，了解污水形成的原因及危害。

2. 掌握简单的保护水资源的方法和措施。

3. 增强保护水资源的情感及意识。

(二)活动准备

1. 幼儿已积累了有关水的基本经验。

2. 光盘《洁净水和污浊水》，课件《水的作用》。

3. 操作卡片“你会怎样做”。

(三)活动过程

1. 演示课件，使幼儿感受到水的重要性。

(1)提问：小朋友你们知道水吗？我们生活中的哪些地方要用到水呢？

(2)幼儿回答，教师针对性地演示课件，并补充幼儿的回答。

(3)小结并引申：生活中许多事情都需要水，水的作用真大，我们需要干净的水。

2. 幼儿观看光盘《洁净水和污浊水》，感受洁净水的美好。

(1)幼儿观看光盘《洁净水污浊水》，了解洁净水来自什么地方。

(2)引导幼儿围绕以下问题讨论：

①有那么多干净的水，它们来自什么地方？

②看到这些干净的水，你们心里觉得怎么样？

(3)教师小结：干净的水给我们营造了一个优美的环境，人们坐着游船去欣赏飞流直下的大瀑布，潜水员自由自在地在海里遨游，鱼儿们快乐地嬉戏，小螃蟹也开心地爬来爬去——多美啊！

(4)教师：可是，这些干净的水越来越少，而污水却越来越多。在我们生活的周围，你们有没有见过污水、脏水？

3. 观看光盘《污浊的水》，了解污水产生的原因及对生物的危害。

(1)幼儿观看光盘《污浊的水》。

(2)提问：这么多干净的水都变成了污水，你们看了，心里觉得怎么样？

幼儿讲述自己的感受。

(3)组织幼儿讨论：它们是怎么变成这样的呢？

(4)提问：这样的水我们能用吗？为什么？污水多了会怎么样？

(5)幼儿继续观看光盘《污水对生物的影响》，教师结合图像与幼儿共同讨论。

（画面：大批鱼死掉了，土地干裂了，禾苗枯死了，人类缺水……）

4. 通过讨论、操作，激发幼儿学做“环保小卫士”的欲望。

(1)污水危害这么大，我们应该怎么办？幼儿讨论并回答。

(2)指导语：你们桌上有一张操作卡片，看一看，上面画了些什么？想一想，你会怎么做呢？请你在小框内打上“√”或“×”。

(3)幼儿操作，教师巡视指导。

(4)幼儿操作完毕，教师予以讲评。

（该活动案例选自《幼儿科学教育活动百例》，部分有修改）

[评析]

水与孩子们的生活息息相关，把孩子的生活与科学教育紧密联系起来，非常有价值。该活动为科学讨论型活动，是属于“收集资料—共同分享式”的活动模式。活动中教师通过收集干净水和污水的相关资料，让幼儿一起观看，共同讨论，共同分享，通过观看光盘、讨论、谈话及操作等方法，让幼儿在生动形象、直观的活动中认识水的重要性并掌握简单的保护水资源的方法和措施。在此过程中与同伴交流、讨论，也培养了幼儿的交往能力。

七、大班技术操作型活动：纸桌

(一)活动目标

1. 学会用纸制作桌子，初步感知不同形状的纸桌承受能力的大小。

2. 提高动手操作能力及预测判断能力。

3. 激发对科学的探索欲望，养成乐于动脑筋的习惯。

(二)活动准备

1. 幼儿对桌子的构造及各种外形有一定的了解。

2. 明信片大小的复印纸；小积木若干筐；咖啡玻璃罐子一个。

(三)活动过程

1. 引导幼儿说说纸的用途：纸可以用来干什么？

2. 提问：怎样才能用两张纸造一张桌子？

(1)引导幼儿说说桌子的基本结构。

(2)你能用一张纸做桌腿，一张纸做桌面，造一张可以立起来的纸桌吗？

3. 幼儿动手探索制作纸桌，教师进行个别指导。

(1)幼儿各自尝试用两张纸制作一张桌子。

(2)互相交流，介绍自己制作的纸桌。

4. 讨论：哪一种纸桌更牢固？

(1)你自制的纸桌能放东西吗？

(2)幼儿尝试往纸桌上放积木，并记录所放积木的数量。

(3)组织交流：哪种纸桌承受力大？

5. 教师演示：造一张矮的圆柱形桌腿的桌子，上面放一个咖啡罐子，让幼儿进一步感知不同形状、不同高度的桌腿对桌面承受能力的影响。

(四)活动延伸

在科学区中投放各种各样的材料，让幼儿继续探索用纸折成各种不同形状的桌腿，进行承重实验。

（该活动案例由汕头市美育嘉泰幼儿园提供）

[评析]

纸是幼儿日常生活中很熟悉的东西，幼儿在游戏和美术活动中经常用到纸。纸还有什么用法呢？教师正是抓住了大班幼儿爱探索的特点，在幼儿认识了桌子的构造和外形等的基础上设计了这一活动。该活动属于技术操作型活动，其意义在于让幼儿学会预测、学会探索、学会动手操作，体验“创造”的乐趣。

第七课　幼儿园科学教育活动实践训练

幼儿园科学教育活动包括观察认识、实验操作、科学讨论、技术操作四种类型，每种类型的活动都有其相应的目标和组织指导模式。本节课主要围绕这四种类型的科学教育活动进行实训，通过有重点的实践训练，掌握各种类型科学教育活动的设计思路，在此基础上学会独立评析、设计和组织各种科学教育活动，全面提升实践能力。

项目一　观察认识型活动的实践训练

(一)实训目标

1. 掌握各年龄阶段观察认识型科学教育活动的目标及活动过程的组织程序。

2. 具有设计和组织各年龄阶段观察认识型科学教育活动的能力。

(二)内容与要求

1. 阅读完整的观察认识型科学教育活动方案。

认真阅读教师提供的观察认识型科学教育活动方案，并结合所学理论进行分析：活动方案中活动目标及活动过程的设计是否符合要求？需要怎样改进？

2. 观摩、评析幼儿园各个年龄班的观察认识型科学教育活动。

观看认识型科学教育活动教学实况录像或者到幼儿园现场观摩，记录观察认识型科学教育活动的全过程，然后分小组讨论活动的设计和组织是否符合要求？可以怎样改进？

3. 设计观察认识型科学教育活动的目标和活动过程的组织程序。

根据下列课题设计观察认识型科学教育活动的目标和活动过程的组织程序，全班同学进行评析，教师再进行评价和总结。

(1)小班观察认识型科学教育活动：认识西红柿。

(2)中班观察认识型科学教育活动：各种各样的纸制品。

(3)大班观察认识型科学教育活动：蚂蚁喜欢的味道。

4. 设计完整的观察认识型科学教育活动方案，并练习说课或试教。

根据下列课题设计出完整的观察认识型科学教育活动方案，并分小组说课或试教。

(1)小班观察认识型科学教育活动：认识西红柿。

(2)中班观察认识型科学教育活动：各种各样的纸制品。

(3)大班观察认识型科学教育活动：蚂蚁喜欢的味道。

项目二　实验操作型活动的实践训练

(一)实训目标

1. 掌握各年龄阶段实验操作型科学教育活动的目标及活动过程的组织程序。

2. 具有设计和组织各年龄阶段实验操作型科学教育活动的能力。

(二)内容与要求

1. 阅读完整的实验操作型科学教育活动方案。

认真阅读教师提供的实验操作型科学教育活动方案，并结合所学理论进行分析：活动方案中活动目标及活动过程的设计是否符合要求？需要怎样改进？

2. 观摩、评析幼儿园各个年龄班的实验操作型科学教育活动。

观看实验操作型科学教育活动教学实况录像或者到幼儿园现场观摩，记录观察认识型科学教育活动的全过程，然后分小组讨论活动的设计和组织是否符合要求？可以怎样改进？

3. 设计实验操作型科学教育活动的目标和活动过程的组织程序。

根据下列课题设计实验操作型科学教育活动的目标和活动过程的组织程序，全班同学进行评析，教师再进行评价和总结。

(1)小班实验操作型科学教育活动：沉与浮。

(2)中班实验操作型科学教育活动：有趣的鸡蛋。

(3)大班实验操作型科学教育活动：有趣的静电现象。

4. 设计完整的实验操作型科学教育活动方案，并练习说课或试教。

根据下列课题设计出完整的实验操作型科学教育活动方案，并分小组说课或试教。

(1)小班实验操作型科学教育活动：沉与浮。

(2)中班实验操作型科学教育活动：有趣的鸡蛋。

(3)大班实验操作型科学教育活动：有趣的静电现象。

项目三　科学讨论型活动的实践训练

（一）实训目标

1. 掌握各年龄阶段科学讨论型科学教育活动的目标及活动过程的组织程序。

2. 具有设计和组织各年龄阶段科学讨论型科学教育活动的能力。

（二）内容与要求

1. 阅读完整的科学讨论型科学教育活动方案。

认真阅读教师提供的科学讨论型科学教育活动方案，并分析比较：科学讨论型科学教育活动目标及组织程序和其他类型的科学教育活动有什么不同？

2. 观摩、评析幼儿园各个年龄班的科学讨论型科学教育活动。

观看科学讨论型科学教育活动教学实况录像或者到幼儿园现场观摩，记录科学讨论型科学教育活动的全过程，然后分小组讨论活动的设计和组织是否符合要求？可以怎样改进？

3. 设计完整的科学讨论型科学教育活动方案，并练习说课或试教。

根据下列课题设计出完整的科学讨论型科学教育活动方案，并分小组说课或试教。

(1)中班科学讨论型科学教育活动：动物怎样过冬。

(2)大班科学讨论型科学教育活动：各种各样的风。

项目四　技术操作型活动的实践训练

（一）实训目标

1. 掌握各年龄阶段技术操作型科学教育活动的目标及活动过程的组织程序。

2. 具有设计和组织各年龄阶段技术操作型科学教育活动的能力。

（二）内容与要求

1. 阅读完整的技术操作型科学教育活动方案。

认真阅读教师提供的技术操作型科学教育活动方案，并结合所学理论进行分析：活动方案中活动目标及活动过程的设计是否符合要求？需要怎样改进？

2. 观摩、评析幼儿园各个年龄班的技术操作型科学教育活动。

观看技术操作型科学教育活动教学实况录像或者到幼儿园现场观摩，记录技术操作型科学教育活动的全过程，然后分小组讨论活动的设计和组织是否符合要求？可以怎样改进？

3. 设计技术操作型科学教育活动的目标和活动过程的组织程序。

根据下列课题设计技术操作型科学教育活动的目标和活动过程的组织程序，全班同学进行评析，教师再进行评价和总结。

(1)小班技术操作型科学教育活动：灯泡亮起来。

(2)中班技术操作型科学教育活动：自制喷水壶。

(3)大班技术操作型科学教育活动：不倒的盒子。

4. 设计完整的技术操作型科学教育活动方案，并练习说课或试教。

根据下列课题设计出完整的技术操作型科学教育活动方案，并分小组说课或试教。

(1)小班技术操作型科学教育活动：灯泡亮起来。

(2)中班技术操作型科学教育活动：自制喷水壶。

(3)大班技术操作型科学教育活动：不倒的盒子。

思考与练习

1. 如何理解幼儿科学教育？

2. 幼儿科学教育的指导思想是什么？

3. 如何保护幼儿的好奇心？

4. 简述幼儿科学教育的总目标及内容。

5. 科学集体教学活动有哪些类型？各类型的指导要点是什么？

6. 阐述观察认识型活动的设计思路，并以"可爱的兔子"为课题设计一个物体观察活动。

7. 阐述实验操作型活动的设计思路，并以"分辨生熟鸡蛋"为课题设计一个"自由—引导式"活动。

8. 简述区角科学活动的指导要求。

9. 生活中的科学教育包括哪些活动？各有什么特点？其指导要求各是什么？

学习反思

第五单元
幼儿数学教育

学习目标

知识目标

1. 了解幼儿学习数学的特点，理解幼儿数学教育的意义和指导原则。

2. 掌握幼儿数学教育的目标、内容、途径和方法。

3. 掌握幼儿数学教育的教材和教法。

能力目标

1. 学会评析数学活动方案和所观摩的数学活动，发现优点和存在问题，提出改进意见。

2. 学会独立设计和组织各种幼儿园数学活动(包括数学教学活动、数学游戏活动和数学区域活动等)。

3. 能够对自己设计的活动方案进行说课。

素养目标

1. 有自主学习意识，加强对数学知识的学习和研究，提高自身的科学素养。

2. 主动深入研究幼儿园的数学教育活动，关注当前幼儿园数学教育的现状和问题，探讨幼儿园数学教育改革趋势。

3. 有正确的儿童观和教育观，有新时代幼儿教师的高度责任感。

幼儿数学教育是“幼儿园教育活动设计与指导”课程的组成部分，主要研究幼儿数学学习的特点与教育。本单元既研究幼儿数学学习的特点，又研究幼儿数学教育活动的指导，是具有较强的理论性和实践性的教学法课程内容。通过本单元的学习，研究幼儿数学学习的特点与教育，探索幼儿数学教育的方式方法，从而对幼儿实施有效的数学教育，激发幼儿学习数学的兴趣，促进幼儿思维能力的提高。

第一课　幼儿数学教育概述

幼儿数学教育是幼儿全面发展教育的重要组成部分，可以促使幼儿在身体、认知、情感社会性等方面的全面和谐发展。各种研究表明：幼儿学习数学有自己独特的特点。作为幼儿教育工作者，我们必须考虑幼儿数学学习的特点，并在了解幼儿学习数学特点的基础上，遵循幼儿数学教育的原则，才能更好地帮助幼儿学习数学，并促进幼儿思维的发展。

一、幼儿数学教育的意义

(一)有助于幼儿日常生活和正确认识周围世界

如果仔细观察，我们不难发现，在幼儿生活的周围环境中，每样物体都表现为有一定的数量，有一定的形状，大小也各不相同，并以一定的空间形式存在着。因此，幼儿的生活中处处有数学，幼儿每一天的生活都离不开数学。幼儿在认识周围客观事物，解决日常生活问题时，不可避免地要和数学打交道。幼儿数学教育能使幼儿体验到数学在生活中的应用，它是幼儿生活和正确认识周围世界的需要。

(二)有助于幼儿思维能力及良好思维品质的培养

数学是一门培养和锻炼人的思维能力的基础学科，被人们形象地称为思维的“体操”。由于数学本身具有抽象性、逻辑性、精确性和广泛应用性等特点，幼儿在数学活动中，需要对感知到的数学材料、所出现的数学关系进行充分的观察和比较、分析和综合、抽象和概括、判断和推理，这一过程就是思维训练的过程，因此幼儿数学教育能较大程度地满足幼儿思维发展的需要。

(三)有助于幼儿日后的小学数学学习

数学是普通教育中一门重要的基础学科，在幼儿入学前进行数学启蒙教育将有利于他们顺利地在小学学习数学，为日后的数学学习打下基础，并提高数学学习的水平。幼儿数学教育要重点关注的是，如何做好幼小衔接工作，使幼儿入小学后能较快地适应小学数学的学习。

二、幼儿学习数学的特点

(一)幼儿学习数学开始于动作

自从皮亚杰提出“抽象的思维起源于动作”之后，它就已经成为幼儿数学教育中广为接受的观点了。我们在实践中会发现，幼儿刚开始学习数学时，常常伴随着外显的动作，随着年龄的增长，才逐步把动作内化，呈现于头脑中。幼儿最初学习数数的时候，要借助于手的点数动作才能正确地计数，直到他们的计数能力提高后，才改变为心中默数。

(二)幼儿对数学知识的理解要建立在多样化的经验和体验的基础上

数学知识是一种抽象的知识，它的获得需要摆脱具体事物的其他无关特征。但是幼儿对于数学知识的抽象意义的理解，恰恰需要借助于具体事物，从对具体事物的抽象中获得。可以说，幼儿在数学概念形成的过程中所依赖的具体经验越丰富，他们对数学概念的理解就越具有概括性。因此，为幼儿提供多样化的经验和体验，能帮助幼儿更好地理解数学概念的抽象意义。相反，如果幼儿缺乏多样化的经验，他们对数学概念的理解就会出现问题。

(三)幼儿抽象数学知识的获得需要语言的参与

语言在幼儿学习数学的过程中很重要。幼儿在进行数学操作时所伴随的语言表达，能够对他们的动作进行有效的监控，并提高其对动作的意识程度，从而有助于动作内化的过程。

(四)幼儿数学知识的巩固有赖于练习和运用活动

幼儿数学知识的掌握是一个持续不断的过程，在这个过程中，他们不断与环境相互作用，不断尝试新方法、新策略，练习和检验新策略，并在应用中巩固新策略。对幼儿来说，最重要的是要有大量的机会练习和应用。

三、幼儿数学教育的指导原则

(一)密切联系幼儿的生活

现实生活是幼儿形成数学概念的源泉。幼儿的生活中处处都有数学，幼儿每天接触的各种事物都和数学有关。幼儿生活中的很多问题，都可以归结为数学问题来解决，都可以变成幼儿学习数学的机会。幼儿数学教育要从幼儿的生活中选择学习内容，要引导幼儿在生活中学习数学、在生活中应用数学。

(二)立足于幼儿的思维训练

幼儿的数学学习过程也是幼儿探究事物和解决问题的过程。立足于幼儿的思维训练，是指数学教育不应只是着眼于具体的数学知识和技能的掌握，而应指向幼儿的思维训练。在幼儿掌握数学知识时，只有幼儿的思维能力同时得到发展，他们获得的数学知识才是最牢固的。要引导幼儿通过观察、比较、判断、推理等方法，学习发现问题、分析问题和解决问题；帮助幼儿不断积累经验，并运用于新的学习活动，形成受益终身的学习态度和能力。

(三)重视幼儿的操作与探索

幼儿数学学习的核心是激发探究兴趣，体验探究过程，发展初步的探究能力。在幼儿数学教育中，应注重引导幼儿通过直接感知、亲身体验和实际操作进行数学学习，不应为追求知识和技能的掌握，对幼儿进行灌输和强化训练。事实上，幼儿的认知结构也并不可能通过单方面的“教”获得发展，而必须依赖他们自己和环境之间的相互作用，在主客体的相互作用中获得发展。

(四)关注幼儿的个别差异

每个幼儿都具有与生俱来的独特性。幼儿学习数学时的个别差异表现得尤其明显，不仅表现为思维发展水平上的差异、发展速度上的差异，还有学习风格上的差异。作为教育者，应该考虑幼儿的个别差异，让每个幼儿在自己的水平上得到发展，而不是千篇一律，统一要求。

第二课　幼儿数学教育的目标和内容

幼儿数学教育的目标是对幼儿进行数学教育的目的和要求，是对幼儿进行数学教育的依据和准则。有明确的教育目标，才有可能选择相应的教育内容，才能依据目标评价数学教育的效果。幼儿数学教育的内容是实现幼儿数学教育目标的重要保证，是将目标转化为幼儿发展的中间环节，也是教师向幼儿进行数学教育的主要依据。

一、幼儿数学教育的目标

幼儿数学教育的目标是根据幼儿身心发展特点、现代社会需求和数学学科特点三个依据制定出来的。幼儿数学教育的目标一般包括三个层次：总目标、年龄阶段目标和活动目标。一般来说，目标层次越高，其抽象概括性也越高，可操作性则越低；而目标层次越低，其抽象概括性也越低，可操作性则越高。

(一)幼儿数学教育的总目标

根据2001年7月教育部颁布的《纲要》中科学领域的目标精神，幼儿数学教育的总目标应该包括以下具体内容。

(1)对周围环境中的数、量、形、时间和空间等感兴趣，有好奇心和求知欲，喜欢参加数学活动。

(2)能从生活和游戏中感受事物的数量关系，获得有关数、量、形、时间和空间等感性经验，体验到数学的重要。

(3)学会用简单的数学方法，解决生活和游戏中某些简单的问题，能用适当的方式表达、交流操作和探索的过程和结果。

(4)会正确使用数学活动材料，能按规则进行活动，有良好的学习习惯。

(二)幼儿数学教育的年龄阶段目标

1. 小班(3～4岁)

(1)能按物体的一个特征进行分类。

(2)能按物体量的差异(大小、长短)进行数量4以内的排序，并能按范例有规律地排列物体。

(3)认识“1”和“许多”及其关系。

(4)学会用对应的方法比较两组物体的多、少和一样多。

(5)能手口一致地点数5以内的实物并说出总数，能按实物范例取出相应数量的物体。

(6)认识圆形、正方形、三角形。

(7)能区分上下的空间方位，认识早、晚等时间概念。

(8)对生活中常见物品的大小、形状、数量有兴趣，愿意参加数学活动，喜欢摆弄、操作数学活动材料，能在教师的帮助下按要求取放操作材料和进行活动，并会用语言说出操作活动的过程和结果。

2. 中班(4～5岁)

(1)认识10以内的数字，理解数字的意义，会用数字表示物体的数量。

(2)认识10以内的序数，会用序数词表示物体的排列位置。

(3)学会不受物体排列形式和物体大小的干扰，正确判断10以内物体的数量。

(4)能比较10以内相邻两数的大小，感受10以内相邻两数的等差关系。

(5)能按物体的某一特征和数量进行分类。

(6)能按物体量的差异(高矮、粗细)进行数量7以内的排序，并能按一定的规律排列物体。

(7)认识长方形、梯形、椭圆形。

(8)能区分前后的空间方位，认识昨天、今天、明天等时间概念。

(9)会自己选择小组活动内容，能专心和按规则进行数学操作活动，对自己的活动成果感兴趣；学会用适当的方式记录、表达、交流自己操作和探索的过程及结果。

3. 大班(5～6岁)

(1)认识10以内的单数、双数、相邻数等。

(2)认识10以内数的组成，理解总数和部分数之间的包含关系，部分数与部分数之间的互换关系、互补关系。

(3)学会10以内数的加减法，理解加法、减法的含义，认识加号、减号，理解加法交换律和加减互逆关系。

(4)能按物体的两个以上特征进行分类，学会按标记进行逐级分类。

(5)能按物体量差异和数量差异进行数量10以内的排序，能按规律排列物体，初步体验序列之间的传递性、双重性及可逆性关系。

(6)认识正方体、长方体、球体、圆柱体等立体图形。

(7)学会等分实物和图形，学会自然测量。

(8)能区分左右的空间方位，认识时钟、星期等时间概念。

(9)能积极、主动地参加数学活动。学会有条理地摆放和整理活动材料，并按规则进行活动。能用适当的方式记录、表达、交流数学操作活动的过程和结果。能在教师的帮助下归纳、概括有关的数学经验。能运用观察、比较、类推、迁移等方法解决简单的数学问题。

(三)幼儿数学教育的活动目标

幼儿数学教育的活动目标是指某一具体数学教育活动的目标。幼儿数学教育的总目标和年龄阶段目标都必须转化为一个个具体活动的目标，才能落实到幼儿的发展上，并得到真正的实现。活动目标的表述具体，操作性较强，所期望的教育成果基本上是可以观察或测量的。活动目标在内容上一般包括知识技能、方法能力、情感态度三个方面。在确立活动目标时，大多是从幼儿获取哪些数学经验这一角度出发，同时也应结合活动内容对幼儿能力、兴趣、情感、态度、社会性行为等的发展提出相关目标。

延伸阅读

《指南》关于数学教育的目标

目标1　初步感知生活中数学的有用和有趣

3～4岁	4～5岁	5～6岁
1. 感知和发现周围物体的形状是多种多样的，对不同的形状感兴趣。 2. 体验和发现生活中很多地方都用到数。	1. 在指导下，感知和体会有些事物可以用形状来描述。 2. 在指导下，感知和体会有些事物可以用数来描述，对环境中各种数字的含义有进一步探究的兴趣。	1. 能发现事物简单的排列规律，并尝试创造新的排列规律。 2. 能发现生活中许多问题都可以用数学的方法来解决，体验解决问题的乐趣。

目标2　感知和理解数、量及数量关系

3～4岁	4～5岁	5～6岁
1. 能感知和区分物体的大小、多少、高矮、长短等量方面的特点，并能用相应的词表示。 2. 能通过一一对应的方法比较两组物体的多少。 3. 能手口一致地点数5以内的物体，并能说出总数。能按数取物。 4. 能用数词描述事物或动作，如我有4本图书。	1. 能感知和区分物体的粗细、厚薄、轻重等量方面的特点，并能用相应的词语描述。 2. 能通过数数比较两组物体的多少。 3. 能通过实际操作理解数与数之间的关系，如5比4多1；2和3合在一起是5。 4. 会用数词描述事物的排列顺序和位置。	1. 初步理解量的相对性。 2. 借助实际情境和操作(如合并或拿取)理解“加”和“减”的实际意义。 3. 能通过实物操作或其他方法进行10以内的加减运算。 4. 能用简单的记录表、统计图等表示简单的数量关系。

目标3　感知形状与空间关系

3～4岁	4～5岁	5～6岁
1. 能注意物体较明显的形状特征，并能用自己的语言描述。 2. 能感知物体基本的空间位置与方位，理解上下、前后、里外等方位词。	1. 能感知物体的形体结构特征，画出或拼搭出该物体的造型。 2. 能感知和发现常见几何图形的基本特征，并能进行分类。 3. 能使用上下、前后、里外、中间、旁边等方位词描述物体的位置和运动方向。	1. 能用常见的几何形体有创意地拼搭和画出物体的造型。 2. 能按语言指示或根据简单示意图正确取放物品。 3. 能辨别自己的左右。

二、幼儿数学教育的内容

幼儿数学教育的内容主要包括以下几个部分。

(一)集合

包括感知集合、分类和对应。感知集合包括认识“1”和“许多”及其关系，并初步感知集合间的并集、差集及包含关系。分类是指把具有共同特征的物体进行分组。对应是指把两个集合的元素一个对一个进行对应摆放，用对应的方法比较两组物体数量的相等与不等。

(二)10 以内的数概念

包括 10 以内的基数、序数、数的组成、认读和书写阿拉伯数字。认识 10 以内数的意义，认识基数，能用计数的方法知道物体的总数；认识序数，能用自然数表示物体的排列顺序；认识 10 以内数的组成和分解，感知和体验一个数和由它分出的两个部分数之间的关系以及两个部分数之间的互换、互补关系；认读和书写阿拉伯数字，能用数字表示物体的数量。

(三)10 以内数的加减运算

包括理解加减法的含义，认识加号、减号和等号，学习 10 以内数的加减运算，能解答和自编简单的口头加减应用题。

(四)几何形体

认识一些常见的平面图形(圆形、正方形、三角形、长方形、半圆形、椭圆形、梯形)和立体图形(球体、圆柱体、正方体、长方体)，能说出它们的名称和主要特征；能区分平面图形和立体图形。

(五)量

量是指客观世界中物体或现象所具有的可以测量的一种特征或属性，即事物的多少、大小、长短、粗细、厚薄、高矮、宽窄、轻重、远近等都叫作量。量有连续量和不连续量。例如，小班有多少个孩子，操场有多少棵树等是不连续量；这个孩子有多高，桌子有多长等是连续量。

认识量要求幼儿能比较物体的大小、长短、粗细、厚薄、高矮、宽窄、轻重、远近等量的差异；能按照量的差异排列物体；初步理解量的相对性；理解量的守恒；学习自然测量。

(六)空间

分辨上下、前后、左右、里外等空间方位；辨别向上、向下、向前、向后、向左、向右等运动方向。

(七)时间

区分早晨、晚上、白天、黑夜、昨天、今天、明天等时间概念；认识星期，知道一个星期中七天的名称和顺序；认识时钟，知道其用途，了解钟面结构，会看整点和半点。

第三课　幼儿数学教育的途径和方法

幼儿数学教育的途径是实施数学教育所采取的活动组织方式。幼儿数学教育的方法是完成数学教育计划所使用的工作方法，教育方法包括教师教的方法和幼儿学的方法，教法和学法两者是密切联系的。当数学教育的目标和内容确定后，方式和方法的选择就是一项重要的工作。选用恰当的方式和方法，才能有效地开展数学教育活动。

一、幼儿数学教育的途径

幼儿生活中各种各样的活动均是对幼儿进行数学教育的十分有效的途径。教师应该灵活运用幼儿一日生活中的各种活动对幼儿进行数学教育。

(一)正式的数学教学活动

数学教学活动是指教师有目的、有计划地组织全体幼儿学习数学知识和技能，并发展幼儿思维的一种专项的数学活动。它的特点是事先经过周密的计划，而不是偶发和随机的；内容是专门指向数学，而不是综合的；并运用集体活动、小组活动等形式，面向全体幼儿进行的一种活动。数学教学活动是对幼儿进行数学教育的主要活动形式。

(二)其他领域活动中的数学教育

在幼儿生活的周围环境中，各个领域、各个学科之间的知识是互相联系和渗透的。数学以外的其他领域、学科教育活动(如健康、社会、语言、艺术、自然科学等)都与数学教育有一定的关系，在其他学科活动中渗透数学教育，能够巩固、加深、补充和促进幼儿数学概念的发展，能使幼儿的数学学习更为生动和有效，因此，其他领域活动中的数学教育渗透也是必要的途径。

(三)游戏活动中的数学教育

游戏是幼儿最喜爱的活动，也是幼儿数学教育的有效途径。幼儿参与的各种游戏活动中常常涉及大量的数、量、形、时间、空间等方面的知识。幼儿参加游戏，不仅愉快地进行着各种活动，同时也感受着其中的数、量、形等方面的知识，积累了丰富的数学感性经验。游戏中的数学教育可以渗透到“建筑游戏”“角色游戏”“体育游戏”“玩沙玩水游戏”“区角活动”等活动中进行，其中，要特别重视数学区角活动。

数学区角活动是指由教师在教室及周边为幼儿创设一个较为宽松和谐的数学环境，投放一些供幼儿选择的数学学具、玩具，让他们自由、自愿地选择材料来操作摆弄，在活动中感知体验、发现探索，使幼儿仿佛置身于一个充满数学知识的海洋中感受数学、理解数学、运用数学。

(四)日常生活中的数学教育

在幼儿的日常生活中，蕴含着许许多多数、量、形、时间、空间等方面的知识，它们对幼儿的数学学习产生着潜移默化的作用和影响。在幼儿日常生活中渗透数学教育，能使幼儿在一日活动中感知到数学的存在、数学的美丽和数学的用途。因此，日常生活中的各种活动，是对幼儿进行数学教育的十分重要的途径。

二、幼儿数学教育的方法

根据数学学科的特点和幼儿的心理特点，幼儿数学教育的基本方法主要有以下几种。实际上，在幼儿园的数学教育活动中，经常是多种方法综合运用，才能取得最佳的教育效果。

(一)操作法

操作法是指教师提供给幼儿合适的材料，创设一定的环境，让幼儿按照一定的要求，通过自己的实践进行探索学习，获得数学经验、知识、技能的一种方法。操作法是幼儿学习数学的基本方法。幼儿园各个年龄班、各项内容的教育活动都应该充分地运用这一方法。操作法可以和其他各种方法有机结合、相互渗透，从而取得教学方法的最大效益。

运用操作法应强调以下几点。

1. 要明确操作目的

操作法之所以成为幼儿数学学习的首要方法，主要在于当幼儿动手操作材料时，能引起思维的积极探索活动，这种思维上的探索活动是操作法的精髓，成人不应该忽视这一点。教师在让幼儿运用操作学习时，要明确操作的目的，根据教学内容及幼儿的水平，尽量让幼儿通过操作进行思考，探索新的知识。

2. 要创设操作条件

首先，要为幼儿每人准备一份操作材料，或者发动幼儿自己动手准备一些简单的材料。其次，必须为幼儿创设适宜的操作场地。最后，要保证幼儿有足够操作探索的时间。

3. 要说明操作规则

在幼儿动手操作之前，教师要先向他们说明操作的目的、要求和具体的操作方法。对于缺乏操作经验、不会使用新材料的幼儿，教师要先通过适当讲解，交代具体的要求和方法，然后才让幼儿动手操作。

4. 要观察和指导幼儿操作

在幼儿操作的过程中，首先，教师要注意观察、了解幼儿的操作情况，并及时发现问题，解决问题。其次，教师可以向全体或个别幼儿提出启发性问题，引导幼儿积极思考和探索，还要根据幼儿的不同水平进行针对性的个别指导。

5. 要交流、评价操作结果

在幼儿操作完成后，可以请幼儿交流、展示他们操作的过程和结果，然后教师和幼儿一起进行评价小结，以达到帮助幼儿整理经验、明确概念的目的。

6. 要体现年龄差异和水平差异

应根据不同年龄班幼儿的特点提出不同的操作要求，在同一年龄班，也可以安排不同水平的小组活动，以满足幼儿的个体需要。

(二)比较法

比较法是指通过对两个(组)或两个(组)以上物体的比较，让幼儿找出它们在数、量、形等方面的相同和不同的一种方法。比较法是幼儿数学教育中普遍采用的一种方法，被广泛地运用到幼儿数学教育的各个内容和各个年龄班中。

比较法按照物体排列形式的不同，可以分为对应比较和非对应比较两种。

对应比较是把两个(组)物体一个对一个进行比较，具体分三种方式。

重叠式：把一个(组)物体重叠在另一个(组)物体上，形成两个(组)物体一个对一个的对应关系，从而进行比较。

并放式：把一个(组)物体并放在另一个(组)物体的下面，形成两个(组)物体一个对一个的对应关系，从而进行比较。

连线式：将图片上画的物体和有关的物体、形状或数字等，用线连接起来进行比较。

非对应比较也可以分为三种方式。

单排比较：将物体摆成一排或一行进行比较。

双排比较：将物体摆成双排进行比较。

不规则排列的比较：将物体没有规则地摆放，进行比较。

(三)游戏法

游戏法是根据幼儿活泼好动的天性、具体形象的思维特点，将抽象的数学知识寓于幼儿感兴趣的游戏中，让幼儿在自由自在、无拘无束的各种游戏活动中学习数学的一种方法。游戏法是幼儿数学学习中一种十分重要的方法，它能很好地调动幼儿的学习积极性，激发幼儿的学习兴趣。

运用于数学教学中的游戏是一种为教学服务的规则游戏，包括操作性数学游戏、竞赛性数学游戏、情节性数学游戏、运动性数学游戏、运用各种感官的数学游戏、数学智力游戏等游戏类型。

(四)启发探索法

启发探索法也称引导发现法，是指在教学过程中，教师启发幼儿依靠已有的数学知识、经验去发现和探索，并获得初步数学知识的一种方法。启发探索法注重能力的培养，教幼儿学会学习。这种方法能最大限度地调动幼儿学习的积极性和主动性，引导幼儿通过积极的思维，独立地去探索并获取新知识，提高幼儿学习数学的探索精神及独立解决问题的能力。

运用启发探索法时，关键在于教师要善于提问，所提问题要能引发幼儿的积极思维，能引导幼儿探索的方向。另外，启发探索法常常与操作法结合进行，让幼儿在操作中探索。

(五)讲解演示法

讲解演示法就是教师通过向幼儿展示直观教具并配合语言讲解，把抽象的数学知识具体地呈现出来的一种方法。讲解演示法一般是边讲解边演示，它是讲解与演示相结合的方法。

运用讲解演示法时，讲解的语言要简洁、生动、准确、通俗易懂，并突出重点。演示的直观教具应是幼儿熟悉的物体，以免分散幼儿的注意力。

(六)寻找法

寻找法是让幼儿从周围的生活环境和事物中寻找数、量、形及其关系的一种方法。寻找法也是数学教育中经常使用的一种基本方法。寻找法不仅可以提高幼儿学习的积极性，使幼儿的好奇心得到一定的满足，同时也有利于培养幼儿的观察力、注意力和分析综合的能力。

寻找法的使用包括三种具体形式：第一，在已准备好的环境中寻找。第二，在自然环境中寻找。第三，运用记忆表象来寻找。

第四课　感知集合

集合是现代数学中一个最基本的概念，整个数学都可建立在它的基础之上。感知集合的教育，既是幼儿学数前的准备教育，也是幼儿形成数概念和学习加减运算的感性基础。因此，感知集合的教育，不仅应作为幼儿数学教育的重要内容之一，而且还应贯穿于整个幼儿期数学教育的全过程。

对幼儿进行感知集合的教育，强调在幼儿数学教育中渗透集合的思想，目的是为幼儿正式学习计数和掌握初步数概念等做好准备，不是要求幼儿掌握关于集合的名词和术语，而是在活动中让幼儿获得实际的感知和体验。

一、幼儿集合概念的发展特点

幼儿集合概念的形成和发展需经历一个由泛化笼统到精确的漫长过程，这个发展过程一般可以分为四个阶段。

(一)笼统感知阶段

国内外的一些研究表明，2～3 岁的幼儿可产生对集合的笼统感知，即对元素模糊的泛化的知觉。这一时期的幼儿还不能精确地说出一组物体的数量，只能大致地辨别它们的“多”“少”，幼儿也看不到集合的范围和界限。

(二)初步感知阶段

3～4 岁的幼儿已逐步感知到集合的界限，对集合中元素的知觉也从泛化向精确过渡，他们开始能够感知集合中元素的数量，也能运用对应比较的方法，来确定两个集合之间元素数量的相等与不等，并具有简单的分类能力。但他们的注意力往往集中在集合的界限上，处于一种感知有限集合的前段，能感知的仅限于小数量的集合。

(三)准确感知阶段

4～5 岁的幼儿能准确地感知集合及其元素，能感知集合中元素的个数。不仅如此，这一阶段的幼儿已能发现集合中包含着的子集，看到整体可以分成若干个部分，但此时他们的思维还不具备可逆性，一旦将整体分成若干个部分，头脑里就不再保持整体。此时他们对整体与部分之间、集合与子集之间的类包含关系还是很模糊的，只能说初步理解集合的包含关系。

(四)多角度感知阶段

5～6 岁的幼儿对集合的感知能力进一步提高和扩展，这时他们能发现同一个物体往往具有不止一种的属性。他们不仅能按物体的外部或内部属性正确地给物体分类，甚至还能把物体进行多角度(多重)分类，说明这一阶段的幼儿能把一个集合按照不同的特征分成子集，对集合与子集之间的包含关系的理解有所增强。

二、学习分类

分类就是把具有共同特征的东西归并在一起。分类活动是幼儿数学教育的一项重要内容，也是幼儿园各个年龄班共有的数学教育内容。

(一)幼儿常用的分类形式

1. 按对象特征区分的内容

(1)按物体的名称分类。

(2)按物体的颜色和形状分类。

(3)按物体量的差异分类。

(4)按物体的功能和用途分类。

(5)按物体的材料性质分类。

(6)按物体的数量多少分类。

(7)按物体之间的联系分类。

2. 按思维层次区分的内容

(1)按物体的一种特征分类。

(2)按物体的两种特征分类。

(3)按物体的三种特征分类。

(4)对物体进行层级分类。

(二)学习分类的目标

1. 小班

(1)学会按物体的一种特征进行分类。

(2)初步学会运用颜色、形状、大小等分类标记。

2. 中班

(1)学会按物体的一种特征进行分类。

(2)初步学会对物体进行多角度分类。

(3)学会运用分类标记。

3. 大班

(1)学会对物体进行多角度分类。

(2)能对物体进行层级分类，初步理解类包含关系。

(3)能自己确定分类标准进行自由分类并做标记。

(三)学习分类的方法

1. 操作

操作是幼儿学习分类最有效的方法之一。分类活动中的操作材料对幼儿来说非常重要，教师要根据教学需要，尽可能给幼儿提供足够的材料，让幼儿按照一定的要求操作材料进行分类。至于活动方式既可以在正式的集体教学活动中进行，也可以通过非正式的区角活动、生活活动等个别活动、小组活动来进行。

2. 游戏

游戏对幼儿学习分类也是十分有效的。运用游戏的形式，让幼儿在游戏的情境中学习分类，可以激发幼儿对分类的兴趣，还可以训练幼儿迅速、敏捷的分类能力。尤其对于小班幼儿，游戏是他们最自然、最喜欢的活动，如“小动物找家”“帮片片回家”等游戏。

三、认识“1”和“许多”

“1”是自然数中最小的数，是自然数的基本单位。“许多”是一个笼统的词汇，它表示含有两个以上元素的集合。在小班幼儿学数前，教幼儿认识“1”和“许多”，可以帮助幼儿感知集合及其元素，感知元素的分化过程，为幼儿正确学习逐一计数和认识 10 以内的数奠定基础。

(一)认识“1”和“许多”的目标

(1)能区别一个物体和许多个物体。

(2)理解“1”和“许多”之间的关系。(许多可以分成 1 个、1 个……1 个、1 个……合起来是许多)

(3)学会在生活中正确运用“1”和“许多”等词汇。

（二）认识“1”和“许多”的方法

1. 各种感官感知

让幼儿的各种感官直接参与活动，这是数学教育中一种较常见的方法。

可以调动幼儿的视觉、听觉、触觉、运动觉等感知通道，来观察、体验和区分“1”和“许多”，通过开展看一看、听一听、摸一摸、跳一跳等活动，让幼儿运用视觉、听觉、触觉、运动觉等感知物体是 1 个还是许多个，从而理解“1”和“许多”都可以表示物体的数量，同时发展幼儿的感知觉。

2. 分合操作

在幼儿学会区别“1”和“许多”的基础上，可以提供材料让幼儿进行分与合的操作活动，把“许多”的物体分成“1 个、1 个……”，再把“1 个、1 个……”的物体合成“许多”，使幼儿初步理解“1”和“许多”的关系。

3. 寻找活动

让幼儿在周围环境中找一找、说一说哪些物体是 1 个，哪些物体是许多个，这是一种比较有趣的方法。通过多种形式的寻找活动，既增强幼儿的活动乐趣，也提高幼儿的观察、比较能力。

四、比较两组物体的相等与不等

比较两组物体的相等与不等，就是教幼儿学会用一个对一个的对应比较方法，比较两个集合中元素的数量，确定是一样多还是不一样多。这是不用数而进行的数量比较活动，是小班幼儿学习计数和理解数概念的必不可少的基础和准备。

（一）比较两组物体相等与不等的目标

（1）学会将两组物体一个对一个地进行对应摆放。

（2）学会用对应的方法比较两组物体的“多”“少”或“一样多”。

（3）能运用“多”“少”“一样多”等词汇。

（二）比较两组物体相等与不等的方法

1. 重叠法

将一组物体摆成一行，再将另一组物体一个对一个地重叠在前一组物体的上面，比较两组物体是一样多还是不一样多。

2. 并放法

将一组物体摆成一行，再将另一组物体一个对一个地并排放在这组物体的旁边，比较这两组物体的数量。

3. 连线法

将两组物体用线联系起来进行比较。这种方式往往出现在幼儿的个别操作活动中，尤其是在书面材料的操作中。

第五课　认识10以内数概念

数概念是数学中的基础知识，也是幼儿积累数学感性经验首先要接触的问题之一。幼儿掌握数概念是一个比较复杂的过程，要经历感知物体，产生数的表象，最后形成抽象的数概念的复杂的智力活动过程。幼儿数概念的发展主要表现在计数能力的发展、数序概念的发展和认识数的组成等几个方面。

一、幼儿计数能力的发展

计数就是把要数的那个集合的元素与自然数列中从“1”开始的自然数之间建立起一一对应的关系。在不遗漏、不重复的情况下，数到最后一个元素所对应的数就是计数的结果，也就是总数。计数活动是幼儿形成初步数概念的基本活动，它贯穿于数概念形成和发展的全过程。幼儿计数能力的发展过程经历：口头数数、按物点数、说出总数、掌握数的守恒四个阶段。

(一)口头数数

2～3岁的幼儿，在成人的影响下，开始学个别数词(如1，2，…)，并能凭机械记忆，按顺序背诵自然数的名称，但大多是像背儿歌似的背诵这些数字，带有顺口溜的性质，并没有形成一个数词与一个实物一一对应的关系，他们还不能理解数的实际意义。

(二)按物点数

按物点数要求幼儿将数词与实物联系起来，建立数与物之间一对一的关系，做到手口一致地点数。3～4岁的幼儿在按物点数时，经常出现手口不一致的现象，或者漏数、重复数。

(三)说出总数

幼儿从按物点数到说出总数，需要经历一个比较困难的过程。3～4岁的幼儿有的虽然能够正确点数实物，但是常常不能说出物体的总数，只是随意地说出一个数。幼儿能说出总数，意味着他们理解了数的实际意义，知道数到最后一个实物时，所对应的数词就代表实物的总数。能够说出总数，这是计数能力发展的关键。

(四)掌握数的守恒

数的守恒是指一组物体的数目不因物体外部特征和排列形式等的改变而改变。幼儿掌握数的守恒，是指幼儿能不受物体外部特征和排列形式等的影响，正确认识10以内的数，即正确数出物体的数量。幼儿早期的计数能力还不稳定，经常受到各种因素的影响。比如，物体的外部特征、物体的排列形式等都会对幼儿的计数活动产生影响。

从以上计数能力发展的四个阶段来看，幼儿的计数活动经历了三种水平：一是死记硬背式的计数，幼儿的计数活动是死记型的学习，不懂得把数词与被数物体之间建立起一一对应的关系。二是理性的计数，幼儿能把数词与集合中的物体一一对应，但易受物体排列形式或外部特征的影响。三是持久等价的计数(数的守恒)，幼儿能排除物体外部特征或排列形式的影响正确认识物体的数目。

二、幼儿数概念形成的标志

幼儿数概念的形成是一个长期而复杂的发展过程，也是一个连续而有序的发展过程。简单来说，幼儿数概念的形成有三个标志。

(一)理解10以内数的实际意义

数的实际意义包括基数意义和序数意义。要让幼儿知道：自然数不仅可以表示物体的数量，也可以表示物体的次序。理解10以内数的实际意义，是形成数概念的核心。

(二)理解10以内自然数的顺序

自然数的顺序，也称数序，指的是每个自然数在自然数列中的位置以及与相邻两数之间的大小关系。在自然数列中，任何一个数都比前面一个数大1，比后面一个数小1，这也是10以内相邻数的关系。

(三)理解10以内数的组成

数的组成是指一个数可以分成两个部分数，两个部分数又可以合成一个数。掌握数的组成，可以使幼儿从整体与部分的关系上理解数与数之间的关系，加深对数概念的理解，并为学习加减运算打下基础。

三、认识10以内基数

基数是表示物体数量多少的自然数。认识10以内基数是数概念中最基础的内容。这项内容的学习从小班开始，贯穿于各个年龄班。

(一)认识10以内基数的目标

1. 小班

(1)会手口一致地点数5以内的物体并说出总数。

(2)能用各种感官感知5以内物体的数量。

(3)能按要求取出相应数量的物体。

2. 中班

(1)会正确点数10以内的物体并说出总数。

(2)能用各种感官感知10以内物体的数量。

(3)学会按物取数、按数取物。

(4)能比较10以内相邻两数的大小，理解相邻两数的等差关系。

(5)能不受物体外部特征和排列形式的干扰，正确判断10以内物体的数量。

3. 大班

(1)能熟练地感知10以内物体的数量。

(2)掌握10以内的倒数、接数，知道10以内数的顺序。

(3)能区分10以内的单数和双数。

(4)会按群计数，两个两个地数。

(二)认识10以内基数的方法

认识10以内基数是幼儿数学教育的一个重点，可以通过多种形式的计数活动，帮助幼儿理解基数意义，获得初步的数守恒观念。

1. 学习按物点数

按物点数就是用数词去清点物体的数量，将数词与集合中的元素一一对应起来，并知道数词可以表示物体的多少。按物点数是幼儿计数活动的基本形式，是幼儿认识数的实际意义的基础。

小班幼儿刚开始学习点数时，往往会出现手口不一致的情况，教师要做示范，把要数的物体排成一排，教幼儿用右手食指从左到右点一个物体说一个数词。为防止幼儿出现顺口溜的现象，还可以出示一个物体，让幼儿说一个数词。教师数到最后一个物体时，要用手指围绕所数过的物体画个圈，对最后一个数词提高声音或延长声音，以突出总数，使幼儿理解总数的含义。以后每次点数完了，都要问幼儿："一共有几个？"

教师示范后可以让幼儿自己进行多种方式的点数练习，并说出总数。教学时，要注意通过数多种多样的实物，逐步抽象出数的概念，使幼儿初步体会到一个数可以代表相同数量的任何物体的个数。

中班幼儿在比较熟练地掌握了按物点数的方法后，可以教幼儿不用手而用眼睛点数物体的个数。虽然刚开始有困难，但可以教幼儿用点头动作帮助他们用眼睛点数。大班可以进一步教幼儿学会默数(或心数)，即数数时不说出数。幼儿从用手点数到用眼睛点数，从大声数到小声数，最后到不出声的默数，标志着他们计数能力的逐步提高。

另外，中、大班幼儿在学会逐一点数的基础上，可以继续学习按群计数，具体来说，即学习两个两个或五个五个地数。

2. 学习运用各种感官计数

运用各种感官计数主要指运用视觉、听觉、触觉和运动觉来感知物体的数量，可以开展"看一看""听一听""摸一摸""跳一跳"等活动让幼儿感知物体的数量，加深幼儿对数意义的理解，还有利于促进幼儿各种感官的协调发展。

运用各种感官计数，除了单独运用一种感官，还可以同时运用多种感官。

3. 学习比较相邻两个数(包括理解数的形成)

数的形成是指一个数添上1形成后面的一个新数。教幼儿比较相邻两个数时，可以用对应比较的方法，将两组相同数量的物体一一对应地摆放，让幼儿数数确认一样多后，在其中的一组物体上增加一个，再让幼儿数数变成了几个，这样使幼儿在直观的条件下，看到一个新的数是由原来的数添上1形成的，通过这样的比较使幼儿认识到：2个添上1个是3个，从而理解数的形成。接着再让幼儿比较出两组物体的多少和相邻两个数的大小，通过比较使幼儿认识到：2个比3个少1个，2比3小1；3个比2个多1个，3比2大1。

4. 学习按物取数、按数取物

按物取数是指教师出示一定数量的物体，要求幼儿取出(找出)相应的数字。按数取物是指教师出示数字或口头说出数词，要求幼儿取出相应数量的物体。这种从具体实物到抽象的数，又从抽象的数到具体实物的双向活动，能使幼儿在数字与实物数量之间建立起正确的对应关系。

5. 理解数的守恒

理解数的守恒，主要是教幼儿学会不受物体的大小、颜色、形状或排列形式等的干扰，正确判断物体的数量。教幼儿学习数的守恒，关键在于材料的提供，可以在提供的材料中设置各种大小、颜色、形状或排列形式的干扰，让幼儿能排除干扰正确数数，可以进行各种不同层次的练习：第一，提供各种不同大小、颜色、形状的物体让幼儿数。第二，提供各种不同排列的物体让幼儿数。

6. 学习倒数和接数

倒数是指按照与自然数列的顺序相反的方向数数。倒数可以使幼儿从相反的方向掌握自然数的顺序，发展幼儿的逆向思维，同时为以后学习减法运算打下基础。接数指的是从10以内任何一个数顺(或倒)接数到10(或1)。教幼儿倒数和接数，可以帮助幼儿了解自然数的排列顺序及其大小关系。其具体方法如下。

(1)借助讲解演示，理解顺数和倒数的含义。

教师结合教具演示，把物体按照1～5(或1～10)的顺序从左到右竖着排成5列(或10列)，并在下面配上数字，让幼儿从1～5(或1～10)的顺数，再从5～1(或10～1)的倒数，先数物体再数数字，使幼儿看到：顺数时，一排比一排多一个；倒数时，一排比一排少一个。并进一步理解：顺数时，一个数比一个数大1；倒数时，一个数比一个数小1。

(2)游戏练习。

可以通过卡片游戏、口头游戏、拍手游戏等练习数数。

四、认识10以内序数

序数是表示物体的次序的自然数。认识序数要以基数为基础，因此一般安排在学习基数以后进行，一般选择在中班。

(一)认识10以内序数的目标

(1)理解序数的含义，学会从不同方向确定物体的排列顺序。

(2)能用序数词表达物体的排列顺序。

(二)认识10以内序数的方法

1. 借助讲解演示，理解序数的含义

教师出示直观教具(如动物卡片)，把物体排成一排，先让幼儿数数有几只，然后教幼儿用数数的方法去数，数到几就是排“第几”，帮助幼儿理解序数的含义。要反复提问：“某某排第几?”或“排第几个的是谁?”

在指导幼儿学习序数时，教师要注意以下几点。

第一，提供的教具要有多种排列方式。

第二，要让幼儿明确从哪里数起，按什么方向数。

第三，基数和序数结合起来练习，帮助幼儿区分基数和序数的不同。

2. 操作和游戏练习

可以让幼儿自己排列物体并说出物体的排列位置；可以让幼儿制作有顺序特征的物体(如楼房、火车等)；可以组织幼儿玩排队游戏，然后通过报数说出自己的排列位置等。

3. 结合其他学科教学和日常生活练习

在其他学科教学和日常生活中渗透序数知识，可以进一步巩固幼儿序数概念，也可以培养幼儿运用数学知识解决问题的能力。

五、认识10以内数的相邻数

(一)认识10以内数的相邻数的目标

知道每个自然数在自然数列中的位置以及与相邻两数之间的大小关系，即知道任何一个数都比前面一个数大1，比后面一个数小1。

(二)认识10以内数的相邻数的方法

1. 借助讲解演示，理解相邻数的含义

教师出示三组物体，按照由少到多的顺序从左到右竖着排成三列，并在下面配上数字，然后引导幼儿进行比较。比较时，要以中间一组为中心，先与前面一组比较，再与后面一组比较，要比较出物体的数量关系和数字的大小关系，以帮助幼儿理解相邻数的含义。

2. 探索相邻数的规律

教幼儿认识10以内数的相邻数，不必从2～9的相邻数逐个进行讲解演示。教5以内数的相邻数进度要慢些，要多做讲解演示，让幼儿逐步认识相邻数的规律：一个数前面的相邻数比它小1，后面的相邻数比它大1。到6～10的相邻数时，可以让幼儿用类推法，运用相邻数的规律，举一反三，推断出相邻数的关系。

3. 游戏活动

可以通过卡片游戏、口头游戏等，开展一些“找朋友”的游戏，巩固认识。

六、认识10以内数的组成

教幼儿学习数的组成，是为了帮助幼儿理解整体与部分、部分与部分之间的关系，加深对数概念的理解，并为以后学习加减运算打下良好的基础。

(一)认识10以内数的组成的目标

(1)理解数的组成的含义，知道2以上各数都可以分成两个部分数，两个部分数合起来就是原来的数；学会按顺序将一个数分成两个部分数，并将这两个部分数合为原来的数。

(2)知道总数比分成的两个部分数都大，分成的两个部分数都比原来的数小。

(3)理解分成的两个部分数之间的互换、互补关系。

(二)认识10以内数的组成的方法

1. 分合操作

学习数的组成最好的方法就是让幼儿动手操作。教师可以为每个幼儿提供适当的学具，让幼儿自己操作，并把操作结果用数字和分合符号记录下来，最后请幼儿把自己的操作结果告诉大家。教师也可以把幼儿的记录结果呈现在黑板上，与幼儿一起进行评价总结。

在幼儿自己操作的过程中，教师要引导幼儿发现多种不同的分合方法，并教幼儿学会按顺序整理记录分合结果。

随着幼儿操作活动的深入，教师还可以让幼儿通过讨论发现两个问题：第一，每个数的分合方法各有几种，和这个数本身有什么关系？第二，怎样分合才能又快又准？

2. 探索数的组成规律

在幼儿理解数的组成含义，积累了较丰富的分合经验后，可以引导幼儿发现数的组成中两个重要的规律，即互换关系和互补关系。互换关系指的是一个数分成的两个部分数位置可以交换，总数不变。互补关系指的是一个数分成的两个部分数，一个数逐一增加，另一个数逐一减少，总数不变。

启发幼儿探索时，可以让幼儿从整理好的教具图和式子图中观察、发现两边的关系，教师再重点进行讲解说明。

幼儿掌握数组成的互换、互补规律后，可以让幼儿根据互换、互补规律进行推理，自主学习 6，7，8，9，10 各数的分合。

3. 游戏活动

可以通过卡片游戏、口头游戏等活动巩固知识。

七、认读和书写阿拉伯数字

数字是用来记数的一种抽象符号，数字所表示的物体数量就是数的实际意义。通常用的数字有 10 个，即阿拉伯数字 1，2，3，4，5，6，7，8，9，0。教幼儿认读和书写阿拉伯数字，不仅能提高幼儿对 10 以内数的认识，学会用抽象的符号表示 10 以内的数，而且对以后的数学学习也有重要意义。

(一)认读和书写阿拉伯数字的目标

(1)学会认读阿拉伯数字，并能用数字正确表示 10 以内物体的数量。

(2)学会正确书写阿拉伯数字，掌握正确的书写姿势、笔画顺序和书写格式。

(二)认读阿拉伯数字的方法

认读阿拉伯数字在中班进行，最好结合认识 10 以内基数进行，既让幼儿认识了数字，又使幼儿知道了每个数字所代表的物体数量。

1. 借助多种教具，结合数数讲解数字的意义

例如，认识数字“3”，出示教具 3 个苹果、3 个梨等，让幼儿数数说出总数，再出示“3”的数字，讲解说明可以用“3”来表示 3 个苹果、3 个梨等。最后再引导幼儿联系周围事物，说说数字“3”还可以表示什么物体。

2. 用比喻法记住字形

当数字符号出示后，教师可利用幼儿熟悉的事物与数字形象相比较。例如，“1”像小棒，“2”像鸭子等。这样有利于幼儿记住字形。

3. 用比较法区分形近数字

幼儿的方位知觉发展不够完善，观察不仔细，对字形相近的数字容易混淆，因此，要重点对字形容易混淆的字做比较，以帮助幼儿正确识别。

4. 用游戏法体验数字与物体数量的关系

例如，“看物摆数”“连线游戏”“按数画物”等活动，让幼儿将抽象的数字与物体的数量联系起来，学会用数字表示物体的数量。

(三)书写阿拉伯数字的方法

书写阿拉伯数字在大班进行，幼儿书写数字时间不宜过长，可以在学习数的组成时结合进行。

1. 示范讲解

首先教师应以正确的书写姿势进行示范，说明坐姿和拿笔的姿势。接着，教师应在黑板的日字格里边示范边讲解，讲清所写数字的字形特点和结构、数字在日字格的位置；讲清所写数字的笔顺，从何处起笔，向什么方向移动，何处转笔，何处落笔等。

2. 书写练习

教师进行示范讲解后，可以要求全体幼儿用右手食指在空中或在本子的范体字上，按数字的笔顺要求做书写练习，以熟悉笔顺和笔画。

书写练习后，也可以请 1～2 名幼儿在黑板的日字格里试写，让大家评议，以进一步帮助幼儿掌握书写要领，然后再组织全体幼儿在作业本上练习。

在幼儿书写的过程中，教师要注意观察，经常提醒幼儿书写的常规要求，并及时纠正幼儿书写中出现的差错。另外，幼儿练习书写以分散练习为宜，一次书写练习一般不超过 10 分钟，在循序渐进的过程中提高书写水平。

第六课　学习 10 以内数的加减运算

从集合的角度看，加法就是求两个没有共同元素的有限集合的并集的基数；减法就是求一个有限集合与它的子集的差集的基数。10 以内数的加减运算是大班幼儿数学教育的重要内容，是数概念学习的提高和深入。因为数的组成是幼儿理解加减运算的基础，数的分合实质上是一种概念水平上的数运算。认识数的组成，可以为幼儿学习加减积累感性经验。反过来，学习 10 以内数的加减运算，不仅加深了幼儿对数概念的掌握，也提高了他们的思维能力。

一、幼儿加减运算能力的发展

幼儿加减运算能力的发展，总的来说，经历了从具体到抽象的发展过程，反映了幼儿思维抽象性水平的逐渐发展。考查幼儿加减运算能力发展的一般过程，主要表现出两个方面的特点。

(一)经历了三种运算水平或三个运算阶段

1. 动作水平的加减

动作水平的加减是指幼儿以实物或图片等直观材料为工具，借助于合并、取走等动作进行加减运算。这也是实物运算阶段。在这个实物加减阶段中，幼儿必须借助于具体的实物或材料，通过演示动作或具体的动手摆弄操作动作才能进行加减运算。

2. 表象水平的加减

表象水平的加减是指幼儿能够不借助于直观的动作，在头脑中依靠对形象化物体的再现、物体的表象进行加减运算。这也是表象运算阶段。运用表象进行加减是学前期幼儿加减学习的主要手段，最典型的就是口述应用题，它以表象为依托，帮助幼儿理解题意、数量关系和运算符号，选择正确的方法进行运算。

3. 抽象水平的加减

抽象水平的加减是指幼儿直接运用抽象的符号进行加减运算。这也是符号运算阶段。这种直接运用符号进行口头或书面的加减运算能力是抽象水平的加减，也是最高水平的加减运算。

(二)经历了两种运算方法

1. 逐一加减

逐一加减就是用计数的方法进行加减运算，表现在加法上就是先将两组物体合并在一起，再逐一计数它们一共有多少，或者是以第一个加数的值为起点，再接着计数第二个加数的物体，直到数完为止。在减法上，则是先将要减去的物体拿走，再逐一计数剩下的有多少以求得数。

2. 按数群加减

按数群加减就是前面所述的依靠抽象数概念进行加减运算。这时幼儿已能够把数作为一个整体去把握，从而进行抽象的数群之间的加减运算。这是以幼儿掌握了数的组成与分解为基础的，当幼儿掌握了10以内数的组成后才能逐步达到按数群加减的水平。

另外，在幼儿学习加减运算的过程中，还有两个特点值得关注：第一，幼儿学习加法比学习减法容易。第二，幼儿学习加小数、减小数的问题容易，学习加大数、减大数的问题比较难。第三，幼儿理解和掌握应用题比算式题容易。

二、学习10以内数的加减运算的目标

(1)初步理解加法和减法的含义。

(2)掌握10以内数的加减运算，认识加号、减号和等号。

(3)学会解答和自编简单的口头加减应用题。

三、学习10以内数的加减运算的方法

学习10以内数的加减运算，具体包括学习实物运算、学习列式运算、认识零和得数是零的运算和学习自编口述应用题四个部分的内容，根据幼儿学习加减运算的特点，要按照一定的步骤进行教学。

(一)学习实物运算

根据幼儿的思维特点，幼儿学习加减运算，不能从算式运算开始，而应该从实物运算开始，所以实物运算是幼儿学习加减运算的最初阶段。一般在教5以内数的加减法时进行，教学中不出现加号、减号、等号，也不列算式，只是借助直观教具，通过口头应用题的形式，来讲解运算过程，从而帮助幼儿理解加法和减法的含义。其方法如下。

1. 借助直观教具编讲口述应用题

这种方法适合于初学者。其具体步骤如下。

(1)借助教具编出应用题。

例如，“树上有2只小鸟，又飞来了1只小鸟，现在一共有几只小鸟?”“妈妈给我买了3个苹果，我吃掉1个苹果，还剩下几个苹果?”

(2)借助教具讲解运算方法。

例如，“这道题告诉我们什么？问我们的是什么？可以用什么方法算?”通过教师的演示讲解，使幼儿从加法应用题的解答过程中，看到两组物体合并的过程，又看到合并结果，从而理解加法含义；也从减法应用题的解答过程中，看到从一组物体中取走一部分的过程和取走的结果，从而理解减法的含义。

在借助直观教具编讲口述应用题时，教师应该编出各种题目，让幼儿逐步理解：“飞来了”“送来了”“开来了”等都是合起来的意思，用加法；“飞走了”“游走了”“送走了”等都是去掉的意思，用减法。

2. 运用数的组成知识进行实物运算

数的组成知识是加减运算的基础，教师应该把这两部分内容结合起来，引导幼儿逐步学会运用数的分合经验进行加减运算。例如，结合实物操作复习“2只小鸟和1只小鸟合起来是几只，2和1合起来是3，所以一共有3只小鸟。”“3可以分成1和2，去掉1还剩2，所以还剩下2个苹果。”

(二)学习列式运算

在幼儿理解加减含义，掌握实物运算的基础上，可以进一步教幼儿认识加号、减号、等号，学会列式运算。其方法如下。

1. 借助直观教具编讲口述应用题

其具体步骤如下。

首先，编出应用题。其次，讲解运算符号和算式。例如，在认识加法算式时，教师介绍：这道题是要把两个数合起来的意思，应该用加法算。加法里有个符号叫“加号”(出示＋)，表示“合起来”的意思，它放在两个数的中间，然后指着“2＋1 _ 3”让幼儿一起念“2＋1 是 3”，再出示“＝”，告诉幼儿：这是“等号”，念“等于”，放在得数的前面，表示两边一样多，并让幼儿完整读出“2 加 1 等于 3”的算式。在出示运算符号进行介绍的过程中，教师应始终结合算式，重点讲清符号的名称、意义、读法及在算式中的位置等问题。

在幼儿认识加号、减号、等号及加减算式的基础上，教师继续用各种不同的应用题，引导幼儿正确运用运算符号列出算式，巩固认识算式中每个符号及每个数代表的意思，并学会运算。

2. 运用数的组成知识列式运算

在幼儿学习了数的组成后，可以引导幼儿把数的组成知识和加减法内容联系起来，运用数的组成知识列式运算。例如，让幼儿根据分合式列出算式。

3. 探索加减运算中的规律

在幼儿理解加减含义，学会列式运算的基础上，可以引导幼儿探索发现加法交换律和加减的互逆关系。

加法交换律指的是加号前后的两个数交换位置后，得数不变。可以在幼儿用三个数列出两道加法算式后，引导幼儿发现：两道算式什么地方一样，什么地方不一样？然后再引导幼儿根据加法交换律学会从一道算式推出另一道算式。

还可以在幼儿用三个数列出两道加法算式和两道减法算式后，引导幼儿对四道算式进行比较：四道算式哪些地方一样，哪些地方不一样？引导幼儿发现：四道算式中的三个数字都一样，就是位置不一样，而且两道是加法，两道是减法。然后再引导幼儿学会根据规律从一道算式推断出另外三道算式。

4. 运用多种形式练习列式运算

幼儿对抽象的符号运算还是有困难的，需要进行较多的练习。常见的练习方式有：看物列式、看图列式、各种感官运算、游戏活动、操作活动等。

(三)认识零和得数是零的运算

认识零和得数是零的运算，可以在幼儿学过减法算式的基础上进行。首先，教师编出一道得数是零的应用题，让幼儿根据前面学过的解题思路选择用减法运算，并列出算式，引出零的运算。教师出示“0”，讲解“0”的含义(可以表示没有)，引导幼儿认识这个符号(像鸡蛋、鸭蛋)。接着，教师继续编制多道得数是零的应用题，让幼儿自己列出多道算式。然后，教师进一步引导幼儿观察上面列出的多道算式，推断出一个结论：两个相同的数相减等于零。最后，还可以引导幼儿结合日常生活，认识零的多种含义。说说在哪里看到过“0”字，那里的“0”能不能省掉。例如，门牌号10，这里的“0”是不能省的。

(四)学习自编口述应用题

在幼儿学习解答应用题的基础上，可以教幼儿口头自编求和、求剩余的简单应用题。其具体方法如下。

1. 示范编题并讲解应用题的结构

幼儿在学习自编应用题时，常常因为对应用题的结构理解掌握不好，表现出编题困难。例如，大多数幼儿不会提问题，或者直接给出答案，或者缺乏已知数，也有的幼儿编出的题目违反生活逻辑或事物发展规律。因此，引导幼儿学习自编应用题的重点是帮助幼儿掌握应用题的结构。教师可以在示范编题后，引导幼儿说说：应用题说了些什么？找出应用题中有一件事、两个数、一个问题，从而理解应用题的结构。

2. 多种方式练习编题

在幼儿理解应用题结构的基础上，可以采用各种形式让幼儿自己练习编题，常见的练习方式有：看物编题、看图编题、根据教师提供的算式或数字编题、自由编题等。

第七课　认识量

量是指客观世界中物体或现象所具有的可以定性区别或测定的属性。

它可以分为不连续量和连续量两种。不连续量是表示物体集合元素多少的量；连续量是表示物体属性的量，如长度、面积、体积、质量等。幼儿初步认识的是生活中的一些连续量，如大小、长短、粗细、厚薄、高矮、宽窄、轻重、远近等。

一、幼儿认识量的特点

幼儿认识量的一般过程如下。

(一)从明显差异到不明显差异

虽然幼儿在实际生活中已逐渐积累了对有关物体量的认识，但这种认识在早期带有很大的局限性。例如，3～4 岁的幼儿往往只对量的明显差异能够感知和区分，能够在明显差异的物体中区分出最大(最长)或最小(最短)，随着年龄的增长，才能逐渐对差异不太明显的量进行感知和区分。

(二)从笼统不精确到逐渐精确

虽然幼儿在生活中已经积累了关于物体大小和长短的不同经验，且能区分它们，但在语言表达方面是笼统不精确的。例如，3～4 岁的幼儿不能用正确的词汇表达物体的大小、长短、粗细、厚薄、高矮、宽窄等特征，往往不加区别地把长的、粗的、厚的、高的、宽的物体都说成是大的，把短的、细的、薄的、矮的、窄的物体说成是小的。随着年龄的增长，精确性才逐渐提高。

(三)从绝对到相对

物体的大小、长短只有在两个物体的比较中才能区分出来，量是相对的。但幼儿最初对量的认识是一种绝对化的认识，他们常常把大小、长短等特征看成是完全绝对的。例如，幼儿争论："我的爸爸高"，认为他爸爸就是最高的。由此可见，幼儿对量的相对性的认识是比较困难的。只有当幼儿从两个物体的比较，逐渐过渡到三个或更多物体的比较时，才能逐步理解量的相对性。

二、认识量的目标

(一)小班

(1)学会区别和表达物体的大小、长短等特征。

(2)能按照物体量的差异进行 4 个以内物体的排序。

(二)中班

(1)学会区别和表达物体的粗细、高矮、厚薄等特征。

(2)能按照物体量的差异进行 7 个以内物体的正、逆排序，会按照一定的规律排列物体。

(三)大班

(1)学会区别和表达物体的宽窄、轻重、远近等特征。

(2)能按照物体量的差异进行 10 个以内物体的正、逆排序，会按照一定的规律排列物体，初步理解序列中的可逆性、双重性和传递性关系。

(3)理解量的守恒。

(4)学会自然测量。

三、认识量的方法

认识量包括量的比较、量的排序、量的守恒和自然测量四个方面的内容，分别采用不同的教育方法。

(一)量的比较

量的比较就是引导幼儿学会比较物体的大小、长短、粗细、厚薄、高矮、宽窄、轻重、远近等特征，通过比较知道量的差异是比较而言的，并掌握一些基本的比较方法。量的比较是最基本的内容，其他内容都以量的比较为基础的，可以通过以下方法学习量的比较。

1. 运用各种感官的感知比较物体的量

幼儿对物体量的认识主要是通过各种感官的感知，因此，教师应提供各种材料，让幼儿通过看一看、摸一摸、提一提、掂一掂等活动进行感知和比较。

2. 运用重叠法或并放法比较物体的量

重叠法就是把两个以上物体重叠在一起进行比较，并放法就是把两个以上物体并排放着进行比较。选用重叠法或并放法进行比较时，要根据物体材料和比较内容的不同选择合适的方法。运用重叠法比较时，要注意把小的放在大的上面进行比较。运用并放法比较时，比长短要一头对齐横放比较，比高矮要在同一平面竖放比较，比厚薄要放在同一平面平放比较。

3. 运用寻找法描述物体的量

在初步认识量的基础上，教师可以引导幼儿在周围环境或记忆表象中寻找“哪些物体是大的、长的……”“哪些物体是小的、短的……”并用语言描述出来。

4. 运用游戏法认识物体的量

可以设计各种形式的游戏，加深幼儿对物体大小、长短、粗细、高矮等的认识。例如，“反义词游戏”“看谁找得快”等。

(二)量的排序

排序就是将三个以上物体按照某种特征的差异或者一定的规律排列成序。排序的形式一般包含三种：第一，按照物体量的差异排序。例如，从小到大或从大到小，从短到长或从长到短等。第二，按照物体数量的多少排序。例如，按照数量由少到多或由多到少，按照数字由小到大或由大到小。第三，按照特定规律排序。例如，男女间隔排列。这些排序形式都可以采用下列方法学习。

1. 示范讲解

运用于幼儿开始学习排序时，教师先示范，引导幼儿观察教师排序的过程和结果。教师可以采用先找两端再逐一排中间的步骤为幼儿做出示范，也可以采用先排中间再排两边的方法。对于排序活动中的重难点，教师要重点讲解，如按长短排序时，要把物体的一端对齐。

2. 动手操作

教师提供各种材料，要求幼儿按范例或成人的口头指示自己完成排序任务。

3. 探索物体序列中的规律

在幼儿学会排序的基础上，可以进一步引导幼儿探索物体序列中的规律。通过提问让幼儿思考、讨论，发现序列中的可逆性、双重性和传递性。

排序中的双重性，指的是按顺序排列的物体中，任何一个元素的量，都比前面一个元素大，比后面一个元素小。

排序中的传递性，可理解为：如果 $A>B$，$B>C$，那么 $A>C$，在比较过程中，A 和 C 没有直接比较，而是通过 B 这个中介将关系传递(推理)过去。

在排序教学中，还要注意以下几个问题：第一，从小数量排序到大数量排序。排序最小的数量是 3 个，可以从 3 个物体的排序开始，再逐渐增加物体的数量。第二，从按量的差异排序到按数量排序，再到按特定规律排序。第三，从参照排序到独立排序。特别是幼儿学习按特定规律排序时，教师可以先出示已经排好的序列，让幼儿模仿教师的顺序再继续接着往下排。到幼儿积累了较多排序经验后，再启发幼儿自己想出排序规律，独立完成排序任务。

（三）量的守恒

量的守恒是指物体的大小、长短等不受物体的外形和摆放位置的变化而改变。量的守恒包括长度守恒、面积守恒、体积守恒等。幼儿受年龄和思维能力的影响，在量的比较中往往容易受到外在形式、视觉判断等方面的干扰而不能做出正确判断。所以理解量的守恒对幼儿来说是一个难点，它应该在幼儿认识了相应的量的基础上进行。可以通过以下方法进行学习。

1. 运用单个物体量的变式

量的变式，即通过变换图式，添加干扰因素，使幼儿做到不受外界因素的干扰而认识到量的不变性。例如，一条线段没弯曲之前和弯曲之后，长度是不变的。

2. 运用同等量的两份物体进行比较

比较时，先用同等量的两份物体进行比较，确认是一样的，然后把其中一份进行变式，再引导幼儿将变式后的量和原来的量进行比较，以判断它们还是一样的。

（四）自然测量

自然测量是指利用自然物作为量具进行直接测量的方法。例如，测量长度的自然物可以有冰棍棒、小竹竿、绳子、脚步、手掌等；测量容积的自然物可以有小碗、小瓶等。自然测量是幼儿特有的一种测量方法，它要求幼儿利用简单的测量工具，在物体上测量一定的次数。通过测量，幼儿可以更清楚地理解长度的含义，学会新的比较两个物体长度的方法。另外，幼儿通过学习测量，还初步学会了使用测量工具和测量的方法，培养了幼儿动手操作的能力。

1. 示范讲解测量的要领及方法

在幼儿学习测量时，首先，教师要让幼儿明确测量对象及测量工具。其次，在示范过程中，教师要向幼儿讲清测量的起点、终点、移位动作和统计记录测量结果的方法。另外，可以用自然测量的方法测量一个物体，也可以用自然测量的方法测量比较两个物体，运用的步骤不一样，教师也要讲解清楚。

2. 实践操作

自然测量是一种技能，要让幼儿在具体的实践操作中获得这种技能。教师可以提供给幼儿统一的测量对象和测量工具，让幼儿自己测量；也可以让幼儿自由选择测量对象和测量工具，自己测量，然后一起交流测量的结果。

3. 探索测量工具与测量结果之间的关系

在测量过程中，通过使用多种测量工具进行多次测量活动，可以引导幼儿发现：第一，不同的量用不同的工具测量。大的量用大的工具，小的量用小的工具。第二，测量同一个物体时，用不同的工具测量其结果是不同的。测量工具大，结果数据小；测量工具小，结果数据大。因此，要比较两个物体等量或不等量时，应该用同一种测量工具进行测量，才能正确地比较出结果。

第八课　认识几何形体

几何形体是对客观物体形状的抽象和概括。幼儿期认识的几何形体包括平面图形和立体图形两部分。平面图形一般包括圆形、正方形、三角形、长方形、半圆形、椭圆形、梯形；立体图形一般包括球体、圆柱体、正方体、长方体。幼儿认识几何形体，对于幼儿理解客观世界，促进思维发展，获得动手动脑能力有十分重要的作用。

一、幼儿认识几何形体的特点

幼儿认识几何形体的一般过程如下。

(一)从笼统感知图形轮廓到精细辨认图形特征

幼儿早期认识图形只注意到外部轮廓，不善于区别图形的细微特征。例如，让3～4岁的幼儿画正方形、三角形时，他们往往画成近似圆形的样子，没有曲、直之分。4岁以后，幼儿逐步能把曲线图形和直线图形区分开来，但有些直线图形还不能很好地区分。到六七岁时，幼儿才能较准确地区分常见的图形，并掌握一些图形的基本特征。

(二)从把几何形体与实物等同，到与实物做比较，再到作为区分物体的标准

受生活经验的影响，2～3岁的幼儿认识几何形体时，往往把几何形体理解为他们熟悉的实物。例如，见到圆形说是饼干形的。中班幼儿不再把几何形体与他们熟悉的实物等同起来，开始把几何形体与他们熟悉的实物做比较，说出椭圆形镜子等。大班幼儿开始能把几何形体作为区分物体形

状的标准去描述。例如，说出镜面是椭圆形的。

(三)认识每种图形经历了从配对到指认再到命名的过程

配对是指能找到与给出的范例图形相同的图形。指认是指能按照成人口述的图形名称，找到相应的图形。命名是指能说出指定的图形的名称。

另外，幼儿认识平面图形的顺序是：圆形、正方形、三角形、长方形、半圆形、椭圆形、梯形。认识立体图形的顺序是：球体、圆柱体、正方体、长方体。

值得注意的是，教幼儿认识几何形体，并不是要幼儿掌握几何形体的概念，而是要幼儿知道几何形体的名称和主要特征，并进行图形分类和拼搭活动，如表 5-1 所示。

表 5-1　要求幼儿掌握的几何图形的名称和特征

名称	特征
圆形	圆溜溜的、没有尖角的
正方形	有四个角，四条边；四个角一样大，四条边一样长
三角形	有三个角，三条边
长方形	有四个角，四条边；四个角一样大，四条边中相对的两条边一样长，相邻的两条边不一样长
梯形	有四个角，四条边；有两条对着的边是平行的，样子像梯子
椭圆形	长长的圆形
球体	从哪个方向看去都是圆，能向各个方向滚动
正方体	有六个面，六个面都是一样大的正方形
长方体	有六个面；或者六个面都是长方形；或者有两个面是一样大的正方形，其他四个面是一样大的长方形
圆柱体	两端是一样大的两个圆形，中间是一样粗细的圆柱子

二、认识几何形体的目标

(一)小班

(1)认识圆形、正方形、三角形，知道这些图形的名称和基本特征。

(2)能对圆形、正方形、三角形进行分类。

(二)中班

(1)认识长方形、椭圆形、梯形，知道这些图形的名称和基本特征。

(2)有图形守恒观念，能不受图形颜色、大小、摆放位置等的影响，正确地辨认图形。

（3）能对学过的平面图形进行分类。

（4）能运用平面图形进行简单的拼合活动。

（三）大班

（1）认识球体、正方体、长方体、圆柱体，知道这些形体的名称和基本特征。

（2）能对学过的几何形体进行分类。

（3）能运用几何形体进行拼搭活动。

（4）能区分平面图形和立体图形。

三、认识平面图形的方法

（一）运用视觉、触摸觉感知图形及其特征

幼儿是在触摸、摆弄物体的过程中感知图形特征的，因此，在教学中一定要用感官感知的方法，让幼儿看一看、摸一摸，体验一下有形物体，从观察物体开始，到逐步抽象出平面图形，并用正确的语言表述出来。观察可以按照三个步骤：第一，观察物体的面，感知物体面的轮廓。第二，出示与物体的面形状相似的几何图形，介绍其名称和特征。第三，出示颜色、大小、摆放形式不同的图形让幼儿辨认，巩固认识图形，并理解图形守恒。

图形守恒指的是辨认图形时不受图形颜色、大小、摆放位置等的影响。

（二）运用重叠法比较相似图形

到中班阶段，幼儿在已经认识了某些图形的基础上，可以把要认识的新图形与认识过的相近图形重叠，找出相同点与不同点，从而掌握新的图形的名称和特征。

（三）通过对图形的分割与拼合，理解图形之间的关系

分割，就是把一个平面图形分成两个或两个以上的图形。可以分成两个或两个以上相等的图形，也可以分成两个或两个以上不相等的图形。拼合，就是把两个或两个以上的图形拼合成一个图形。

（四）通过操作或游戏等活动，巩固认识图形

在幼儿初步认识平面图形的基础上，可以通过形式多样的操作或游戏活动，加深对图形的认识，并进一步调动幼儿学习的积极性。常见的活动方式有：给平面图形涂色、折剪图形、图形分类、数图案中的图形、寻找图形以及与图形相似的物体、用平面图形拼成物体的形象或有情节的画面等。

四、认识立体图形的方法

(一)运用视觉、触摸觉感知形体及其特征

认识立体图形时，除了看一看，更要让幼儿充分运用双手去触摸、摆弄几何体，感知几何体的特征。例如，认识球体，应该准备各种不同大小的球，让幼儿看一看、摸一摸、滚一滚，感知其浑圆、光滑、滚动等特征。

(二)运用自然测量认识形体特征

例如，用小棒、线段测量正方体、长方体的棱，测量圆柱体的粗细等。

(三)运用重叠或并放法，比较平面图形与立体图形及立体图形之间的不同

平面图形和立体图形的比较在于立体图形有长、宽、高，有多个面，平面图形只有长和宽，只有一个面。

立体图形之间的比较在于突出相似形体之间特征的异同。

(四)通过操作或游戏等活动，巩固认识几何形体

可以通过形式多样的操作或游戏活动，加深对几何形体的认识。例如，手工制作活动、分类活动、寻找活动、拼搭活动等。

五、学习等分

等分就是把一个整体分成几个相等的部分。等分的形式多种多样，对幼儿只要求学习二等分和四等分，等分的物体主要是实物和几何形体。通过学习等分，可以帮助幼儿学会等分的知识和技能，理解整体和部分的关系，也为以后学习除法和分数积累感性经验。

(一)学习等分的目标

(1)初步理解等分的含义，会把一些几何形体或有规则的物体分成相等的两份或四份。

(2)知道物体等分后，整体大于部分。

(二)学习等分的方法

1. 讲解演示

幼儿刚开始学习等分时，为帮助幼儿理解等分含义，并掌握等分方法，教师可以进行适当的讲解演示。教师讲解演示时，可以按照下列步骤进行。

(1)选择同样大小的两份物体，让幼儿比较它们是一样大的。

(2)把其中一份进行二等分(或四等分)。

(3)把等分后的两份(或四份)进行比较，验证是一样大的，由此讲解二等分(或四等分)的含义。

(4)把等分后的每一份与原来的一份比较，理解整体与部分的关系。

2. 实践操作

幼儿学习等分，最重要的是要进行等分操作。操作方法多种多样，可以让幼儿用把纸对折撕开的方式进行等分，也可以让幼儿用剪刀剪、小刀切等方式进行等分，还可以让幼儿通过拼搭进行等分练习。

在幼儿运用各种材料进行实践操作时，有几个问题需要强调：第一，选用给幼儿等分的物体要匀称，适合等分。第二，提供给幼儿的操作材料要多样化和多层次化，可以是线段、平面图形、几何体等，体现出不同的水平要求。第三，要引导幼儿探索多种等分方法。

3. 寻找活动

教师可以出示一些二等分、四等分或者不等分的图形或物体，让幼儿观察、判断，找出哪些是二等分，哪些是四等分，哪些是不等分。也可以引导幼儿观察周围环境，寻找出二等分和四等分的物体。

第九课　认识空间方位

空间方位是指客观世界中的物体在空间中的位置以及它和周围物体之间的相互位置的关系。空间方位一般用上下、前后、左右等词汇来表示。幼儿从出生就生活在一定的空间里，他们会用各种感官去判断物体的位置和运动方向。引导幼儿认识空间方位，可以帮助他们逐渐发展空间知觉，获得初步的空间概念。

一、幼儿空间概念的发展

幼儿认识空间概念的一般过程如下。

(一)幼儿认识空间方位的顺序是：上下→前后→左右

上下的方位是以“天地”为标准确定的，天地具有永恒不变性，且上下位置的区别较明显，不会因为方向的改变而改变，所以幼儿容易辨别。前后、左右的位置都具有方向性，随定向者自身位置的改变会产生变化，所以幼儿辨别时会有一些困难，尤其是辨别左右方位。

(二)幼儿辨别空间方位从以自身为中心过渡到以客体为中心

以自身为中心，是以自身为出发点来辨别周围客体的方位。在认识方位的过程中，幼儿首先学会的是辨别自己身体部位的方位。在此基础上，幼儿再以自身为中心确定相对于自己的客体所处的方位。

以客体为中心，是从客体出发确定与其他客体之间的相互关系。幼儿辨别以客体为中心的上下和前后比较容易，但辨别以客体为中心的左右，则比较困难。开始时，幼儿往往要站在客体的位置上才能确定。

(三)幼儿辨别空间方位的区域由近及远逐渐扩展

开始学习辨别方位时，幼儿往往只局限于距离自己比较近的，正对着自己的前面、后面、左面、右面物体的方位，对于方位稍微有一点偏斜的或距离自己较远的物体，幼儿判断起来往往有一定的困难。随着年龄的增长，较大的幼儿才开始慢慢学会辨别距离自己较远的或自己的斜前方、斜后方以及偏左或偏右物体的方位。

(四)幼儿理解空间方位从绝对化过渡到相对化

幼儿在开始认识空间方位时，是将上、下、前、后、左、右当作永恒不变的方位来理解的，这与他们的思维发展水平有关。随着幼儿年龄的增长，思维灵活性的增强，他们才能逐渐领会方位的相对意义。

二、认识空间方位的目标

(一)小班

(1)能以自身为中心和以客体为中心区分并说出物体的上、下方位。

(2)能辨别上、下运动方向并按指定方向运动。

(二)中班

(1)能以自身为中心和以客体为中心区分并说出物体的前、后方位。

(2)能辨别前、后运动方向并按指定方向运动。

(三)大班

(1)能以自身为中心和以客体为中心区别并说出物体的左、右方位。

(2)能辨别左、右运动方向并按指定方向运动。

(3)理解空间方位的相对性。

(4)认识纸面、画面的上、下、左、右方位。

三、认识空间方位的方法

认识空间方位包括以下几个方面的内容，要按照一定的步骤，分别用不同的方法组织幼儿学习。

(一)认识身体的上下、前后、左右部位

幼儿认识空间方位是从认识自己身体的有关部位开始的。可以让幼儿通过自我感知、手工绘画活动、生活活动、游戏活动等，辨别自己身体的有关部位，并配合方位词的表达，逐步理解方位词的含义。

(二)以自身为中心辨别物体的上下、前后、左右

教师可组织幼儿在自然环境中或布置好的环境中观察自己的上面有什么？下面有什么？前面有什么？后面有什么？等等。也可以通过操作活动，如要求幼儿把帽子戴在自己头上等。

(三)以客体为中心辨别物体的上下、前后、左右

方法和上面一样，通过观察和操作活动进行。

(四)判断物体的上下、前后、左右运动方向

教师可以组织幼儿观察别人的运动并表述出运动方向，也可以让幼儿自己一边做运动一边说出运动方向。

(五)理解上下、前后、左右方位的相对性

上下、前后、左右等空间方位不是绝对不变的，而是可以变换的，因此应该让幼儿理解这些方位的相对性。下面可以通过两种方法帮助幼儿理解。

(1)以不同的物体作为主体，确定客体的方位。

(2)改变主体位置后再做判断。

(六)认识纸面、画面的上下、左右方位

结合美工活动，在欣赏图画和绘画时，教幼儿辨别纸面、画面的方位。

第十课　认识时间

时间是指物质运动、变化过程的持续性和顺序性。任何客观物质都要经过一个持续发展的过程。例如，人从出生到死亡，物体从空中落到地面，这些物质运动、变化过程的持续性，就是物质的时间属性。幼儿在日常生活中常常会涉及时间概念。幼儿认识时间，可以感觉时间的存在和流动，获得初步的时间概念。

一、幼儿时间概念的发展

幼儿认识时间概念的一般特点如下。

(一)感知时间的长短带有主观性

心理学研究发现，幼儿估计时间长短的能力很差。对幼儿来说，他们在进行有趣的活动时，感觉时间很短，相反，若要他们等待，就觉得时间很长，说明幼儿对时间的感知带有很大的主观性和情绪性。

(二)表达时间的词汇含糊不精确

曾经有调查发现，幼儿语言中表示时间的词汇出现得既晚又少。幼儿使用的时间词汇，往往不是使用表示确定时间的词汇，而是表示时间顺序和不确定时间阶段的词汇，如“先”“然后”(表示顺序)“有时”“有一天”(不确定时间)等。在使用时间单位的词汇时，也不能确切地理解它们的含义，如他们往往用“昨天”泛指过去，用“明天”泛指将来。

(三)理解时间概念易受生活经验的影响

对于年龄较小的幼儿来说，他们对时间的理解往往与他们的生活事件相联系，如对“早晨”的理解，就会与“起床”“刷牙”等生活事件相联系。越是与他们日常生活联系紧密的时间单位，幼儿越容易掌握。

(四)容易把时间和空间等同起来理解

幼儿在对时间的认知上没有能够将不同速度的运动纳入统一的时空参照系中。对于这一点，皮亚杰通过实验证明，幼儿常把一个物体移动的距离远近与时间的长短混同起来，不会考虑速度。

二、认识时间的目标

(一)小班

初步理解早上、晚上、白天、黑夜的含义，并能正确运用这些时间词汇。

(二)中班

理解昨天、今天、明天的含义，并能正确运用这些时间词汇。

(三)大班

(1)认识钟表，学会看整点与半点。

(2)知道一个星期有 7 天以及这 7 天的名称和顺序，知道昨天、今天、明天分别是星期几。

(3)学会看日历。

三、认识时间的方法

教幼儿认识时间，要注意与幼儿的生活经验相联系，引导幼儿在生活中学习并学会应用。教幼儿认识时间可以用以下方法。

(一)看图谈话

教师提供一些表现出不同时间生活内容的图片，让幼儿观察画面并回答一些与时间有关的问题，从而达到认识时间的目的。运用看图谈话时，所设计的图画要有明确的时间性质，才能正确反映时间，方便幼儿观察理解。

(二)游戏活动

各类游戏也是幼儿认识时间的主要途径之一，可以设计一些需要运用到时间概念的游戏，如“娃娃家”“火车几点开”等，让幼儿在游戏中正确使用时间概念，加深对时间概念的理解。

(三)日常谈话

日常谈话是指教师利用日常生活中与幼儿交谈的机会，引导幼儿学会运用时间概念和教师交流，从而达到帮助幼儿丰富时间概念的目的。日常生活中有大量的谈话机会，如晨间谈话、离园前谈话等。

(四)日常活动

日常活动是指教师安排一些在日常生活中可以经常进行的活动，帮助幼儿认识时间。例如，每天翻日历、撕日历、记录“气象日志”等。

(五)多种方法认识时钟，学会看整点与半点

认识时钟是大班时间概念教学的一个重难点，可以按照以下步骤进行学习。

1. 讨论时钟的用途

可以结合日常生活提出问题，让幼儿讨论时钟在我们生活中有什么作用。

2. 观察钟面的结构

教师运用实物让幼儿观察钟面上有什么？那些数字是怎样排列的？那些针有什么不同？由此认识钟面上的数字和针。

3. 演示讲解时针、分针转动的方向及规律

教师把时针、分针都拨到 12，演示时针、分针都是顺着 1，2，3，…，

12 的方向转动的。提醒幼儿看清分针走得快，时针走得慢，分针走一圈，时针才走一个数字，从而掌握时针、分针转动的方向及规律，并让幼儿知道当分针走一圈，时针只走一个数字，表示过了 1 小时。

4. 演示讲解整点、半点

演示整点时，要强调分针从 12 开始，沿着 1，2，3，…的方向走，又到 12，时针走在数字 1 时，就表示 1 点整。同样的方法演示讲解 2 点整、3 点整等。教师在多次演示讲解整点的基础上，可以总结告诉幼儿：分针在数字 12，时针在几，就是几点整，从而让幼儿掌握规律，认识整点。

演示半点时，强调分针从 12 开始，沿着 1，2，3，…的方向走，走到 6，如果时针处在数字 1 过去半格时，表示 1 点半。同样方法演示 2 点半、3 点半等。教师在多次演示讲解半点的基础上，总结告诉幼儿：分针在数字 6 时，时针在哪个数字过去半格就是几点半，让幼儿掌握规律，认识半点。

5. 操作活动

教师可以分给幼儿每人一只玩具钟，让幼儿开展拨钟点的活动，也可以组织幼儿制作小时钟，通过操作活动巩固幼儿对时钟及钟点的认识。指导幼儿拨钟点时，应注意按照顺时针的方向拨动指针。

第十一课　幼儿园数学教育活动案例及评析

幼儿数学教育这一单元的学习，不但要理解、掌握幼儿数学教育的相关理论，还要积累幼儿园数学活动设计的感性经验，并以此为基础学会设计、组织和评析幼儿园的各种数学活动。本课围绕幼儿数学教育的主要内容，选取有代表性的活动案例及评析，让同学们欣赏和学习，帮助同学们掌握幼儿园数学活动设计的格式要求，拓展同学们的学习内容。

一、小班数学活动：认识上、下、前、后

扫一扫，看视频

小班数学活动：认识上、下、前、后

(一)活动目标

1. 认识以自身为中心的上、下、前、后方位，正确判断身体有关部位或自身与外部事物之间明显的方位关系。

2. 初步学会运用方位词描述物件的位置，感知汉字“上、下、前、后”。

3. 能在理解以自身为中心的方位感之后，简单迁移到以客体为中心的方位感。

4. 体验游戏活动和学数学的快乐。

(二)活动准备

1. 卡片：脸、头发、脚掌等身体部位；汉字“上、下、前、后”。

2. 每人一个自己喜欢的小布偶；环境创设“小猫的家”。

(三)活动过程

1. 以游戏的口吻导入活动，激发幼儿的学习兴趣。

2. 游戏“摸摸这儿、摸摸那儿”，认识自己身体的上、下、前、后部位。

幼儿根据老师的指令摸摸自己身体的上、下、前、后部位。

提问：摸摸自己身体最上面有什么？身体最下面有什么？头部前面有什么？头部后面有什么？(出示方位汉字“上、下、前、后”，了解汉字读音。)

3. 游戏“看看这儿、看看那儿”，找出以自身为中心较近距离内的事物。

幼儿根据老师的指令看看自身周边较近距离内的物体。

提问：抬头看看找找上面有什么？脚下是什么？你的前面是谁？你的后面是谁？

4. 初步体验方位的相对性。

请幼儿变换身体方向，感知不变的事物随着身体方向转变，方位关系也会改变，简单体验方位关系的相对性。

5. 游戏“我跟玩具做游戏”，体验以自身为中心的上、下、前、后方位。

规则：幼儿和老师一起念儿歌“玩具玩具我爱你——”，儿歌念完后根据老师的指令将布偶放到指定位置。

6. 游戏“我跟玩具捉迷藏”，将方位认识迁移至以客体为中心。

(1)游戏“你来说、我来藏”。

规则：幼儿和老师一起念儿歌“老猫睡觉醒不了——”，儿歌念完后根据老师的指令将布偶藏到指定位置，如藏到沙发上、桌子下、窗帘后、客人面前等。

(2)游戏“我来藏、你来找”。

规则：将幼儿分成两组，幼儿和老师一起念儿歌“老猫睡觉醒不了——”，儿歌念完后，一组幼儿去藏玩具，然后另一组幼儿去找玩具。藏的幼儿自己确定位置，找的幼儿找到后，要运用物品的名称和方位词较完整地说出在哪里找到的。

(四)活动延伸

1. 区角活动：操作“看图找物”，根据图和字的要求对应物件方位关系。

2. 生活拓展：日常生活中，请幼儿当小帮手，根据提示拿取物品或收拾玩具材料等。

(该活动案例由汕头市中山幼儿园提供，略做修改)

［评析］

幼儿的空间知觉发展比较晚，空间概念的学习对于小班幼儿来说是比较困难的。本次活动根据幼儿的心理特点，采用幼儿最乐意接受的游戏方式开展活动，以游戏贯穿整个活动，让他们在玩中学，寓教于乐，大大提高了幼儿学习数学的积极性，从而取得了最佳的教育效果，全面地达到了活动目标。

幼儿认识空间方位从认识自己身体的上、下、前、后等部位开始，并且从以自身为中心过渡到以客体为中心，到理解方位的相对性。本活动的活动过程正是按照幼儿的认识规律，由浅入深，层层递进，一步一步地提高幼儿对方位的认识。

另外，幼儿对空间方位的辨别与他们的日常生活有着密切的联系，要结合幼儿的生活经验帮助幼儿获得对空间方位的正确认识。本次活动从活动材料的提供，到活动环境的布置，都给幼儿一种熟悉、亲切的感觉，如用小朋友自己喜欢的小布偶，在“小猫的家”玩游戏，能够大大提高幼儿学习的积极性和主动性，使小朋友学得开心和快乐。

二、中班数学活动：学习7以内数的守恒

扫一扫，看视频

中班数学活动：学习7以内数的守恒

(一)活动目标

1. 能不受物体大小、颜色、排列方式等因素的影响，正确感知7以内数量的多少。

2. 能运用观察、比较的方法判断物体数量的多少。

3. 养成认真、细致的良好的学习习惯。

(二)活动准备

1. 教学挂图三幅：“美丽的蝴蝶”“海洋世界”“图形大集合”。

2. 操作材料“比比谁多谁少”；数字卡片“1～10”，人手各一份。

(三)活动过程

1. 导入活动，激发幼儿的兴趣。

导入语：小朋友看看今天老师带来什么好玩的东西。

2. 通过视觉参与，体验数的守恒。

(1)出示挂图“美丽的蝴蝶”，引导幼儿观察大小、颜色、排列不同的蝴蝶，比比谁多谁少。

提问：猜猜哪种蝴蝶的数量多？为什么？

集体数一数，比较谁多谁少，验证幼儿的猜测。

教师小结：我们比较谁多谁少，可不能因为它们排列得比较紧密，或者队伍长，或者个头大，就说它比较多，一定要仔细地数一数。

(2)出示挂图“海洋世界”，引导幼儿发现大小、颜色、排列不同的“热带鱼”和“泡泡”的数量，比比谁多谁少。

提问：仔细数数“热带鱼”和“泡泡”各是多少？谁多谁少？为什么？

请个别幼儿示范数一数。

教师小结：数数时要按一定的顺序，才不会漏数或者重数，数出来的结果才会更加准确。

(3)出示挂图“图形大集合”，引导幼儿观察大小、颜色、排列不同的圆形和三角形的数量，比比谁多谁少，进一步体验数的守恒。

提问：数数圆形有几个？用哪个数字表示？数数三角形有几个？用哪个数字表示？比较圆形和三角形的数量，谁多谁少？

3. 通过听觉参与，体验数的守恒。

玩游戏“看谁数得快又准”。规则：老师拍手幼儿数(拍手的节奏有快有慢)，比比谁能又快又准地数出所听到的声响次数。

4. 实际操作，体验数的守恒。

提供操作材料“比比谁多谁少”，请幼儿摆出对应的物体数量粘贴在操作卡上。

(四)活动延伸

1. 在数学区，提供“比比谁多谁少”等操作材料，巩固7以内数的守恒。

2. 在自由活动中继续开展游戏“看谁数得快又准”。

(该活动案例由汕头市中山幼儿园提供，略做修改)

[评析]

中班幼儿在判断两组物体数量的多少时，往往依据物体排列的长短、分散或聚拢后所占的空间来判断，而较少能根据数量本身的多少进行判断。本次活动就是根据中班幼儿的这些特点设计的，旨在帮助幼儿学会不受物体大小、颜色、排列形式等因素的影响，正确感知物体的数量。

从活动过程的第二个环节开始，教师通过引导幼儿开展视觉参与、听觉参与、动手操作等一系列活动，调动幼儿的多种感官参与数数，多次体验数的守恒，而且为“视觉干扰体验数的守恒”所设计的三幅图片能很好地体现出从易到难的要求，这样既可以帮助幼儿不受物体大小、颜色、排列形式等因素的影响，正确感知 7 以内数量的多少，又可以使幼儿进一步学会运用科学的点数方法正确判断数量的多少，从而更好地掌握数的守恒。

在活动过程的第四个环节中，教师为幼儿安排了丰富的操作活动，使幼儿在自己的操作体验中获得抽象的数学概念，这样既符合幼儿学习数学的特点，又能更好地提高幼儿的学习兴趣，还能在活动中培养幼儿的动手操作能力。

三、中班数学活动：认识椭圆形

扫一扫，看视频

中班数学活动：认识椭圆形

(一)活动目标

1. 认识椭圆形，知道椭圆形的基本特征。

2. 能区分出椭圆形和圆形的不同点。

3. 能在观察和讨论时大胆地表达自己的看法。

(二)活动准备

1.《熊猫》等幻灯片 3 张。

2. 圆形、三角形、正方形、长方形、椭圆形等几何图形若干。

3. 图形卡人手一份，水彩笔若干。

(三)活动过程

1. 复习学习过的几何图形。

教师出示各种不同颜色、大小的已学几何图形，让幼儿辨认并说出他们的名称。

2. 认识椭圆形。

(1)感知椭圆形。

引导幼儿通过观察和触摸感知椭圆形，认识椭圆形的基本特征。

提问：这是什么图形？它长得什么样子？

(2)比较椭圆形和圆形的不同点。

引导幼儿通过观察、叠放比较圆形和椭圆形，发现它们的不同之处。

提问：椭圆形和圆形有什么不一样的地方？

小结：椭圆形比较长，比较扁。

3. 寻找椭圆形。

(1)播放《熊猫》等幻灯片，让幼儿找寻幻灯片中由椭圆形构成的部分。

提问：小朋友仔细找找，熊猫身上的哪个地方是椭圆形？

(2)播放《海底世界》的幻灯片，让幼儿交流讨论，找出“海底世界”中椭圆形构成的部分。

提问：小朋友仔细找找，海底世界中什么东西是椭圆形的？

教师评价小结。

4. 添画椭圆形。

以椭圆形为基础图形，幼儿发挥想象，将椭圆形添画成其他物体。完成后讲给旁边的小朋友和老师听。

5. 游戏“找一找”。

游戏规则：师生一起念“小孩小孩真爱玩，这找找，那找找，找个××图形走过来。”幼儿找到相应的图形并放在贴有相应标记的筛子里，然后让老师和小朋友一起检查。

游戏循序渐进、由易到难，重复2～3次。

(四)活动延伸

1. 区域活动：在数学区中投放“椭圆形有几个”“添画椭圆形”等操作材料，巩固幼儿对椭圆形的认识。在科学区中投放橡皮筋、钢丝圈的材料，探索圆形变成椭圆形的过程。

2. 生活活动：寻找日常生活中与椭圆形相似的物体，增加幼儿的认识。

(该活动案例由汕头市中山幼儿园提供，略做修改)

[评析]

椭圆形是平面图形中比较复杂的图形，是幼儿在认识了其他平面图形的基础上进行的，本活动通过“比较图形”“找图形”“添画图形”等活动，把新图形的学习和已有知识的复习紧密地结合在一起。

在认识椭圆形的活动过程中，教师按照循序渐进的过程组织幼儿学习，从第一个环节复习学习过的几何图形开始，到第二个环节认识椭圆形的名称和基本特征，再到第三个环节寻找椭圆形，最后到第四个环节添画椭圆形和第五个环节的游戏“找个椭圆形拿过来”，整个过程由浅入深，层层递进，各个环节之间的衔接非常紧凑。其中第三、第四个环节是活动的高潮，特别是“以椭圆形为基础图形，将椭圆形添画成其他物体”，很好地发挥了幼儿的想象力，把幼儿的创作活动引向深入。另外，这个环节还要求幼儿“完成创作后讲给旁边的小朋友和老师们听”，在学习数学的同时，又锻炼了幼儿的语言表达能力，达到了活动目标，促进了幼儿的整体发展。

四、中班数学活动：造房子比高矮

扫一扫，看视频

中班数学活动：造房子比高矮

(一)活动目标

1. 能运用多种材料造房子，并用各种方法比较出房子的高矮。

2. 能将房子按照从矮到高的顺序依次排列。

3. 愿意和同伴愉快地交流合作，并大胆地进行语言表达。

(二)活动准备

1. 各种造房子的材料(如空盒子、牙膏盒、塑料筐、奶粉罐、纸砖、软积木等堆叠起来不容易倒的材料)。

2. 1～6 的数字卡片；6 张垫子；一把长尺。

(三)活动过程

1. 导入活动，激发幼儿参与活动的兴趣。

2. 比比谁最高，学习用并列比较的方法比较高矮。

(1)提问：我们班上这些小朋友中，谁最高？(请幼儿根据自己的经验回答)

(2)请被大家认为是最高的孩子和其他孩子逐一站在一起进行比较，看看他(她)是不是最高的。

(3)小结：原来我们通过站在一起比一比的方法就能够知道谁最高，谁最矮。

3. 操作活动“造房子”，并比较出两个物体的高矮。

(1)幼儿自由组合分成 6 组，6 组幼儿使用不同的材料造房子。

规则：以班上最高的那名幼儿作为造房子的标准，所造的房子要比那名幼儿矮；房子要造在紫色的垫子上；造的房子要牢固，不容易倒。

(2)进行房子的比较和验证，要比班上最高的那名幼儿矮。

提问：有什么办法能够知道造的房子比×××(最高的那名孩子的名字)矮？(请×××站在房子旁边比一比)

验证：请班上最高的那名幼儿逐一站到房子旁边，和 6 幢房子比较，检验房子是否符合标准。(比最高的那名幼儿矮)

4. 在比较的基础上，把 6 幢房子按照从矮到高的顺序进行排列。

提问：

(1)看看哪一幢房子可能排在第一个？(请房子的主人将自己的房子移到指定的位置)

(2)比这幢房子高一点的是哪一幢房子呢？

(3)这两幢房子离得有点儿远，到底哪一幢房子更高呢？除了用眼睛看，还有什么更好的办法来比一比吗？

小结：看上去差不多高矮的房子，眼睛看可能会出错，一定要放在一起比一比。

5. 给房子装上门牌号码，体验数字的序列。

教师提出任务：现在我们已经把房子按照从矮到高排好了队，不过它们都没有门牌号码。我这里有数字1～6，我们来给它们装上门牌号码吧。

规则：最小的门牌号码是给最矮的房子的；数字必须是连着的。

请幼儿将数字卡片放到相应的房子前，给自己的房子装上门牌号码。

(四)活动延伸

1. 户外开展体育活动时，请幼儿自己按照高矮排队。

2. 建构游戏中，比比谁搭建的建筑物高。

(该活动案例由汕头市中山幼儿园提供，略做修改)

[评析]

量的比较和量的排序是认识量的教学中比较重要的内容。本活动通过“造房子”“比房子”“排列房子”等活动，帮助幼儿学会了用各种方法比较房子的高矮并进行排序，把量的比较和量的排序活动紧密地结合在一起，全面地实现了活动目标。

教育部颁发的《指南》在使用说明里特别提出：幼儿的学习是以直接经验为基础，在游戏和操作活动中进行的。要理解幼儿的学习方式和特点，珍惜游戏和操作活动的独特价值，创设丰富的活动环境，最大限度地支持和满足幼儿通过直接感知、实际操作和亲身体验获取经验的需要，严禁“揠苗助长”式的超前教育和强化训练，真正做到“课程游戏化”。本次活动以游戏化的操作活动贯穿始终，从两个两个比较，到多个物体比较，再到排列房子和给房子装上门牌号码，每项活动都是由幼儿亲自动手参与操作，幼儿在活动过程中表现得非常专注和积极，真正体验到了操作活动和学数学的快乐。

五、大班数学活动：学习5的加法

扫一扫，看视频

大班数学活动：学习5的加法

(一)活动目标

1. 学会看情境图列出得数是 5 的加法算式，并用简明的语言表达算式所表示的意思。

2. 能理解并掌握加法交换律，提高观察、分析、综合和推理能力。

3. 通过购物活动增强对加法运算的学习兴趣，体验数学与生活的密切关系。

(二)活动准备

1. 情境图两幅，5 的加法算式若干；幼儿人手一套数字、符号卡片。

2. 布置“文具小超市”场景(所需物品：铅笔、橡皮擦、尺子等)；5 元面值的购物卡若干。

(三)活动过程

1. 玩“碰球”游戏，复习 5 的组成。

2. 看情境图列加法算式。

(1)出示图一，尝试列出得数是 5 的加法算式。

幼儿根据教师的演示尝试列出一道得数是 5 的加法算式，并讲出算式表示的意思。

(2)出示图二，列出得数是 5 的全部加法算式。

①发现不同点 A，集体列算式。

幼儿根据不同点 A，口述得数是 5 的加法算式。

②发现不同点 B，尝试摆算式。

幼儿根据不同点 B，尝试用卡片摆得数是 5 的加法算式。

③发现其他不同点，自由摆算式。

幼儿选择一种其他的不同点，摆得数是 5 的加法算式并讲出算式所表示的意思。

3. 比较算式，归纳加法交换律。

(1)引导幼儿观察 $1+4=5$ 和 $4+1=5$ 这两道算式的异同，尝试寻找规律。

提问：这两道算式有什么不一样？哪个地方一样？哪个地方不一样？

(2)教师归纳规律：两个加数是相同的，它们互相交换了位置，得数是不会变的。

(3)根据规律进行推理。

提问：如果看到算式 $2+3=5$，马上会想到另外一道什么算式？

4. 游戏“文具小超市”，学习在生活中运用 5 的加法运算。

游戏规则：每个幼儿用 5 块钱去小超市买两样文具，购物后和同伴相互交流，买了哪两样文具？分别是多少钱？一共用了多少钱？然后用一道加法算式记录下来。

(四)活动延伸

1. 区角活动：在数学区中，提供“看点子图列算式”“看图口编应用题”等操作材料，鼓励幼儿进行 5 以内数的运算练习。

2. 家园共育：带领幼儿到超市购物时，鼓励幼儿计算购买商品所需的钱，给幼儿实践机会。

(该活动案例由汕头市中山幼儿园提供，略做修改)

［评析］

加减法是大班数学教育中非常重要而又难度较大的内容，本次活动通过生动形象的情境图片引导幼儿看图列式，进而在感性认识的基础上发现规律，又借助自然有趣的逛“文具小超市”活动帮助幼儿巩固知识和运用知识，以能全面地达到这次活动的目标。

该活动从复习 5 的组成入手，把数的组成和加减法这两项大班的重要内容有机地联系起来。接着，进入这节课的重点环节：看情境图列算式。在这个环节中，教师从图一到图二，从教师的演示到集体列算式再到幼儿独立列式，步骤清楚，要求不断提高，最终引导幼儿学会根据图中物体的不同点从多个角度列式运算，一图多用，幼儿能从中获得 5 的所有加法算式。在第三个环节中，根据幼儿的感性经验，教师及时引导幼儿发现规律，又运用规律进行推理。最后，再通过有趣的逛“文具小超市”活动帮助幼儿巩固这节课的知识，并学会运用所学知识解决实际问题。总之，整个活动过程重点突出，难点分散，层次鲜明。

六、大班数学活动：量一量，比一比(容量守恒)

扫一扫，看视频

大班数学活动：量一量，比一比(容量守恒)(上)

大班数学活动：量一量，比一比(容量守恒)(下)

(一)活动目标

1. 初步感知容量守恒，对量的守恒现象感兴趣。
2. 学会用测量的方法比较物体容量的多少。
3. 能积极参与讨论交流，体验实验操作的快乐。

(二)活动准备

粗细不同的塑料杯两个(内盛一样多的沙子)、盒子 6 个(内可放沙子)、轻黏土空杯 8 个、小勺和小托盘若干、粗细相等的瓶子 6 个、小果冻杯 6 个、每小组粗细不等的瓶子 5 个(其中两个一样粗细)、量杯两个。

(三)活动过程

1. 练习用数数的方法比较数量的多少。

提问：桌子上有什么？(6 个瓶子和 6 个果冻杯子)瓶子与杯子比较，哪个多哪个

少？(一样多)你们是怎么知道的？(数一数)

教师小结：我们平时经常用数数的方法来比较多少。

2. 演示用量的方法比较沙子的多少。

(1)出示两个粗细不同的盛有沙子的塑料瓶，比较沙子的多少。

提问：瓶子里装的是什么？(沙子)哪个瓶子装的沙子比较多？哪个瓶子装的沙子比较少？为什么？你是怎么知道的？

教师小结：可以用量的方法来比较瓶子里沙子的多少。

(2)请两位幼儿上来测量沙子的多少。

引导幼儿比较两个轻黏土空杯的大小，然后用这两个同样大小的杯子来量沙子(每次要量满，与杯口平，可以用手抹一下)。

教师小结：两个瓶子里的沙子看上去有高有低，但实际上沙子是一样多的(都是两杯)。

3. 幼儿进行实验操作，理解量的守恒。

(1)操作比较。

每人舀两杯满的沙子倒入自己的空瓶里，然后与同组的幼儿进行比较。

提问：你的瓶子里装的沙子跟小朋友瓶子里装的沙子一样多吗？为什么？(不一样多，因为有高有低；一样多，因为一样高低；一样多，因为每个瓶子里都舀了两杯沙子)

教师小结：粗细一样的瓶子里舀入两杯沙子后，沙子的高低一样，是一样多的；粗细不一样的瓶子内舀入两杯沙子后，沙子的高低不一样，但也是一样多的，因为都是舀了两杯。

(2)排序活动一。

引导幼儿根据高低不同或粗细不同来排列空瓶子。

(3)排序活动二。

每人在瓶子里舀入 3 杯满的沙子，再把瓶子按粗细排列好。

(4)初步理解量的守恒。

提问：看看排列好的瓶子，你发现了什么？(瓶里的沙子有高低)我们都舀入 3 杯沙子，每个瓶子里装的沙子是一样多的，为什么会有高低呢？(因为瓶子有粗有细)哪个瓶子里的沙子最高？哪个瓶子里的沙子最低？(最细的瓶子里的沙子最高，最粗的瓶子里的沙子最低)

教师小结：一样多的东西舀入粗细不一样的一组瓶子里，看上去是有高有低的，其实它们是一样多的，因为都是舀了 3 杯。

4. 知识拓展，了解量杯。

刚才我们用轻黏土的空杯当量杯，用量一量的方法比较了沙子的多少。我们的工人叔叔发明了一种专门用来量东西的杯子，叫作量杯，它上面有刻度，可以用来量水、沙或米等一些不能数的东西的多少，小朋友长大后会用到它的。

(四)活动延伸

1. 将粗细不同的瓶子、杯子和大小不一的量杯投放到数学区中，让孩子们继续探索测量的方法并巩固容量守恒的概念。

2. 鼓励孩子们在家中观察妈妈量米、量水煮饭、热牛奶……思考在日常生活中遇到的有关量的守恒的例子：如果同样一个热水瓶的水倒入脸盆或浴缸内，看上去脸盆里的水多，其实是一样多的；一瓶牛奶倒入锅中，看上去似乎少了，其实还是一瓶牛奶。引导幼儿将获得的经验和概念迁移到生活中的其他问题解决中。

（该活动案例由汕头市中山幼儿园提供，略做修改）

[评析]

学前儿童学习数学，是从“数动作”发展到“数概念”的。对于比较抽象的数学知识，需要给予幼儿充分的操作和摆弄的机会，把数学教育变成幼儿自己主动活动的过程，让幼儿在自己的操作和探索中去发现数学关系，获取数学经验。“容量守恒”对于大班的幼儿依然是一项比较抽象的数学内容。本次活动以幼儿自己的操作活动为主，非常适合幼儿学习数学的心理特点，能很好地调动幼儿参与活动的积极性，有效地达到活动目标。

测量是在认识量的教学中操作性比较强的一项内容。该活动以“量一量比较沙子的多少”为主线，活动中，教师通过先请两位幼儿上来演示测量沙子的多少，帮助幼儿初步掌握测量沙子的基本方法。到了第三个环节，教师提供给每个幼儿大量的操作机会，帮助幼儿学会独立测量，独立排序。通过自己的操作体验，初步理解容量的守恒。

在整个活动过程中，教师非常注意幼儿操作技能的培养，也十分重视幼儿之间的交流，还在认识量的教学中渗透数数活动和排序活动。其中，活动性原则和整合性原则在这个活动中得到了很好的体现。

第十二课　幼儿园数学教育活动实践训练

幼儿数学教育这一单元的学习，既要掌握幼儿数学教育的基本理论，又要具备评析、设计和组织幼儿园数学教育活动的能力。幼儿数学教育包括集合、数概念、数运算、量、形、时间、空间七个部分的内容，每个内容的学习都有相应的学习目标和学习方法，需要理解、掌握并运用于实际教学中。根据本单元的内容特点，本课安排了由浅入深三个层次的实训活动。实训目的是：通过观摩与评析幼儿园数学活动案例，初步理解幼儿园数学活动设计的基本要求，提高分析问题和解决问题的能力；通过设计与组织数学活动片段，掌握幼儿园数学活动设计和组织的重难点；再通过设计与组织完整的数学教育活动，熟练掌握幼儿园数学活动的设计和指导技能，全面提升实践能力。

项目一　观摩与评析幼儿园数学活动

(一)实训目标

1. 初步掌握幼儿园数学活动设计的基本要求。

2. 初步学会评析幼儿园数学活动，提高分析问题和解决问题的能力。

(二)内容与要求

1. 阅读数学活动方案。

在学习幼儿数学教育每个内容的目标和方法时，认真阅读教师提供的活动方案(每个内容阅读1～2个活动方案)，并结合所学理论，分析方案设计中的优点和不足，并尝试提出改进意见。

2. 观摩数学活动实况。

(1)校内观摩。

认真观看幼儿园数学活动的实况录像，重点观察教师在活动过程中所运用的教学方法方式，然后分小组讨论活动的优点和不足，并提出改进意见。

(2)校外观摩。

到幼儿园观摩小、中、大班的数学活动，记录活动的全过程，重点观察教师在活动过程中所运用的教学方法方式，然后分小组讨论活动的设计和组织是否符合要求，并提出修改意见。

项目二　设计与组织数学活动片段

(一)实训目标

1. 学会根据所提供的数学内容设计与组织相应的活动片段。

2. 掌握幼儿园数学活动设计和组织的重难点。

(二)内容与要求

1. 设计活动目标。

每位同学从下述内容中任选一个，独立设计出活动目标并表述出来，全班同学进行评析，教师再进行评价和总结。

(1)小班数学活动：学习4以内数数、认识正方形、学习按形状分类。

(2)中班数学活动：学习5以内基数、比较粗细、学习按规律排序。

(3)大班数学活动：认识长方体、学习二等分、学习5的加法。

2. 设计与组织活动片段。

(1)围绕下列内容尝试设计相应的游戏活动并介绍给大家听，或者进行试教。

①练习分类和排序。

②运用各种感官计数。

③练习倒数和接数。

④复习相邻数。

⑤复习数的组成。

⑥练习列式运算。

⑦练习自编口述应用题。

(2)围绕下列内容尝试设计相应的操作活动并介绍给大家听，或者进行试教。

①练习分类和排序。

②练习按物取数、按数取物、按物取物。

③练习倒数和接数。

④复习相邻数。

⑤复习数的组成。

⑥练习列式运算。

⑦复习几何形体。

(3)围绕下列内容尝试设计相应的演示活动并介绍给大家听，或者进行试教。

①演示序数。

②演示顺数和倒数。

③演示相邻数。

④演示加减法的含义和加减算式。

⑤演示二等分。

⑥演示整点和半点。

项目三　设计与组织完整的数学活动

(一)实训目标

1. 学会根据所提供的数学内容设计与组织完整的数学活动。

2. 熟练掌握幼儿园数学活动的设计和指导技能。

(二)内容与要求

1. 设计完整的数学活动方案。

每位同学从下述内容中任选一个，独立设计出完整的数学活动方案。(具体包括课题名称、活动目标、活动准备、活动过程、活动延伸)

(1)小班数学活动：学习3以内数数、认识三角形。

(2)中班数学活动：认识序数、比较高矮、认识椭圆形。

(3)大班数学活动：认识4的相邻数、学习5的组成、学习5以内加减法。

2. 说活动方案。

每位同学在组内进行说课，交流活动方案，每组推选出最佳的活动方案。

3. 尝试组织数学活动。

(1)校内试教。

每组派一位同学把推选出的最佳的活动方案在实训室进行试教，全班同学进行观摩和评析，最后教师再进行评价和总结。

(2)校外执教。

把各组试教的活动方案修改后，到幼儿园进行实习教学，并写出活动反思。

思考与练习

1. 幼儿数学教育有什么意义？
2. 幼儿学习数学表现出什么特点？对幼儿数学教育有什么启示？
3. 幼儿数学教育要遵循哪些指导原则？
4. 幼儿数学教育的总目标是什么？
5. 幼儿数学教育的途径有哪些？
6. 幼儿数学教育常用的方法有哪些？如何运用操作法？
7. 幼儿集合概念的发展过程经历了哪几个阶段？
8. 幼儿计数能力的发展过程经历了哪几个阶段？
9. 怎样理解幼儿数概念形成的三个标志？
10. 幼儿加减运算能力的发展过程经历了哪几种运算水平？
11. 幼儿认识几何形体表现出哪些特点？
12. 幼儿空间概念的发展有什么特点？

学习反思

____

____

____

____

第六单元
幼儿语言教育

学习目标

知识目标

1. 了解幼儿学习语言的特点，理解幼儿语言教育的意义和指导原则。

2. 掌握幼儿语言教育的目标、内容、途径和方法。

2. 掌握幼儿园各种类型语言教育活动的特点、设计和组织的一般策略。

能力目标

1. 学会评析语言活动方案和所观摩的语言活动，发现优点和存在问题并提出改进意见。

2. 学会独立设计和组织幼儿园各种类型的语言活动(包括谈话活动、讲述活动、文学活动、听说游戏活动、早期阅读活动等)。

3. 能够对自己设计的活动方案进行说课。

素养目标

1. 有自主学习意识，加强自身语言训练，形成良好的语言素养，具有文明的语言习惯。

2. 主动深入研究幼儿园的语言教育活动，关注当前幼儿园语言教育的现状和问题，探讨幼儿园语言教育改革趋势。

3. 热爱幼儿，热爱幼教事业，有新时代幼儿教师的高度责任感。

幼儿语言教育是“幼儿园教育活动设计与指导”课程的组成部分，主要研究幼儿语言发展及其教育，是幼儿教育工作者应该掌握的教学法课程内容。通过本单元的学习，探索幼儿语言学习中的特点，揭示其中所蕴含的规律，从而帮助同学们运用这些规律对幼儿实施有效的语言教育，促进幼儿语言能力的提高。

第一课　幼儿语言教育概述

语言在人类生活中必不可少，人类的交际交往离不开语言，人类对世界的认识也离不开语言。《纲要》中明确地指出语言是幼儿园五大领域之一，幼儿语言教育不仅可以促进幼儿的语言发展，而且对幼儿的身心健康、全面发展也具有积极的影响。相关研究表明，幼儿学习语言有自己的特点。作为幼儿教育工作者，我们必须了解幼儿语言发展的规律，根据幼儿语言学习的特点，遵循一定的教育原则，才能更好地促进幼儿语言的发展。

一、幼儿语言教育的意义

(一)促进幼儿的语言发展

语言教育最直接的作用就是促进幼儿的语言发展。幼儿期是语言发展的关键期，错过了关键期的教育，就会影响到幼儿以后的语言发展水平。实践表明，在正确的语言教育下，幼儿的听说能力即口语能力能得到显著提高，读写能力即书面语能力也能有所发展。因此，幼儿语言教育在家庭和幼儿园教育中处于举足轻重的位置，其成果对人一生的发展也有着重要的影响。

(二)促进幼儿的认知发展

语言是幼儿接受教育的工具。幼儿最初是通过直接感知来认识周围事物的，所以小时候他们的认识范围很小。但是，当他们学会理解语言以后，成人就可以借助语言间接地教他们认识各种事物，这样他们的认识范围就扩大了，视野也就开阔了。

语言还是一种符号。它能够用来记录故事、诗歌等的语言材料。这些语言材料里面包含许多知识性的内容，幼儿学语言的同时也掌握了这些知识。

语言还是思维的基础。幼儿学习语言，可以运用语言进行复杂的思维活动，如判断、分析、综合、概括等。幼儿创编故事和诗歌就是借助语言来构思的。

(三)促进幼儿的社会性发展

语言是一种交际工具。掌握语言，能帮助幼儿更好地与他人进行交流。幼儿能够运用语言表达自己的内心情感和需要，使他人及时注意并了解自己，便于双方更好地交流，从而提高幼儿的社会交往能力。

语言是幼儿接受教育的工具。通过理解语言，幼儿能理解和接受他人的要求，按照他人的要求行动，从而学到良好的社会行为。

语言是一种符号。幼儿学语言时所接触的语言材料，既包含知识性内容，也包含许多思想性内容。幼儿能够从这些作品中懂得什么是真善美，应该学习；什么是假恶丑，应该批评，从而获得良好的社会行为规范。

二、幼儿学习语言的特点

(一)在主动模仿中学习语言

幼儿是靠模仿学习语言的，只要幼儿有兴趣和需要，这种模仿随时随地都在进行，其模仿的对象有很多，包括父母、老师、同伴、影视人物等，他们模仿最多的一般是身边最接近的成人或同伴的语言。值得注意的是，幼儿还没有分辨对错好坏的能力，他是根据自己的理解，按照自己的喜爱去选择对象进行模仿的，他们喜欢谁就去模仿谁。

(二)在交往活动中练习语言

语言是一种交际工具。幼儿习得语言后，只有在与他人的交往交流中广泛地运用语言，他的语言才能得以较快发展。幼儿学习语言的过程往往和幼儿的交往活动密切联系，幼儿在各种交往活动中学习语言、运用语言，积累了丰富的语言知识和听说经验，提高了语言表达能力。

(三)在逐步积累中发展语言

幼儿学习语言需要一个循序渐进、逐步积累的过程，从无到有，从不理解到部分理解再到完全理解，积少成多，逐步提高。例如，教师向幼儿呈现一个新词，幼儿往往需要经过一段时间才能理解这个词的确切含义；教师向幼儿介绍一篇文学作品，幼儿需要多听几遍才能领会这篇作品的主要意思。

(四)语言学习存在着个体差异

幼儿学习语言的过程表现出个体差异。不同幼儿在语言学习的速度、效果等方面表现出不同特点，在运用语言进行交际的积极性方面也会表现出不同。

三、幼儿语言教育的指导原则

(一)重视幼儿完整的语言教育

所谓完整的语言就是在幼儿语言发展中，既强调口头语言的学习，又强调书面语言的准备，要做到听、说、读、写综合训练。过去人们常常认为幼儿早期主要以发展口头语言为主，而传统的语言教育只强调幼儿听说能力的培养，所以要树立完整的语言观念。

（二）为幼儿提供良好的语言范例

幼儿是通过模仿学习语言的，幼儿模仿对象有很多，所以要发挥多种榜样的作用。对幼儿来说，教师和家长的语言是他们模仿学习的主要来源，尤其是教师，所以教师的语言表达要做到：坚持说普通话；语言要规范；讲话要文明。

除了自身的榜样作用，教师还可以为幼儿树立同伴榜样，鼓励幼儿互相学习彼此良好的语言行为。另外，还可以通过提供普通话音像资料等方式，为幼儿提供良好的语言范例。

（三）给幼儿创设言语交往的机会

语言是一种交际工具，人们只有在运用语言的行为中才能掌握这种工具，所以教师必须为幼儿创造充分的语言交往机会，鼓励幼儿与周围人进行言语交际，使他们在积极主动的言语交往中学习和巩固语言。教师除了自己要与幼儿进行平等的言语交往外，还要鼓励幼儿之间展开广泛的言语交往。

（四）照顾幼儿语言的个体差异

幼儿的语言发展存在着个体差异，教师要仔细观察幼儿的语言发展状况，并根据不同幼儿的语言发展需要和特点施以针对性的指导，才能促使每一位幼儿在原有的语言发展水平上有所进步。

第二课　幼儿语言教育的目标和内容

幼儿语言教育的目标是幼儿教育总目标的重要组成部分，是我们实施语言教育的方向和准则。有了明确的目标，我们才能有的放矢地选择适合幼儿学习的内容，采用适当的组织活动方式，并能恰当地评价语言教育的效果。幼儿语言教育内容是幼儿学习语言、获得语言经验的载体，是实现幼儿语言教育目标的重要保证，也是教师向幼儿进行语言教育的主要依据。了解幼儿语言教育内容，才能使幼儿语言教育更具有针对性。

一、幼儿语言教育的目标

幼儿语言教育的目标是根据幼儿语言发展规律、现代社会需求和语言学科特点三个依据制定出来的。幼儿语言教育的目标可以分解为总目标、年龄阶段目标和活动目标三个不同的层次。

（一）幼儿语言教育的总目标

幼儿语言教育的总目标，是幼儿语言教育所期望的最终结果，是幼儿语言教育总的任务要求。根据 2001 年 7 月教育部颁布的《纲要》要求，幼儿语言教育总目标的具体内容包括：

(1)乐观与人交谈，讲话礼貌。

(2)注意倾听对方讲话，能理解日常用语。

(3)能清楚地说出自己想说的事。

(4)喜欢听故事、看图书。

(5)能听懂和会说普通话。

（二）幼儿语言教育的年龄阶段目标

幼儿语言教育的年龄阶段目标是总目标在各年龄阶段上的具体体现，也就是对小、中、大班幼儿语言发展提出的具体要求。幼儿语言教育主要通过谈话活动、讲述活动、听说游戏活动、文学活动、早期阅读活动等活动类型来实现教育目标。因此，下述的年龄阶段目标是根据语言教育活动的不同类型，将幼儿语言教育的目标分解到每一个年龄阶段中，如表 6-1 至表 6-3 所示。

表 6-1　小班语言教育的目标

谈话活动	1. 学会安静地听同伴说话，不随便插嘴。 2. 喜欢与同伴交谈，愿意在集体面前讲话。 3. 能听懂并愿意说普通话。 4. 在教师的引导下，能够围绕主题谈话，能用短句表达自己的意思。 5. 初步学会常见的交往语言和礼貌用语。
讲述活动	1. 能有兴趣地运用各种感官，按照要求去感知讲述内容。 2. 理解内容简单、特征鲜明的实物、图片和情境。 3. 愿意在集体面前讲述。 4. 能正确地说出讲述内容的主要特征或主要事件。 5. 能安静地听教师和同伴讲述，并用眼睛注视着讲述者。
听说游戏	1. 乐于参加游戏活动，在游戏中大胆地说话。 2. 发准某些难发的音，初步掌握方位词及人称代词，学会正确运用动词。 3. 学会按照游戏规则运用简单句说话。 4. 养成在集体活动中倾听别人讲话的习惯，能听懂并理解简单的游戏规则。

续表

文学活动	1. 喜欢欣赏文学作品，愿意参加文学活动，对文学作品的语言感兴趣。 2. 能初步感受文学作品的语言美，知道故事、诗歌和散文是不同体裁的文学作品。 3. 初步理解文学作品的情节内容或画面情境，能用语言、动作、表情等方式表达自己对文学作品的理解。 4. 学会在文学作品原有的基础上扩充想象，仿编诗歌、散文中的一句或续编故事结尾。
早期阅读	1. 喜欢看书，知道看书的基本方法，能初步看懂单幅儿童图画书的主要内容。 2. 能用口头语言将儿童图画书的主要内容说出来，开始感受语言和其他符号的转换关系。 3. 对文字感兴趣，能在成人的启发下认读最简单的文字。 4. 能以描画图形的方式练习基本笔画。

表 6-2　中班语言教育的目标

谈话活动	1. 能集中注意力，耐心地倾听别人说话，不打断别人的话。 2. 乐意与同伴交流，能大方地在集体面前说话。 3. 能说普通话，能较连贯地表达自己的意思。 4. 学会围绕一定的话题谈话，不跑题。 5. 学会用轮流的方式谈话，不抢着讲，不乱插嘴。 6. 进一步学会交往语言，提高语言交往能力。
讲述活动	1. 养成先仔细观察，后表达讲述的习惯。 2. 初步学会理解图片和情境中展示的事件顺序。 3. 能主动地在集体面前讲述，声音响亮，句式完整。 4. 学会按照一定的顺序讲述实物、图片和情境的内容。 5. 能积极地倾听别人的讲述内容，发现异同，并从中学到好的讲述方法。
听说游戏	1. 能在游戏中巩固练习发音，正确运用代词、方位词、副词、动词、连词和介词等。 2. 能说简单而完整的合成句。 3. 能听懂并理解多重游戏规则。 4. 学会比较迅速地领悟游戏中的语言规则，并能及时做出相应的反应。
文学活动	1. 喜欢不同形式的文学作品，主动积极地参加文学活动。 2. 知道文学语言与日常生活语言的不同，进一步感受文学作品的语言美。 3. 学会理解文学作品的人物形象，感受作品的情感基调，能运用较恰当的语言、动作、绘画形式表现自己对作品的理解。 4. 能根据文学作品提供的线索扩展想象，仿编或续编一个情节或一个画面。
早期阅读活动	1. 能仔细观察图画书中画面的人物情节，看懂单页多幅的儿童图画书的内容，初步获得预知故事情节发展和结局的能力。 2. 知道图书的构成，有兴趣模仿制作图画书，懂得爱护图书。 3. 初步了解汉字的由来和简单的汉字认读规律，并有探索汉字的愿望。 4. 喜欢描画图形，能用有趣的方式练习汉字的基本笔画。

表 6-3　大班语言教育的目标

谈话活动	1. 能主动、积极、专注地倾听别人谈话，迅速掌握别人谈话的主要内容，并从中获取有用的信息。 2. 能主动地用普通话与同伴交流，态度自然大方。 3. 能围绕话题谈话，会用轮流的方式交谈，并能用恰当的语言表达自己的情感，与同伴分享感受。 4. 初步学会用修补的方式延续谈话，进一步提高语言交往水平。
讲述活动	1. 能理解图片、情境中蕴含的主要人物关系和思想感情倾向。 2. 能有重点地讲述实物、图片和情境，突出讲述的中心内容。 3. 在集体面前讲话时态度自然大方，能根据场合的需要调节自己讲话的音量和语速。 4. 讲话时语言表达完整连贯，用词用句比较准确。
听说游戏	1. 学会在游戏中正确运用反义词、量词和连词等，并能说完整的复合句。 2. 养成积极倾听的习惯，能迅速把握和理解游戏中较复杂的多重指令。 3. 不断提高倾听的精确度，能准确掌握和传递有细微差别的信息。 4. 能在游戏中按照规则调动个人已有语言的经验编码，进行迅速的语言表达。
文学活动	1. 乐意欣赏不同体裁、不同风格的文学作品，在文学活动中积累文学语言并尝试在适当场合运用。 2. 在理解文学作品人物、情节或画面情景的基础上，学会理解作品的主题或感受作品的情感脉络。 3. 初步感知到文学作品语言和结构的艺术表现特点，开始接触到文学作品的艺术语言构成方式。 4. 能根据文学作品提供的想象线索，联系个人已有的经验扩展想象，并创造性地进行表述。
早期阅读	1. 能与同伴合作制作图画书，进一步了解图画书的构成。 2. 知道图画书中画面与文字的对应关系，开始有兴趣阅读图画书中简单的文字。 3. 积极认读常见的汉字，进一步了解汉字的认读规律，提高观察模拟的能力，并注意在生活中运用已获得的书面语言。 4. 掌握书写的正确姿势，在有趣的图形练习中做好写字的准备。

(三)幼儿语言教育的活动目标

幼儿语言教育的活动目标，即在某一具体的语言教育活动中要达到的目标。活动目标可以是一次活动要完成的任务，也可以是一组相近的活动或一个主题系列活动的目标。确定具体活动目标不仅要和语言教育的总目标、年龄阶段目标相吻合，而且要根据语言教育活动的不同类型，充分考虑幼儿的年龄特点及语言水平。在确立活动目标时，活动目标大多是从幼儿获取哪些语言知识能力这一角度提出的，同时也应结合幼儿情感、态度、社会性行为等的发展提出相关目标，以促进幼儿的全面和谐发展。

延伸阅读

《指南》关于语言教育的目标

（一）倾听与表达

目标1　认真听并能听懂常用语言

3～4岁	4～5岁	5～6岁
1. 别人对自己说话时能注意听并做出回应。 2. 能听懂日常会话。	1. 在群体中能有意识地听与自己有关的信息。 2. 能结合情境感受到不同语气、语调所表达的不同意思。 3. 方言地区和少数民族幼儿能基本听懂普通话。	1. 在集体中能注意听老师或其他人讲话。 2. 听不懂或有疑问时能主动提问。 3. 能结合情境理解一些表示因果、假设等相对复杂的句子。

目标2　愿意讲话并能清楚地表达

3～4岁	4～5岁	5～6岁
1. 愿意在熟悉的人面前说话，能大方地与人打招呼。 2. 基本会说本民族或本地区的语言。 3. 愿意表达自己的需要和想法，必要时能配以手势动作。 4. 能口齿清楚地说儿歌、童谣或复述简短的故事。	1. 愿意与他人交谈，喜欢谈论自己感兴趣的话题。 2. 会说本民族或本地区的语言，基本会说普通话。少数民族聚居地区幼儿会用普通话进行日常会话。 3. 能基本完整地讲述自己的所见所闻和经历的事情。 4. 讲述比较连贯。	1. 愿意与他人讨论问题，敢在众人面前说话。 2. 会说本民族或本地区的语言和普通话，发音正确清晰。少数民族聚居地区幼儿基本会说普通话。 3. 能有序、连贯、清楚地讲述一件事情。 4. 讲述时能使用常见的形容词、同义词等，语言比较生动。

目标3　具有文明的语言习惯

3～4岁	4～5岁	5～6岁
1. 与别人讲话时知道眼睛要看着对方。 2. 说话自然，声音大小适中。 3. 能在成人的提醒下使用恰当的礼貌用语。	1. 别人对自己讲话时能回应。 2. 能根据场合调节自己说话声音的大小。 3. 能主动使用礼貌用语，不说脏话、粗话。	1. 别人讲话时能积极主动地回应。 2. 能根据谈话对象和需要，调整说话的语气。 3. 懂得按次序轮流讲话，不随意打断别人。 4. 能依据所处情境使用恰当的语言。例如，在别人难过时会用恰当的语言表示安慰。

（二）阅读与书写准备

目标1　喜欢听故事，看图书

3～4岁	4～5岁	5～6岁
1. 主动要求成人讲故事、读图书。 2. 喜欢跟读韵律感强的儿歌、童谣。 3. 爱护图书，不乱撕、乱扔。	1. 反复看自己喜欢的图书。 2. 喜欢把听过的故事或看过的图书讲给别人听。 3. 对生活中常见的标识、符号感兴趣，知道它们表示一定的意义。	1. 专注地阅读图书。 2. 喜欢与他人一起谈论图书和故事的有关内容。 3. 对图书和生活情境中的文字符号感兴趣，知道文字表示一定的意义。

目标 2　具有初步的阅读理解能力

3～4 岁	4～5 岁	5～6 岁
1. 能听懂短小的儿歌或故事。 2. 会看画面，能根据画面说出图中有什么，发生了什么事等。 3. 能理解图书上的文字是和画面对应的，是用来表达画面意义的。	1. 能大体讲出所听故事的主要内容。 2. 能根据连续画面提供的信息，大致说出故事的情节。 3. 能随着作品的展开产生喜悦、担忧等相应的情绪反应，体会作品所表达的情绪情感。	1. 能说出所阅读的幼儿文学作品的主要内容。 2. 能根据故事的部分情节或图书画面的线索猜想故事情节的发展，或续编、创编故事。 3. 对看过的图书、听过的故事能说出自己的看法。 4. 能初步感受文学语言的美。

目标 3　具有书面表达的愿望和初步技能

3～4 岁	4～5 岁	5～6 岁
1. 喜欢用涂涂画画表达一定的意思。	1. 愿意用图画和符号表达自己的愿望和想法。 2. 在成人提醒下，写写画画时姿势正确。	1. 愿意用图画和符号表现事物或故事。 2. 会正确书写自己的名字。 3. 写画时姿势正确。

二、幼儿语言教育的内容

幼儿语言教育的内容主要包括以下四个部分。

（一）普通话教育

推广普通话是我国的语言政策之一，幼儿期又是进行普通话教育的关键期，因此，普通话是幼儿语言学习的重要内容。其具体内容包括按照普通话的语音规范正确发音、积累各类词汇、按照普通话的表达方式说话等。

（二）口语训练

幼儿口语训练的内容可以分为对话训练和独白训练两部分。对话训练主要通过日常会话、谈话活动等各种谈话活动进行训练。独白训练主要通过看图讲述、实物讲述、情境讲述等各种讲述活动进行训练。

（三）文学作品教育

幼儿很喜欢各种文学作品，所以文学作品教育一直是幼儿语言教育的一项重要内容。文学作品教育对于幼儿身心发展的促进作用是全方位的，教师要从多个角度挖掘其教育功能，充分发挥文学作品的教育作用。

（四）早期读写教育

幼儿的早期读写教育不同于一般意义上的书面语读写教育，它主要为幼儿提供一些书面语读写的早期经验，为进入小学正式学习书面语言做准备。这些早期读写经验具体包括阅读图书经验、识字准备、书写准备等。

第三课　幼儿语言教育的途径和方法

幼儿语言教育的途径，是指实施语言教育采取的活动方式。幼儿语言教育的方法是为了引导幼儿学习语言并获得基本的语言知识、能力和情感态度而使用的方法，是教师教、幼儿学的方法。掌握幼儿语言教育的途径和方法，才能更加有效地开展语言教育活动。

一、幼儿语言教育的途径

幼儿生活中各种各样的活动均是对幼儿进行语言教育的有效途径。幼儿语言教育的途径主要包括：正式的语言教学活动，日常生活中、游戏活动中、其他领域活动中的语言教育。

(一)正式的语言教学活动

正式的语言教学活动是指教师根据幼儿语言教育的目标，为幼儿提供一种比较正式的语言交际环境，使幼儿在教师的直接指导下进行比较系统的语言学习，以获得基本的语言知识、能力和情感态度。

正式的语言教学活动对幼儿的语言学习和发展具有独特的作用，它和其他教育活动相比有以下不同的特点：其一，在正式的语言教学活动中，幼儿学习的主要对象是各种语言知识以及语言文学作品所反映的思想内容。其二，在正式的语言教学活动中，幼儿学习语言的过程不是顺其自然的，而是融入了许多教师的指导。

正式的语言教学活动包括谈话活动、讲述活动、听说游戏活动、文学活动、早期阅读活动五种语言教学活动类型。这几种类型的活动分别为幼儿创设了不同性质的语言交际环境，使幼儿在这些环境的共同作用下得到语言知识、技能和情感态度的全面发展。

(二)日常生活中的语言教育

日常生活中的语言教育是指充分利用幼儿在园的一日生活环节，有计划地为幼儿提供丰富的、更加自由宽松的语言交际环境，鼓励幼儿积极、主动地利用已有的学习和生活经验进行自由的集体、小组或个别交流，使他们在交流的过程中练习听、说、读的基本技能，培养对文学作品的欣赏能力。

日常生活中的语言教育也有它自己的特点：幼儿在日常生活中的言语交往机会非常多，而且这种交往不受时间、地点、人数、内容的限制。所以在日常生活中，幼儿语言实践的机会很多，幼儿的语言正是在这种频繁的交往过程中，在反复多彩的生活实践中不断发展起来的。

在幼儿的日常生活中，可以开展各种形式的语言学习活动。

第一，在饭前饭后、午睡前后以及离园前等生活环节中，让幼儿倾听优美的儿歌、故事、散文等文学作品。这些文学作品通常是幼儿能够理解的或者他们已经学习过的。

第二，在幼儿午睡起床或其他等待环节，让幼儿按照一定的规则进行语言游戏。幼儿边玩边说，能够充分体验游戏的乐趣，并在玩的过程中充分练习、巩固和扩展已经获得的语言经验。这类游戏活动包括猜谜语，根据他人提供的信息猜人物、动物、声音等，接话、传话、组词等多种活动。

第三，利用一日生活中的各种等待环节或过渡环节提供给幼儿自由表述的机会，让幼儿根据自己的经验大胆地讲述自己的想法，有时可以围绕一个主题，有时也可以没有主题。

第四，利用幼儿离园前、自由游戏等时间，鼓励幼儿以集体、小组或个别的形式，自由阅读图书。图书可以是自己带来的书，也可以是幼儿园图书角的书。同时也可以鼓励幼儿看录像或影碟等。

(三)游戏活动中的语言教育

游戏活动中的语言教育是指渗透于各种游戏活动中的语言学习。在幼儿参与的创造性游戏、区域活动、阅览室和图书角活动等各种游戏活动中，语言是幼儿与同伴进行交往、合作、分享的工具，也是指导和调节自己选择游戏内容、游戏伙伴和游戏材料等行为的工具。幼儿参加游戏，不仅愉快地进行着各种活动，同时也在广泛地进行语言交流。

(四)其他领域活动中的语言教育

其他领域活动中的语言教育是指渗透于其他领域活动中的语言学习。语言是幼儿学习的工具，在其他领域的活动中，语言发挥着重要的作用。首先，在进行其他领域活动时，语言交往有利于幼儿更好地感知和理解各个领域的学习内容。反过来，其他领域的教育活动又为幼儿的语言学习提供了素材和机会，幼儿在其他领域的教育活动中也在不断地学习新词新句，尝试用语言与同伴或成人交往。因此，语言教育不只是语言领域应该关注的目标，教师应该在其他领域的教育活动中也进行适当的语言教育。例如，在引导幼儿观察“兔子”的活动中丰富幼儿的新词“三瓣嘴”及“蹦蹦跳跳”等，也可以鼓励幼儿用几句话描述兔子的特征。在音乐活动学唱新歌曲时，引导幼儿结合歌词学习新词语。

二、幼儿语言教育的方法

幼儿语言教育的方法主要包括示范法、讲解法、游戏法、表演法、练习法等。在实际运用时，各种方法应该互相配合，综合运用，以达到最佳的教育效果。

(一)示范法

示范法是指教师运用规范化的语言，为幼儿提供语言学习的榜样，让幼儿在良好的语言环境中自然地模仿学习。在语言教育活动中，除教师亲自示范外，还可以采用录音示范，甚至可以让语言发展水平高的幼儿来示范，这样更有说服力，也更能激起幼儿模仿学习的兴趣。运用示范法时应注意以下问题。

1. 示范语言应规范到位

一般示范语言的基本标准是：发音准确，表意清晰，语汇丰富，用词恰当，文理通顺，响度适中。讲述生动形象，朗诵声情并茂，体态文明自然，表情传神逼真，书写规范优美，阅读方式恰当等。

2. 示范应与讲解相结合

示范常常与讲解紧密联系，即一边示范一边向幼儿讲解具体要求和注意事项，使幼儿更好地掌握要领。配合示范的讲解应具体、简单、明了。

3. 把握好示范的时机和力度

首先，示范的时机要恰当。在幼儿难以掌握的时候，要及时进行示范。例如，示范讲述，一定要在幼儿广泛讲述之后。其次，示范要分量适中。新的、幼儿不易掌握的学习内容，要反复重点示范。

4. 用好隐性示范和纠正性示范

教师的隐性示范能给幼儿暗示作用，主导活动的方向和进程，要巧妙运用。纠正性示范也要灵活运用：一方面，要善于发现和纠正幼儿的语言错误；另一方面，也不要过于挑剔，过于频繁使用，否则会打击幼儿的自信心。

(二)讲解法

讲解法是指教师用语言向幼儿解释某些语言知识或文学作品。例如，解释词汇的意义、讲解故事内容等。幼儿生活经验少，理解能力低，所以在语言教育中常常要用到讲解法。运用讲解法时应注意以下几点。

1. 讲解的语言要通俗易懂

教师的讲解要考虑幼儿的理解能力，应尽量浅显明白，避免术语过多和成人化。

2. 讲解常与演示相结合

如果没有教具的演示，讲解就会空洞，就会使幼儿感到很难理解。例如，解释词汇时，用实物、图片等让幼儿感知。讲解故事内容时，运用图片、头饰等。

(三)游戏法

游戏法是指教师运用有规则的游戏活动发展幼儿语言的一种方法。游戏法以其趣味性、活动性、丰富性使幼儿在轻松愉快的氛围中，学会正确发音、丰富词汇、练习句型、学会讲述并形成早期阅读技能。

游戏法的运用有的需要配合教具(实物、图片)来进行，有的就是纯语言的游戏，如练习发音、学习反义词、练习组词和造句等游戏。随着幼儿年龄的增长，应逐渐减少直观材料的使用。

(四)表演法

表演法是指在教师的指导下，幼儿扮演文学作品中的人物，根据作品情节的发展，通过对话、动作表情等再现文学作品，以提高口语表达能力的一种方法。观看表演和参与表演都能使幼儿印象深刻，并体验到快乐的情绪，所以幼儿对这种方法具有浓厚的兴趣。运用表演法时应注意以下几点。

1. 必须在幼儿理解、熟悉文学作品的基础上进行表演

表演前幼儿必须理解文学作品的内容，熟悉角色对话，才能流畅生动地进行表演，也才能在表演中更好地学习优美的语言，理解作品的内容，感受表演的乐趣。

2. 鼓励幼儿在表演时大胆地创作

在幼儿表演过程中，教师不应限定幼儿非要死记硬背台词，允许他们在语言、表情、动作上自由发挥，只要他们不偏离作品主题，就可以大胆发挥想象，积极参与创作，让幼儿真正体验到表演的快乐。

3. 要为全体幼儿提供参与表演的机会

在语言活动中，表演法的运用不限于舞台表演，要在一日活动中提供给幼儿充分展示才能的机会，让更多的幼儿都有参与表演的机会。

(五)练习法

练习法是指教师有意识地让幼儿多次使用同一个言语因素(如语音、词汇、句子等)或训练幼儿某方面言语技能技巧的一种方法。幼儿的语言是在实践中不断发展起来的，练习法可以使幼儿更加深刻地理解语言教育中的有关内容，牢固掌握有关的语言知识，熟练运用语言技能。运用练习法应注意以下几点。

1. 练习的方式要多样化

练习方式如果太过单一简单，会让幼儿感到疲倦和厌烦，因此要采用多样化、富有趣味的方式进行练习。

2. 练习的要求要逐步提高

在每一次练习时，教师都应该提出练习要求，而且要求要逐渐提高，这样幼儿的语言能力才能得以进步和提高。

3. 练习要广泛运用于日常生活中

幼儿正式语言活动的时间有限。幼儿的语言主要是在日常生活与别人的交往过程中，在丰富多彩的生活实践中不断发展起来的，所以要鼓励幼儿在日常生活中开展练习。

第四课　幼儿谈话活动

谈话活动是一种有目的、有计划地培养幼儿语言交往能力的语言教育活动。本课主要介绍谈话活动的含义、特点、目标设定、话题选择和组织要求，帮助我们掌握设计和组织谈话活动的基本要求，以便在幼儿园语言教育实践中操作应用。

谈话活动，是指教师引导幼儿学习围绕一定的话题，运用语言与他人进行交流的语言教育活动。谈话活动是以对话形式进行的言语交往，它锻炼的是幼儿的对话语言。在良好的语言环境中，谈话活动可以帮助幼儿学会倾听他人的谈话，学到与他人交流的方式和规则，从而提高幼儿的言语交往能力和水平。

谈话活动与日常交谈不同。前者是有目的、有计划、有组织地为幼儿创造的交谈机会，而后者是幼儿在日常生活中自发、随机进行的谈话；前者更加突出教师的主导作用，而后者则更多的是发挥幼儿的主动性；前者的话题是固定的，是教师根据教育目标、计划而精心设计的，后者的话题是非固定的；前者是在集体场合下利用正式活动时间进行的，而后者往往是在非集体场合下进行的，不受时间、空间、对象的限制。当然，谈话活动与日常交谈也是有联系的。谈话活动与日常交谈都能发展幼儿的言语交往能力。应当说，日常交谈是他们进行谈话活动的基础，谈话活动中的语言学习又有助于提高他们日常交谈的水平。

谈话活动与科学活动中的“总结性谈话”不同。在科学活动中，有一种叫“总结性谈话”的活动类型。这两种活动最明显的区别在于活动的目的和内容不同。谈话活动侧重于培养幼儿的语言能力，不追求话题内容的认识范畴。而“总结性谈话”的目的在于帮助幼儿更好地认识有关的科学教育内容。需要注意的是，幼儿园各领域教育活动也是密切联系、相互渗透的，科学教育需要渗透语言教育内容，而语言教育也有可能综合科学教育的内容。

一、谈话活动的特点

(一)谈话活动有一个有趣的中心话题

谈话活动与日常交谈的不同，就在于它有一个中心话题。这个中心话题限定了幼儿交流的范围，主导了幼儿谈话的方向，使幼儿的交谈带有一定的讨论性质。以谈话活动“我喜爱的糖果”为例，幼儿的谈话范围会限定在每个人喜爱的糖果上，不会游离于话题之外。

在幼儿谈话活动中，有趣的中心话题往往包含三层意思：一是幼儿对话题具有一定的经验基础。完全陌生的话题不可能使幼儿产生谈话的兴趣。二是话题对幼儿来说有一定的新鲜感。反复谈论和提起的话题，不会引起幼儿的强烈关注。三是话题要与幼儿近日生活的共同关注点有关。幼儿生活中最近出现的事情，或是电视台最近放映的一部动画片，就有可能成为有趣的话题。

(二)谈话活动注重多方位信息交流

谈话活动强调幼儿运用语言与他人进行交流，因此，幼儿在谈话中交流的信息、交流的对象和交流的方式都有独特之处，它是一种多方位的语言交流活动。其具体表现在：一是幼儿交流的信息量较大。幼儿围绕话题交流时，思路相对开阔，他们的语言经验各自有别，谈论的内容也多种多样。二是幼儿交流的对象范围相对较大。幼儿可以自主选择多个对象进行交流。三是语言交流的方式较多。可以是个别交流、小组交流、集体交流等。

(三)谈话活动拥有宽松自由的交谈气氛

谈话活动的气氛是比较宽松自由的。幼儿可以围绕中心话题，自由自在地表达个人见解。这种宽松自由的气氛主要体现在两个方面：一是不要求幼儿统一认识。允许幼儿根据个人感受发表自己的独立见解。二是不特别强调规范化语言。只要求他们主动交谈、充分表达就行了。

(四)谈话活动中教师起间接引导作用

教师是谈话活动的设计组织者，但是在谈话活动中，教师的指导作用是以间接引导的方式出现的，他们往往以参与者的身份参加谈话，这也是创造谈话活动宽松气氛的一个重要因素。教师的间接引导主要通过两种方式实现：一是教师用提问的方式引出话题或转移话题，引导幼儿谈话的思路。二是教师用平行谈话的方式为幼儿做隐性示范，起到了榜样作用。

二、谈话活动的目标

谈话活动着重培养幼儿运用口头语言与他人交往的态度、情感和能力。谈话活动的目标主要包括以下几个方面。

(一)乐意与人交流，能围绕中心话题，充分地表达个人见解

幼儿语言教育就是要给幼儿创设一个让他们想说、敢说、喜欢说、有机会说、会说、说好的语言交往环境。教师在设计和组织活动时，要特别注意激发幼儿说话的欲望，树立他们说话的信心，使幼儿不仅喜欢说，而且会说、说好，在运用语言的过程中不断提高口语表达能力。

(二)认真地倾听他人说话，能听懂他人所说的主要内容

倾听是幼儿学习与他人交谈时一种不可或缺的行为能力。只有懂得倾听，善于倾听，才能理解语言；而只有理解语言，才能与别人交流和沟通。

(三)学会轮流说话，并能用修补的方式延续谈话

运用语言进行交谈的基本规则，是人们在社会交往中约定俗成的一些方式方法。违背这些谈话的基本规则，就会干扰谈话的进行，从而对人际交往造成不利的影响。

(四)渗透其他领域的教育

谈话活动还要根据话题的内容渗透其他领域的教育，可以是认知或社会行为方面的教育。

三、谈话活动的组织步骤及指导

(一)创设谈话情境，引出谈话话题

谈话活动的第一步，就是创设谈话的情境，目的在于引出谈话话题，激发幼儿的谈话兴趣和热情，调动幼儿对话题有关经验的联想，帮助幼儿打开谈话的思路，做好谈话的准备。这是谈话活动不可缺少的一个环节。

在谈话活动的开始，教师可以通过直观教具、生动的语言、轻松的活动等方式创设谈话情境。教师在创设情境时应该注意：一是创设的情境要与话题有关，即紧扣中心话题。二是创设的情境应尽可能活泼有趣，以更好地调动幼儿的学习兴趣。三是注意时间的分配，这只是一个引子，目的仅在于将话题引出来，所以时间的分配上不宜过长，否则会影响到下一步骤的顺利开展。

(二)引导幼儿围绕话题自由交谈

在引出谈话话题之后，教师接下来要向幼儿提供围绕话题自由交流的机会。这一步骤的目的在于调动幼儿个人对谈话话题的知识储备，运用已有的谈话经验，相互交流个人的见解。这个步骤是非常重要的，它是幼儿能否大胆打开“话题”的重要保证。教师在组织这个步骤时要注意以下几点。

1. 提供丰富的材料并增加幼儿动手的机会

根据幼儿的特点，教师要结合话题内容，善于利用多种教具，提供实物、图片等丰富的材料，让他们自己看、听、玩、体验等，帮助幼儿更好地回忆已有的生活经验，拓宽幼儿的思路，调动幼儿参与活动的积极性。

2. 放手让幼儿交谈并鼓励每个幼儿积极参与

在幼儿自由交谈时，教师要给予幼儿说话的自由，包括交谈内容自由、交谈对象自由。只要幼儿的谈话是围绕话题进行的，教师应当允许他们说任何与话题有关的想法，不能随意干涉。幼儿可以两两交谈、分组交谈、与教师交谈，还可以自由转换交谈对象。另外，教师还要注意幼儿的个体差异，并有针对性地进行指导，鼓励那些言语表达能力较差的或者光听不说的幼儿也能开口说话。

3. 参与谈话并观察幼儿的谈话情况

教师不能将幼儿自由交谈视为一种“放羊”的时机而袖手旁观，教师要

做好两件事：一是教师参与谈话。教师可以采取巡视的方式参与各组的谈话，到每一组看一看、听一听、说一说。二是教师要观察幼儿的谈话情况。包括了解幼儿的交谈状态，了解幼儿谈话的水平差异，为下一阶段的指导做好准备。

(三)帮助幼儿拓展话题并学习谈话经验

在幼儿自由交谈后，教师要适时将幼儿集中起来，通过逐层深入的谈话，帮助幼儿逐步拓展话题内容，并学习新的谈话经验，使幼儿的谈话水平进一步提高。这个步骤是谈话活动的关键，直接影响到活动目标的实现。

所谓谈话经验，即谈话思路、谈话规则和谈话方式的总和。谈话经验是谈话活动目标在谈话活动中的具体化，是幼儿在谈话活动中要学习的中心内容。

拓展话题的一般步骤是：描述谈话对象→对谈话对象的态度→为什么会有这种态度→对谈话对象的独特感受。先从幼儿生活经验中最熟悉的内容谈起，然后再利用材料逐步拓展幼儿的视野。在引导幼儿拓展话题范围时应该注意：第一，根据幼儿的生活经验，由浅入深地拓展提问。第二，尽可能丰富话题内容。话题内容不能只局限于幼儿已知的生活经验，可以通过各种方式向幼儿展示关于话题的一些新内容，引发幼儿进一步交流。第三，选择幼儿提问中有价值的问题，引导他们展开交流和讨论。第四，教师可以进行隐性示范。通过谈论自己的经验，向幼儿暗示组织谈话内容的方法。

(四)开展相关活动归纳话题内容

归纳话题内容是总结性的环节，目的在于帮助幼儿巩固和深化所学的内容。归纳话题内容的方式多种多样，可以开展表演、游戏、操作等多种多样的活动。只要有利于幼儿巩固所学内容，各种方式都可以在活动中尝试运用。

另外，幼儿在谈话活动中学到新的谈话经验后，教师要创造条件鼓励幼儿将这些新经验在日常生活中不断加以练习和实践，并学会迁移谈话经验。

第五课　幼儿讲述活动

讲述活动是一种有目的、有计划地培养幼儿语言表述能力的语言教育活动。讲述活动为幼儿提供在一种不同于谈话活动的、相对正式的语言环境中，帮助幼儿逐步获得独立构思和完整连贯表述的语言经验。本课将探讨讲述活动的基本概念，阐述讲述活动的主要特征、活动类型、目标设定和组织要求，便于我们掌握设计和实施讲述活动的基本方法。

讲述活动，是指教师引导幼儿运用比较规范的语言来表述某一事物的语言教育活动。讲述活动要求幼儿用比较完整连贯的语言讲述自己感知过的事情，表达自己的思想认识，帮助幼儿逐步获得独立构思和表述的语言经验。讲述活动锻炼的是幼儿的独白语言，独白语言是比对话语言更为复杂、周密的一种口头语言表达方式，它对于培养幼儿的语言表达能力具有特别的意义。

一、讲述活动的特点

讲述活动以培养幼儿独立构思和表述一定内容的语言能力为基本目的，其最重要的是培养幼儿的连贯讲述能力，因此，讲述活动具有以下几个主要特征。

(一)讲述活动有一定的凭借物

幼儿讲述活动需要有一定的凭借物。所谓凭借物，就是讲述的对象，一般是指讲述活动中教师为幼儿准备的，或是幼儿自己参与准备的图片、实物、情境等。教师通过提供凭借物，给幼儿的讲述划定了中心内容，使幼儿的讲述内容有明显的指向性。例如，讲述活动“各种各样的袋子”，其凭借物就是各种各样的袋子，讲述的中心必须围绕着袋子的外形特征、种类、功能等方面进行。

(二)讲述活动有相对正式的语境

讲述活动为幼儿提供的是一种正式的语言运用场合。在这种正式的语言情境中，幼儿不能像谈话活动那样宽松自由地交谈，要慎重考虑后才能发表个人见解；幼儿说话不能有太大的随意性，应该经过独立构思，完整、连贯的表达；在用词造句方面，要尽量注意正确性，合乎语法规则。

(三)讲述活动锻炼的是独白语言

独白语言需要幼儿先经过独立构思，然后用完整、连贯的语言将自己的感受和体验独立地在集体面前表述出来。所以相比于谈话活动，讲述活动的语言要求比较高。在幼儿园里，幼儿通过谈话活动发展自己的对话语言，而讲述活动却是锻炼幼儿独白语言的特别途径。

(四)讲述活动需要调动幼儿的多种能力

讲述活动中，幼儿需要对凭借物进行观察、分析、归纳、概括，甚至进一步的联想和想象，在此基础上构思讲述内容、讲述顺序和讲述语言，并最终表述出来，所以讲述活动需要幼儿的观察、分析、想象、思维、语言等多种能力的参与。同样地，讲述活动也能锻炼幼儿的多种能力。

二、讲述活动的种类

讲述活动有多种分类方法，以下是根据凭借物的不同进行的分类。

(一)看图讲述

以各种各样的图片作为讲述对象就是看图讲述。看图讲述是指教师引导幼儿在观察图片后，将图片的内容准确、完整地表述出来。看图讲述是一种最常见的讲述方式，它以图片为凭借物，具有生动形象的特点。

在看图讲述活动中，教师提供的图片可以是印刷出版的图画，也可以是教师自己绘制的。图画可以是成品让幼儿直接看图讲述，也可以是半成品让幼儿进行添画讲述，还可以是幼儿自己构思图画进行构图讲述(如拼图讲述、绘图讲述、粘贴讲述等)，甚至可以提供一组图画让幼儿排图讲述。图片可以是单幅画，也可以是连环画。

无论提供什么样的图，其凭借物都是静止瞬间的画面形象，因此，在指导幼儿观察、理解、讲述时，需要帮助幼儿联想静止的画面之外的活动形象和连接的情节，讲出事件的发展过程和前因后果，从而促进幼儿观察、思维和口语表达能力的发展。

(二)实物讲述

以各种各样的实物作为讲述对象就是实物讲述。实物讲述是指教师引导幼儿在观察实物后，将实物的基本特征、用途和使用方法等多方面内容清楚、完整地描述出来。实物讲述以具体的物体为凭借物，具有真实可感的特点。

在实物讲述中，教师提供的实物可以是各种真实的物品，如讲述某种玩具、文具、日常用品、动植物等；也可以是外在的自然景象，如“美丽的某某公园”“我喜欢的春天”等。

实物讲述的凭借物是实物，因此，教师在指导幼儿观察、讲述时，重点要把握实物的基本特征(形状、颜色、材料等)，按照“特征为主、其他为辅，先讲特征、后讲其他”的思路进行讲述。

值得注意的是，实物讲述要和科学活动中“认识某种物体”的活动区分开。以课题“各种各样的杯子”为例，实物讲述侧重于引导幼儿学会描述“各种各样的杯子”等语言方面的目标，而花费在认识物体上的时间比较少，所以，实物讲述一般在幼儿已经熟悉这种实物的基础上进行，避免冲淡语言教育的目标，而科学活动则侧重于引导幼儿认识“各种各样的杯子”等认知方面的目标。因此，教师在组织这两种活动的时候，一定要心中有数，以免出现目标偏差的情况。

（三）情境讲述

以情境表演作为讲述对象就是情境讲述。情境讲述是指教师引导幼儿在观看情境表演后，将表演中的情节、对话和内容完整、连贯地讲述出来。情境讲述借助于表演来进行，表演中有动作、表情、对话，并表现连续性事件，体现出“角色表演”和“连续活动”等特点，能激发幼儿的观察兴趣和讲述愿望。

在情境讲述活动中，情境表演可以由教师或者幼儿扮演角色进行表演；也可以是由教师操作木偶进行表演；甚至还可以是一段表演的视频。

无论是哪种形式的表演，教师在指导幼儿观看、讲述时，一定要引导幼儿认真观看、及时记忆，在理解表演内容的基础上进行讲述。

三、讲述活动的目标

根据讲述活动的特征和幼儿语言发展的需要，讲述活动的目标应该重点关注以下四个方面。

（一）学会感知、理解讲述对象

讲述活动要求幼儿通过感知、理解讲述对象，获得对讲述对象的初步认识，并通过与同伴相互交流进一步扩大和丰富这种认识，这个过程对幼儿感知、理解能力的发展起到了极大的促进作用。

（二）愿意在集体面前讲话，能清楚、完整、连贯地进行讲述

讲述活动为幼儿提供了语言表述的好场所，能够从多个方面提高幼儿语言表达的情感、态度和水平。

（三）能安静地倾听别人讲话，并听懂别人的讲话内容

讲述活动不仅要求幼儿自己能独立表述，还要求幼儿在活动中要集中注意倾听别人的讲述，能听出别人的讲述是否与讲述内容一致，是否与自己相同，在倾听别人讲述的基础上不断调整自己的讲述信息，或者学会完善别人的讲述信息。

(四)渗透其他领域的教育

讲述活动还要根据讲述的内容渗透其他领域的教育。

四、讲述活动的组织步骤及指导

讲述活动的类型虽然多种多样，但由于其拥有共同的特点，因此各种讲述活动的组织都可以按照以下程序进行。

(一)引导幼儿感知、理解讲述对象

讲述活动的特点之一，就在于它具有相对固定的讲述对象即凭借物，因此，在组织讲述活动时，首先要引导幼儿感知理解讲述对象，既可以激发幼儿参与活动的兴趣，又能为幼儿的讲述积累丰富的感性经验。教师在指导幼儿感知理解讲述对象时，可以通过有顺序的提问引导幼儿仔细观察讲述对象。教师要根据讲述对象的特点，创设好活动环境，并尽可能调动幼儿的多种感官参与观察，获得关于讲述对象的各种信息。

(二)鼓励幼儿运用已有经验讲述

在幼儿感知、理解讲述对象的基础上，教师要鼓励幼儿运用自己的语言将这些已经具备的经验讲述出来。这个步骤的组织，要求教师尽量放开，让幼儿自由地讲述，给他们以充分的表达机会。在幼儿自由讲述的环节，教师可以采用三种组织方式：一是个别讲述。让幼儿结成对子相互讲述，或者幼儿自己对着讲述对象讲述。二是小组讲述。让幼儿分成小组在组内交流。三是集体讲述。让幼儿在集体面前讲述给大家听。教师在指导幼儿自由讲述时，需要注意以下两点。

第一，在幼儿自由讲述前，交代清楚讲述的要求。

例如，提醒幼儿要围绕感知、理解的对象进行讲述，声音要更响亮一些，讲得要仔细一点。

第二，注意倾听幼儿讲述，关注幼儿讲述的“闪光点”和“问题”。

教师不要打断幼儿讲述，最多以插问方式提醒幼儿讲述，以免干扰幼儿讲述。另外，教师要认真地倾听，了解幼儿的讲述情况，为下一步骤的组织做准备。

(三)帮助幼儿学习新的讲述经验

在幼儿自由讲述的基础上，要对幼儿的讲述提出更高的语言表达要求，即引导幼儿学习新的讲述经验，进一步提高幼儿的讲述水平。学习新的讲述经验是每次讲述活动的学习重点，教师要根据讲述活动的目标，灵活运用各种方法帮助幼儿学习新的讲述经验。

新的讲述经验主要包括讲述思路、讲述的全面性、讲述方式。讲述思路是指讲述的顺序和讲述的条理性。要帮助幼儿弄清楚先讲什么，后讲什么，重点讲什么。例如，在看图讲述中，要按照情节的发展过程讲述。讲述的全面性是指讲述内容的完整性。例如，在叙事性讲述中，讲述内容应该包括时间、地点、人物(动作、对话、内心活动等)和事件(发生、发展、过程、结果)等基本要素。讲述方式一般包括两种：一种是有重点地讲述；另一种是有顺序地讲述。

教师在引导幼儿学习新的讲述经验时，可以通过提问法，引导幼儿的讲述思路；可以通过示范法，示范新的讲述经验，给幼儿以榜样作用；可以运用讨论法，师幼一起讨论，找出最优化讲述方法；还可以运用评议法，师幼一起评议，找出他人讲述的优缺点，以便互相学习，取长补短。

(四)引导幼儿巩固和迁移新的讲述经验

讲述活动中，仅仅引进新的讲述经验是不够的，幼儿学习新的讲述经验后，教师要创造条件，提供给幼儿实际操练新经验的机会，以利于他们更好地掌握这些经验。这项活动可以作为讲述活动的最后一个环节在课内进行，也可以作为延伸活动在课后进行。

第六课　幼儿听说游戏活动

听说游戏活动是以游戏的方式组织的语言教育活动。本课将介绍听说游戏活动的含义、特点、游戏类型、目标设定和活动组织要求，以便于我们学会设计和组织听说游戏活动。

听说游戏活动，是指教师组织幼儿以游戏的方式发展幼儿听说能力的语言教育活动。游戏是幼儿最喜欢的活动，这种特殊的语言教育活动，能够较好地吸引幼儿参与到学习语言的活动中去，并在积极愉快的活动中完成语言学习的任务。

听说游戏活动不是幼儿自发的自主游戏，它是由教师设计组织的用于学习语言的教学游戏，属于规则游戏的范畴。它有明确的语言教育目标，有具体的语言学习内容，与一般的语言游戏有很大的差别。它只能被称为语言教学游戏，是一种教学活动。听说游戏活动以培养幼儿听说能力为主要目的，是为培养幼儿的听说能力而专门设计的，所以被称之为听说游戏活动。

一、听说游戏活动的特点

(一)具有游戏的趣味性

趣味性是听说游戏活动的最重要特征，在听说游戏活动中，有趣的游戏名称、幼儿喜欢的游戏角色、简单有趣的游戏情节、生动形象的游戏材料等，都会使幼儿对游戏产生浓厚的学习兴趣。

(二)有具体的语言教育目标

听说游戏活动是一种为语言教学服务的游戏，它具有明确的教育目的，它的主要目的就是发展幼儿的听说能力。而且每一个听说游戏活动的语言教育目标都是非常具体明确的，如学会发准某个音、掌握和学会运用某类词、学会运用某种句型句式等。

(三)有明确的游戏规则

听说游戏活动是一种有规则的游戏，它的规则不是随意制定的，而是教师在设计活动时，根据具体的语言教育目标，根据学习的重点内容来确定的。当幼儿参与游戏时，他们必须遵守一定的游戏规则，按照规则进行游戏，才能达到语言教育的目标。

(四)兼有活动和游戏的双重性质

听说游戏活动兼有活动和游戏的双重性质。整个活动过程从教师组织的活动入手，随着幼儿对游戏熟悉水平的提高，逐步扩大游戏活动的成分，后来慢慢变成幼儿自主的游戏，最后以游戏的方式结束。教师的主导作用在开始时体现得十分鲜明，而后随着幼儿熟悉水平的提高而逐渐减少，直至幼儿完全自主游戏。

二、听说游戏活动的类型

(一)语音游戏

这类游戏是以练习发音，提高辨音能力为目的的，形式和结构都较简单。游戏中，可以让幼儿着重练习他们感到困难的或容易发错的语音。一般来说，小班语言教育的重点内容之一是语音训练，可以多使用这种游戏。

(二)词汇游戏

这类游戏是以丰富词汇和正确运用词汇为目的的。通过游戏可以教给幼儿一些新词，也可以帮助幼儿进一步理解已学过的词汇，并学会运用。词汇练习的游戏在各个年龄班都可使用。

(三)句子游戏

这类游戏是以训练幼儿按语法规则组词成句，并正确运用各种句式为目的的。学习句子的游戏主要在中、大班进行。

(四)描述性游戏

这类游戏是以训练幼儿用比较连贯的语言，具体形象地描述事物，提高口语表达能力为目的的。它要求幼儿语言完整、连贯，具有一定的描述能力，因此，它主要在大班进行。

三、听说游戏活动的目标

根据听说游戏活动的特点和幼儿语言发展的需要，听说游戏活动的目标可以重点关注以下几个方面。

(一)学会运用规范的语言进行口语表达

在幼儿参与听说游戏活动的过程中，他们需要自觉地参与规范语言的学习，在遵守游戏规则的过程中提高口语表达能力，具体包括：能发准某些难发的音，丰富词汇，能正确运用各种词汇，能运用简单句和某些合成句说话，能用比较连贯的语言，具体形象地描述事物等。

(二)养成注意倾听的习惯并能听懂游戏指令

在语言学习过程中，听和说永远是相伴相随的，听说游戏中，要养成幼儿注意倾听的习惯，提高幼儿的倾听水平。

(三)能快速地做出语言反应

听说游戏活动是一种特殊的语言交往活动，要求幼儿在语言交往中能快速地应答，培养幼儿语言交往的机智性和灵活性。

(四)渗透其他领域的教育

听说游戏活动中还要根据具体的活动内容和游戏活动的特点渗透其他领域的教育。例如，自觉遵守游戏规则等。

四、听说游戏活动的组织步骤及指导

(一)创设游戏情境

在听说游戏活动开始时，教师需要运用一些手段去创设活动情境。其目的是为幼儿展示游戏的氛围，引发幼儿参与游戏的兴趣，从而引出活动内容。

(二)介绍游戏的规则和玩法

这一步骤实际上就是教师向幼儿布置任务，讲解活动要求的过程。教师可以运用讲解、示范、讨论等方法，引导幼儿理解游戏的规则，明确游戏的玩法，保证游戏能顺利进行。教师在介绍游戏的规则和玩法时，要注意以下几点：一是讲解的语言要简洁明了。二是要重点讲清楚游戏的规则要点和游戏开展的顺序。

(三)引导幼儿游戏

教师引导幼儿游戏，是一种以教师为主角带领幼儿参加游戏的过程。这一步骤有利于幼儿熟悉游戏规则，进一步理解游戏的程序，为独立开展游戏做好充分的准备。在这一段时间里，教师在游戏中充当重要角色，可以主宰游戏的进程。此时，幼儿可以以两种方式参加游戏：一种是幼儿分部分参加游戏，也就是一部分幼儿先参加游戏，另一部分幼儿观察，然后再轮换；另一种是全体幼儿参加游戏的一部分活动，待幼儿熟悉掌握游戏后，再参加全部游戏。

在引导幼儿进行游戏的过程中，教师要注意引导幼儿在游戏中学习语言、运用语言，以达到语言教育的目标，要避免幼儿因为玩得高兴而忽略了语言练习。

(四)幼儿自主游戏

在幼儿自主游戏阶段，教师从领导者的身份退出，成为游戏的旁观者，放手让幼儿自己开展活动。幼儿自主游戏的方式可以根据每个游戏的具体要求来考虑。有的以集体活动的形式进行，有的以小组形式进行，也有的以一对一结伴的方式进行。采用何种活动形式，取决于幼儿参与活动的最佳效果。

教师在观察幼儿游戏时，注意对个别不熟悉规则的幼儿进行及时指导，帮助这些幼儿更快地加入游戏队伍中去，真正成为游戏活动的一员。同时，教师也需要注意幼儿在游戏中可能出现的矛盾与纠纷，及时予以解决，以免因角色分配不当或其他问题影响游戏顺利进行。

第七课　幼儿文学活动

文学活动是围绕文学作品开展的语言教育活动。文学教育是幼儿园语言教育的一个十分重要的方面，因此，文学活动是幼儿语言教育中一种非常重要的活动类型。本课讨论文学活动的含义、特点、目标设定和组织要求，帮助我们掌握文学活动的设计和实施的有关问题。

文学活动，是指以文学作品为基本教育内容而设计组织的语言教育活动。喜欢文学作品是幼儿的一种天性，因此，以文学作品为基本素材而进行的文学活动，是幼儿园语言教育活动的重要组成部分。

文学活动有着巨大的教育价值。文学活动是从一个具体的文学作品教学入手，通过围绕这个作品开展一系列相关活动，激发幼儿欣赏文学作品的兴趣，提升幼儿的语言感受能力和审美能力，培养幼儿的倾听习惯和倾听能力，激发幼儿的表达热情，使幼儿能用恰当的语言和表达方式与他人交流沟通，为幼儿提供全面的语言学习机会，从而促进幼儿语言的全面发展。

一、文学活动的特点

(一)文学活动是围绕文学作品开展的多层次系列活动

文学活动是从某一篇文学作品的教学入手，但常常不是仅通过一次活动就完成对作品的学习，而是通过一系列层层深入的活动达到文学活动的全部教育功能。

文学活动的主要目的不在于通过文学作品进行知识教育和道德教育，而在于更侧重于文学审美能力、文学理解力、文学想象能力的培养，这是一个包含欣赏美、理解美、表现美的多层次系列活动。如果仅仅通过一次活动就完成对一个文学作品的学习，只能说没有从实质上理解文学作品的特点，而是将文学教育与普通的语言教育、知识教育和道德教育混为一谈。

(二)文学活动整合多个领域的学习内容

文学作品本身常常是语言知识、社会知识、科学知识等多领域知识的结合体。任何一个作品的学习，都会对幼儿的这三个领域知识提出一定的挑战，所以文学活动不仅是帮助幼儿获得语言知识，而且是获得多个领域的知识。

(三)文学活动整合多个领域的学习活动

文学活动从文学作品的教学出发，常常要结合多个领域的活动，使文学活动不是单一的语言活动，而是语言活动、科学活动、艺术活动等的结合。在文学活动中，幼儿往往有较大的活动自主性，他们在教师引导下能自由地进行操作、表演、绘画、讨论、创作等，获得多种与文学作品相关的交互作用的机会。

二、文学活动的目标

文学活动是一种整合性活动，所以文学活动的目标应该是多方面的，应该涵盖文学教育、语言教育、其他领域教育等多个方面。

(一)喜欢文学作品，积极参加文学活动

文学活动通过让幼儿欣赏大量优秀的文学作品，培养幼儿对文学作品的兴趣，激发幼儿参与文学活动的愿望。

(二)能理解、表现和创作文学作品

文学活动最重要的目标是对幼儿进行文学教育，使幼儿学会欣赏、理解文学作品，感受、体验文学作品中人物的真善美，发展幼儿的艺术想象力和创造力。根据文学活动多层次的特点，文学教育的目标具体包括三个层次的要求。

第一，能理解文学作品的人物形象、情节内容、中心主题。

第二，能运用语言、动作表情、绘画等方式表达对作品的理解和感受。

第三，能根据文学作品提供的线索，扩展想象，仿编诗歌、散文或续编故事。

(三)能欣赏、掌握和运用文学语言

文学活动是通过欣赏文学作品来学习语言的语言教育活动类型。幼儿在文学活动中能发现文学语言与生活语言的不同，能感受文学语言的美，能积累丰富的文学语言，并运用文学语言进行表达和创作。

(四)善于倾听文学作品并渗透其他领域的教育

文学活动的第一步就是要求幼儿积极主动地倾听作品，提高倾听技能。另外，还要根据文学作品的内容渗透其他领域的教育。

三、文学活动的组织结构及指导

根据特点所讲，文学活动是围绕文学作品开展的多层次系列活动。为了帮助幼儿更好地在活动中欣赏理解作品、体验表现作品和想象创作作品，其组织结构具体包括三个层次。

(一)感知、欣赏文学作品

开展文学活动时，教师首先要把文学作品介绍给幼儿，让幼儿感知文学作品。其目的是让幼儿通过感知文学作品，欣赏文学作品的语言美和意境美，调动幼儿学习作品的兴趣，并帮助幼儿初步理解作品内容，这是任何一个文学作品的学习所不可缺少的首要环节。根据作品的难易程度，教师可以采用有感情地讲述或朗诵文学作品、演示教具、提问等多种方法组织教学，使幼儿对文学作品有一个完整印象，并帮助幼儿初步理解文学作品的情节内容、人物性格和主题思想。

因为是第一个层次活动，教师要将幼儿学习的重点放在欣赏、理解方面，以便更好地为后面的学习服务。在这一层次活动中，教师要注意三个问题：第一，不要在第一次作品教学时过多重复讲述作品，以免幼儿对作品失去兴趣。第二，不要让幼儿死记硬背，而要将注意力更多地投向对学习过程的理解和思考上。第三，适当提问，并组织幼儿讨论，帮助幼儿理解作品的情节、人物现象和主题倾向，尤其要注意引导幼儿运用已有经验进行深入思考和想象。

（二）操作、体验文学作品

在幼儿感知、欣赏作品的基础上，要进一步组织幼儿围绕作品开展一些能让幼儿亲身操作、体验的活动。其主要目的是让幼儿通过自己的活动进一步理解作品的内容、主题、主要特色和语言美，尤其要让幼儿切身感受作品所展示的情感心理和精神世界，为下一步的扩展想象和语言表达打下基础。

在操作、体验作品这一层次上，教师可以根据每一个作品的具体内容来组织一些相关活动，最好开展一些可操作的或带游戏性质的活动，有时候可以采用观察、散步等方式，让幼儿走进与作品内容相关的自然和生活情境，丰富幼儿的感性经验；有时可以采用绘画、手工制作、表演、唱歌等方式，让幼儿用艺术表现作品内容；有时甚至可以组织一次相关内容的主题谈话活动，既帮助幼儿丰富作品内容，又发展幼儿的口语表达能力。值得注意的是，所有这些活动的活动重点要放在操作、体验作品上，必须紧紧围绕作品内容引导幼儿进行理解与思考。

（三）想象、创作文学作品

经过前面两个层次的活动，幼儿对作品内容有了深入的理解和体验，对作品的语言特色和情感特色有了较全面的认识。在这个基础上，教师可为幼儿提供文学创作的机会，拓展幼儿想象，挖掘幼儿语言能力。其目的是让幼儿根据已有的知识经验，运用文学作品的语言和结构，发挥幼儿的想象力和创造力，进行创造性的文学创作。

在这一层次的活动中，幼儿的文学创作大多是围绕已学过的文学作品进行。教师可以组织幼儿开展续编故事活动，如幼儿根据故事《龟兔赛跑》的情节内容续编龟兔的第二次比赛。也可以组织幼儿仿编诗歌和散文，如幼儿根据诗歌《绿色的世界》的语言特点和内容结构，仿编成《红色的世界》《黄色的世界》。到了大班阶段，在幼儿有多次创作经验的基础上，教师还可以进一步组织幼儿不参照某篇作品，自己独立创编故事和诗歌。

无论是哪种类型的文学创作活动，教师都要鼓励幼儿积极动脑思考、大胆地想象和表达，要与别人表达的不同，并以此作为评价的重点，鼓励每个幼儿都有自己的独特见解和想法。例如，续编故事《猫医生过河》时，幼儿会编出各种各样的故事结尾，只要情节基本合理，教师都应该给予肯定。

最后需要说明的是，文学活动三个层次的活动不是三次活动。文学活动是一个系统的、成网络状的活动群，这是一个从理解到表达、从模仿到创新、从接受到运用的整合过程。教师要充分利用幼儿一日活动的各个环节，广泛地开展各种形式的文学活动，在各种活动中，循序渐进地培养幼儿对语言艺术的敏感性，锻炼他们的想象力和思维能力，同时使他们的语言得到发展。

第八课　幼儿园的早期阅读活动

早期阅读活动是有目的、有计划地培养幼儿学习书面语言的语言教育活动。早期阅读活动是幼儿语言学习的一个不可缺少的部分，对促进幼儿的语言发展具有重要的价值。本课将阐述早期阅读活动的含义、特点、内容、目标设定和组织要求，对帮助我们设计和组织幼儿园早期阅读活动有十分重要的意义。

早期阅读活动是指教师引导幼儿凭借图画、文字或者成人形象的阅读、讲解来理解幼儿读物内容的一种语言教育活动。早期阅读活动是幼儿接触书面语言的重要途径，是幼儿语言学习的一个不可缺少的部分，对促进幼儿的语言发展具有重要的作用。

需要强调的是，“早期阅读”不等于“早期识字”。早期阅读所指向的不是大量识字，也不是在阅读中学习到多少知识，而是对书面阅读的兴趣和能力，其目的是让幼儿了解一些有关书面语言的信息，懂得书面语言的重要性，让幼儿享受阅读的过程，获得一些阅读技巧，从而对阅读活动充满热情，并能进行有效的阅读。而早期识字重视的是对字的偏旁、结构、意义的认识。能识字不代表喜欢阅读、会阅读，识字只是早期阅读的内容之一，幼儿期也不提倡幼儿大规模识字。

一、早期阅读活动的特点

(一)需要良好的阅读环境

良好的阅读环境包括精神环境和物质环境两个方面。

精神环境是指教师为幼儿创设的宽松自由的阅读氛围，它有助于幼儿全身心地投入到阅读活动中，从中获得无穷的乐趣。教师要对幼儿的阅读行为表示关注、支持、欣赏、鼓励，并以积极的态度给幼儿提供指导和帮助。

物质环境包括教师为幼儿提供的阅读时间、阅读场所和阅读材料。首先，应保证幼儿有足够的阅读时间。要充分利用幼儿一日生活的各个环节，如晨间来园、午睡起床、下午离园等环节，安排幼儿积极参加读书活动，使幼儿逐步养成主动阅读的习惯。其次，应当为幼儿提供相应的阅读场所，如阅览室、图书角等。最后，要为幼儿准备丰富多样的、图文并茂的阅读材料。

(二)需要与讲述活动紧密相连

早期阅读活动为幼儿提供了生动形象、丰富有趣的阅读内容，能提高幼儿口语表达的积极性。早期阅读活动有一个重要目标：让幼儿在理解的基础上把图书的主要内容讲述出来，所以早期阅读活动和讲述活动紧密相连。通过讲述可以使幼儿更加深入了解图书内容，发展其口语表达能力和综合概括能力。

(三)体现出整合的学习过程

早期阅读活动不是一种纯粹的学习书面语言的活动，而是将书面语言学习和其他方面的学习有效地结合起来的一种整合的学习过程，这种整合体现在三个方面：第一，它是书面语言和口头语言的整合。第二，它是语言和其他学习内容的整合。第三，它是静态学习和动态学习的整合。

(四)具有鲜明的文化和语言背景

任何一种语言都有其独特的文化背景。早期阅读活动，可以帮助幼儿学习认识母语的文化和语言背景。例如，有关汉字的起源的信息、对汉字框架结构的认识、对汉字独特的手写工具——毛笔的运用等，都能帮助幼儿感受祖国文化的气息。

二、早期阅读活动的内容

早期阅读活动的内容包括三个方面：前图书阅读经验、前识字经验、前书写经验。之所以都有一个“前”字，是为了强调这些经验与小学的正式书面语言学习有着根本的区别。

(一)前图书阅读经验

前图书阅读能力是幼儿早期阅读能力中的一个重要方面，在幼儿期要利用丰富多彩的图画书来帮助幼儿学会阅读图书，提高阅读能力。

幼儿需要获得的前图书阅读经验主要包括：第一，翻阅图书的经验。第二，读懂图书内容的经验。第三，知道图书画面、文字与口语具有对应关系。第四，图书制作的经验。

(二)前识字经验

集中、快速、大量的识字是小学阶段的学习任务，我们反对在幼儿园里专门集中地让幼儿识字，这是教师应该特别注意的问题。

早期阅读活动要向幼儿提供六个方面的前识字经验：第一，知道文字有具体的意义，可以念出声来，能够把文字和口语对应起来。第二，理解文字的功能。第三，粗晓文字的来源。第四，知道文字是一种符号，它与其他符号系统可以转换。第五，知道文字和语言的多样化。第六，了解文字的构成规律。

(三)前书写经验

幼儿期不要求幼儿学习写字，主要任务是获得一些有关汉字书写的信息，为幼儿进入小学正式学习书写做好准备。

幼儿前书写经验的学习内容包括：第一，认识汉字的独特书写风格。第二，知道汉字的基本框架结构。第三，了解书写的初步规则，学会按规则写字。第四，知道书写汉字的工具，了解使用每种工具的不同要求。第五，学会用正确的书写姿势写字。

三、早期阅读活动的目标

由于早期阅读活动具有整合性的特点，因此，早期阅读活动的目标需要考虑多个因素，才能为幼儿进入小学正式学习书面语言奠定良好的基础。

(一)养成良好的阅读态度和习惯

激发幼儿浓厚的阅读兴趣，帮助幼儿形成积极主动的阅读态度和良好的阅读习惯，是早期阅读活动的重要目标。阅读的兴趣、态度、习惯虽然都属于非智力因素，但却是影响早期阅读活动成效的重要因素。

(二)掌握正确的阅读方法和技能

早期阅读活动最基本的目标就是要使幼儿掌握阅读的方法和技能，最终具备基本的阅读能力。阅读能力的培养具体包括两个要求。

第一，掌握正确的阅读方法。

第二，学会观察、理解、预测和概括阅读内容。

(三)掌握口头语言和书面语言，理解口头语言和书面语言的对应关系

早期阅读活动是一种语言教育活动，在早期阅读活动中，既要发展幼儿的口头语言，也要发展幼儿的书面语言，还要让幼儿理解口头语言和书面语言的对应关系。学习语言的要求主要包括三个方面。

第一，能在理解的基础上把图书内容表达出来。

第二，学会认读个别汉字。

第三，理解口头语言和书面语言的对应关系。

(四)渗透其他领域的教育

早期阅读活动还要根据阅读文本的内容渗透其他领域的教育。

四、早期阅读活动的组织步骤及指导

(一)幼儿自由阅读

在阅读活动开始时，不管是阅读图书还是阅读汉字，教师首先要创设机会让幼儿自由阅读。例如，在图书阅读活动中，面对新图书幼儿的兴致很高，教师在简单介绍图书名称后，就要让幼儿自由地阅读，以便大概了解图书的内容。

在幼儿自由阅读阶段，教师的指导要注意以下几点：第一，教师可用提问的方式引导幼儿的阅读思路。第二，教师可向幼儿提出阅读要求。例如，小声阅读、爱护图书、良好的阅读姿势、按照顺序阅读等。第三，教师要注意观察每个幼儿的阅读表现，并做个别指导。

(二)师生共同阅读

师生共同阅读，是指幼儿在自由阅读的基础上，再由教师带领一起阅读。这是早期阅读活动中最能体现教师指导作用的环节，其主要目的是：帮助幼儿深入理解图书的主要内容，教给幼儿正确的阅读方法，提高幼儿的阅读理解能力，正确地掌握口头语言和书面语言。

年幼幼儿在阅读时，往往注意的是画面上他们最感兴趣的部分，很难做到有顺序地仔细阅读。因此，在这一环节的阅读活动中，教师要教给幼儿正确的阅读方法，提高幼儿的阅读理解能力。正确的阅读方法包括：拿书、翻书的方法，指读、浏览的方法，按页码阅读的方法等，并知道图书有封面、封底、内页等。需要幼儿掌握的阅读理解能力主要包括：观察能力、理解能力、概括能力、预测能力、假设能力等，这是早期阅读活动的核心。

值得注意的是，在这一环节活动中，教师不是直接告诉幼儿应该学习什么，而是采用“平行”的方式，与幼儿平起平坐地共同阅读。其具体方法是：教师指导幼儿翻到每一页后，由教师提出问题，让幼儿先观察画面，并围绕画面内容进行语言交流。然后再和教师一起阅读图画下面的文字，一页一页地进行。这种方法有助于幼儿从自由地“接近”阅读信息，过渡到按照教师的指导接受阅读信息。

（三）围绕阅读重难点开展活动

每一次阅读活动都有重难点，教师事先应当做到心中有数，并能在阅读过程中有计划地围绕重难点开展各种活动，其目的是帮助幼儿突出重点，突破难点，使幼儿更好地把握整本图书的内容。

教师在指导幼儿围绕阅读重难点开展活动时，可以根据具体情况灵活地运用各种方法帮助幼儿解决重难点。例如，可以采用讨论的方法，根据阅读重难点提出某个问题让幼儿展开讨论，广泛地发表意见。也可以采用表演的方法，围绕阅读重难点让幼儿进行局部表演，有时仅仅是表演某个表情、某个动作、某段情节。

（四）归纳阅读内容

归纳阅读内容是总结性的活动环节，其主要目的是帮助幼儿巩固、消化所学的内容。这是整个活动中不可或缺的一个组成部分。

归纳阅读内容的方法多种多样。教师可以采用语言归纳法，鼓励幼儿用一段话或一句话归纳图书的主要内容；也可以采用活动归纳法，引导幼儿围绕图书内容开展表演或游戏活动；也可以采用作品欣赏的方法，以欣赏故事的方式进行；还可以采用创造性讲述的方法，让幼儿进行创造性讲述。有些活动方式，受课堂时间限制，也可以作为活动延伸在日常生活中开展。

第九课　幼儿园语言教育活动案例及评析

幼儿语言教育这一单元的学习，不但要理解、掌握幼儿语言教育的相关理论，还要积累幼儿园各种语言活动设计的感性经验，并以此为基础学会设计、组织和评析各种语言教育活动。本课围绕幼儿园常见的各种语言教育活动类型，选取有代表性的活动案例，让同学们阅读和欣赏，帮助同学们掌握各种语言教育活动设计的格式要求，丰富同学们的学习内容。

一、大班讲述活动：各种各样的袋子

扫一扫，看视频

大班讲述活动：各种各样的袋子

(一)活动目标

1. 能够围绕讲述主题内容，有顺序、有重点地进行完整、连贯的讲述。

2. 能够积极、专注地倾听别人的讲述内容，养成注意倾听的习惯。

3. 养成关注生活、热爱生活的积极态度。

(二)活动准备

1. 请幼儿从家里带来自己的袋子，布置成“袋子展览会”。

2. 录音机、磁带。

(三)活动过程

1. 参观“袋子展览会”，激发幼儿参与活动的兴趣。

提问：小朋友仔细看看这些袋子，和同伴说说你最喜欢哪一个袋子？为什么？

2. 通过“猜一猜”的活动，让幼儿运用已有经验进行讲述。

(1)请幼儿向周围小朋友说说自己最喜欢哪一个袋子。

教师注意倾听幼儿的语言是否清楚、简洁，并及时给予引导。

(2)请任意一个幼儿介绍他最喜欢的袋子，其他小朋友猜猜他说的是哪一个。

提问：你喜欢的袋子是什么样子的？它是做什么用的？你为什么喜欢它？

教师鼓励幼儿大胆讲述，及时抓住幼儿讲述中的闪光点。

3. 教师示范介绍自己的袋子，引进新的讲述经验。

教师按照袋子的特点→功用→喜欢的理由等讲述思路，讲述自己的袋子，为幼儿提供完整、规范的讲述范例。

4. 幼儿运用新的讲述思路在集体面前讲述。

教师提醒幼儿用较连贯、完整的语言讲述自己袋子的特点、功用、喜欢的理由，激发幼儿关注生活、热爱生活的情感。

5. 幼儿带上自己心爱的袋子表演。

幼儿听轻松音乐带上心爱的袋子，进行创造性的表演。

(四)活动延伸

1. 语言区：提供材料，引导幼儿把新的讲述经验迁移到同一物体和不同物体的讲述中去。

2. 表演区：让幼儿带上袋子跟着音乐节奏进行表演。

3. 美工区：投放操作材料，引导幼儿有创造性地制作袋子。

（该活动案例由汕头市儿童福利会第一幼儿园提供，略做修改）

[评析]

“各种各样的袋子”是一次非常有趣的实物讲述活动。教师取材于幼儿熟悉的生活用品——“袋子”，用贴近生活的讲述对象帮助幼儿较好地构思讲述内容，调动了幼儿讲述的积极性。

本活动的目标是从幼儿发展的多个层面提出的，它以幼儿的听说能力训练为主，又兼顾了幼儿情感、社会性的发展。这些目标既突出讲述活动的特点，又重视对幼儿的整体发展教育。

活动过程的第一个环节是在课前完成的，把它作为过程的第一个部分，主要是为了突出幼儿参与活动准备的重要性，使课前准备、课堂活动、课后延伸成为一个完整连续的学习过程。

从活动过程的第一个环节开始，教师按照讲述活动的组织步骤指导幼儿活动。第一个环节的参观“袋子展览会”，通过各种各样的袋子，色彩鲜艳、款式多样，既能激发幼儿参与活动的兴趣，又可以帮助幼儿充分地感知、理解讲述的对象，为后面的讲述积累感性经验。第二个环节的自由讲述，既有幼儿之间的个人讲述，又有在集体面前的讲述。两种方式各有优点，能保证每个幼儿都有开口说话的机会。第三、第四个环节是活动的重点，在第三个环节中，教师以示范法引入新的讲述经验，给幼儿提供讲述思路，并且在第四个环节中给幼儿提供了运用新的讲述经验进行讲述的机会，帮助幼儿及时巩固讲述经验。整个活动过程的安排层次清楚，衔接自然。

二、小班听说游戏活动：动物列车

扫一扫，看视频

小班听说游戏活动：动物列车

(一)活动目标

1. 能正确说出小动物的名称、叫声及爱吃的食物。学会用短句表达："我是××，×××，爱吃××和××"。

2. 能听懂简单的游戏规则，并按规则游戏。

3. 喜欢参加语言游戏，能大胆地参与交流。

(二)活动准备

1. 认识几种常见的动物，了解其外形特征和生活习性。

2. 小熊头饰、方向盘各一个。

(三)活动过程

1. 以参加小熊生日会为话题引起幼儿的兴趣。

由一名教师扮演小熊，幼儿扮演各种小动物，小熊前来邀请小动物到它家参加生日会。

教师提问："小熊，你要到哪里去呀?"小熊回答："今天我过生日，我要请小动物们坐上火车参加我的生日会。"

2. 学习短句"我是××，×××，爱吃××和××"。

教师提问："谁想去小熊的生日会？你是谁？你是怎样叫的？你爱吃什么?"

鼓励幼儿大胆地学说游戏中的对话："我是××，×××，爱吃××和××"。

3. 教师交代游戏的玩法及规则。

玩法：全班幼儿扮演小动物坐成半圆形，司机站在中间，手握方向盘，说："嗨！嗨！嗨！动物列车就要开，谁来坐?"大家齐声说："我来坐。"司机任意把火车开到一名幼儿面前，说："你是谁?"被选中的幼儿回答："我是××，×××，爱吃××和××"，说对了的幼儿双手搭在前一个幼儿的肩膀上作为乘客，嘴里发出"呜——"，游戏继续进行。

规则：幼儿说出的小动物的名称、叫声、爱吃的食物要一致，才能上车。

4. 教师带领幼儿游戏。

教师扮演司机，先邀请部分能力较强的幼儿与老师一起做游戏。

5. 幼儿自主游戏。

选择一名幼儿当司机，其他幼儿当乘客，全班幼儿参与游戏。角色可以轮换进行。在游戏活动中，教师鼓励幼儿尽量不要重复别人的话。

6. 以参加小熊生日会愉快地结束活动。

(四)活动延伸

在户外活动中进一步练习游戏。

(该活动案例由汕头市儿童福利会第三幼儿园提供，略做修改)

[评析]

听说游戏是以游戏的方式组织进行的语言教育活动，它兼有教学和游戏的双重性质。本次活动正是体现这一点，以一个游戏活动贯穿整个活动过程。

这是一个练习句子的游戏。在导入活动后，教师引导幼儿学习短句"我是××，×××，爱吃××和××"，这是为游戏的开展做知识储备，把游戏用语练好了，才能保证游戏的顺利进行。在第三个环节中，教师将语言学习的重点内容转化为游戏的规则。从第四个环节过渡到第五个环节，在幼儿熟悉游戏规则，逐步掌握游戏玩法后，活动过程从教师带领的游戏，转入幼儿自主的游戏，体现了活动过程进展中教学成分的逐渐减少，游戏成分的逐步增加，这样，使听说游戏活动以教学的方式进入，以游戏的方式结束，这就是听说游戏活动的最大特点。

三、大班文学活动：摇篮

扫一扫，看视频

大班文学活动：摇篮

(一)活动目标

1. 感受诗歌里洋溢着的宁静、温馨的情感，理解诗歌的内容。

2. 正确使用动词：飘、翻、吹、唱，学会有感情地朗诵诗歌。

3. 能大胆表达，具有口语表达能力和初步仿编诗歌的能力。

4. 养成热爱自然、热爱生活的思想感情。

(二)活动准备

1. 课件 PPT。

2. 音乐《摇篮曲》。

(三)活动过程

1. 运用歌曲《摇篮曲》导入，激发幼儿学习诗歌的兴趣。

(1)幼儿聆听歌曲《摇篮曲》，跟随教师做简单律动，感受摇篮带给小宝宝的温馨感。

小结：这是一首摇篮曲(播放画有摇篮的幻灯片)，是一首能让小宝宝安静睡觉的歌，那你们知道宝宝要睡在哪里吗？对了，要睡在摇篮里。今天啊，我们班上也来了许多小宝宝，看看它们是谁吧。

(2)引导幼儿说说各个宝宝的摇篮。

出示教具，提问：你们瞧，这是谁啊？那么你们知道他的摇篮是什么呢？

小结：孩子们真棒啊，你们的想象力都很丰富。缪老师今天带来一首诗歌，让我们一起来听听，诗歌里的小宝宝们都睡在什么样的摇篮里。

2. 播放课件，让幼儿欣赏诗歌，理解诗歌的内容和语言。

(1)欣赏诗歌第一遍，引导幼儿理解事物之间的关联性。(如星星—蓝天，鱼儿—大海……)

欣赏前，教师提问，让幼儿带着问题仔细倾听：

诗歌的名字叫什么？诗歌里都有哪些宝宝，谁是他们的摇篮呢？

欣赏后，教师提问，让幼儿思考回答：

谁能告诉我，诗歌里都有哪些宝宝呢？那么谁是他们的摇篮呢？

小结：原来蓝天是星宝宝的摇篮，大海是鱼宝宝的摇篮，花园是花宝宝的摇篮，妈妈的手是小宝宝的摇篮，那么这些摇篮都是怎么摇的呢，是轻轻地，还是重重地啊？对了，这些摇篮都是轻轻地摇，那么摇篮都用了什么动作来哄宝宝睡着呢，我们再来听听吧。

(2)欣赏诗歌第二遍，着重理解动词“飘、翻、吹、唱”。

提问：这些摇篮们都用了什么动作来哄小宝宝睡觉呢？我们一起来看看吧。

小结：原来不同的摇篮要用不同的方法才能哄宝宝睡着。

在蓝天摇篮里，白云要轻轻地飘，星宝宝才能睡着。

在大海摇篮里，浪花要轻轻地翻，鱼宝宝才能睡着。

在花园摇篮里，风儿要轻轻地吹，花宝宝才能睡着。

妈妈的手臂是摇篮，歌儿要轻轻地唱，宝宝才能睡着。

3. 引导幼儿学习有感情的朗诵诗歌。

(1)教师引导幼儿跟读。

幼儿跟着教师一起朗诵诗歌几遍。

(2)教师引导幼儿进行诗歌的感情处理，并配合动作。

(3)教师与幼儿一起配乐朗诵。

4. 启发幼儿尝试仿编诗歌。

出示PPT，利用这些画面引发幼儿思考，利用刚学到的知识与同伴一起创编诗歌，教师适时地指导和帮助。

提问：这些宝宝的摇篮是什么？谁会哄小宝宝睡觉？怎么哄？

5. 归纳诗歌主题，感受生活的美好。

教师总结：每个宝宝都有一个家，都有疼爱自己的妈妈，妈妈爱我们，我们也爱妈妈，我们的生活很美好，宝宝们也生活得很快乐，明天就是祖国妈妈的生日了，让我们一起唱一首歌送给我们的祖国妈妈吧。

(四)活动延伸

1. 将各种操作材料投放在活动区里，供幼儿继续朗诵、表演和创编。

2. 请幼儿把《摇篮》内容画出来，装订成册，供幼儿继续欣赏和创编。

附诗歌：

摇篮

蓝天是摇篮，摇着星宝宝，白云轻轻飘，星宝宝睡着了。
大海是摇篮，摇着鱼宝宝，浪花轻轻翻，鱼宝宝睡着了。
花园是摇篮，摇着花宝宝，风儿轻轻吹，花宝宝睡着了。
妈妈的手是摇篮，摇着小宝宝，歌儿轻轻唱，宝宝睡着了。

(该活动案例由广州市天河区骏景稚乐幼儿园提供，略做修改)

[评析]

文学活动是幼儿园最常见的语言教育活动类型，也是幼儿非常喜欢的一种活动。这首诗歌的意境优美，语言生动，主题内容健康向上，对幼儿具有深刻的教育意义。诗歌的内容结构单一，关键语言重复出现，符合幼儿的理解和学习特点。文学活动是围绕文学作品开展的多层次活动，本活动涵盖了三个层次的活动，有欣赏理解作品，有表现作品，还有现象创作作品，活动目标也体现了这一点。

这首诗歌的内容不是很长，在活动过程中，教师进行了两次示范朗诵，帮助幼儿欣赏诗歌，并理解诗歌的内容和语言。活动过程中的提问很重要，教师在示范朗诵前后都有提问，但两次提问的目的不同。示范朗诵前的提问是为了让孩子带着问题有目的地倾听，示范朗诵后的提问主要针对诗歌的内容和语言，通过提问可以帮助幼儿熟悉、理解诗歌的内容和语言，特别是诗歌的动词，以达到本次活动的第一、第二个目标。在幼儿初步理解诗歌内容后，教师运用多种方式帮助幼儿学习朗诵诗歌，并运用诗歌中的语言进行想象和仿编，以达到活动的第三个目标。最后和幼儿一起讨论、归纳诗歌主题，以达到本活动的第四个目标。

四、小班阅读活动：爱吃水果的牛

扫一扫，看视频

小班阅读活动：爱吃水果的牛

(一)活动目标

1. 初步学会按顺序观察图书的每幅画面，重点观察图中人物的形象和表情，讲出画面的主要内容。

2. 能联系自己的已有经验了解故事的基本内容，感受故事的幽默风趣。

3. 知道吃水果对人体有好处，养成爱吃水果的好习惯。

(二)活动准备

1. 大本图画故事书《爱吃水果的牛》一本，幼儿用书人手一本。

2. 牛的手偶、各种水果图片、配套DVD。

(三)活动过程

1. 手偶表演导入，观察封面引出故事。

(1)教师出示牛的手偶，激起幼儿听故事的兴趣。

教师用“牛”的口吻提问：你们知道我喜欢吃什么吗?

(2)教师出示大书，引导幼儿观察认识图书封面。

提问：封面上有谁?牛在做什么?

2. 引导幼儿观察识别画面并进行文字的讲述，帮助幼儿理解故事的内容。

(1)教师引导幼儿观察图书的扉页，提问：扉页上画了什么?

(2)教师引导幼儿阅读1～4页，提问：这是什么地方?你看到了什么?

(3)教师引导幼儿阅读5～9页，提问：牛吃了什么水果?是谁喂它吃的?

(4)教师引导幼儿阅读10～16页，提问：“邻居”是什么意思?主人和邻居生病了，爱吃水果的牛的心情怎样?为什么这只爱吃水果的牛没生病呢?它在干什么?

(5)教师引导幼儿阅读18～19页，提问：为什么是草莓牛奶呢?它是怎么来的?

3. 围绕重点内容开展活动，让幼儿加深对故事内容的感受。

(1)集体讨论19～23页，提问：爱吃水果的牛肚子里还有什么味道的牛奶?教师引导幼儿将水果与杯子对应数一遍，帮助幼儿理解吃了什么水果就会挤出什么味道的牛奶。

(2)教师出示教具“牛”，请幼儿将各种水果放进牛肚子里，请生病的邻居喝果汁牛奶。幼儿跟老师一起说：请你喝杯××牛奶吧!

(3)教师引导幼儿阅读22～23页，提问：从哪里看出他们变成爱吃水果的人了?

4. 完整阅读图书，欣赏故事内容。

幼儿自己一边翻阅图书，一边欣赏配乐故事。

5. 归纳图书内容，知道吃水果少生病。

教师小结：原来吃水果真的会少生病呢!今天老师也带来了很多好吃的水果，我们一起去吃水果吧!

(四)活动延伸

在图书角里投放图书，幼儿自主阅读。

(该活动案例由汕头市中山幼儿园提供，略做修改)

［评析］

早期阅读活动虽然是培养幼儿学习书面语言的教育活动，但是它不是一种纯粹的学习书面语言的活动，而是将书面语言学习和其他方面学习有效地结合起来的一种整合的学习过程。这节课的活动目标正是体现了这一点，既有书面语言的学习，也有口头语言的锻炼，还有阅读能力和社会性行为的培养。

本次活动过程安排了五个步骤：第一，导入活动开始，引出图书内容。第二，师生共同阅读，这是最重要的步骤，教师采用边提问边指导幼儿阅读的方法，在阅读过程中重点培养幼儿观察、理解、预测等方面的阅读能力，并让幼儿边观察边讲述，又锻炼了幼儿的口语表达能力。第三，围绕阅读重点开展活动，教师采用讨论和让幼儿表演的方法，让幼儿加深对故事内容的理解和感受。最后两个步骤主要是采用欣赏故事的方式归纳和巩固阅读内容，帮助幼儿归纳作品主题，并从中受到教育。

第十课　幼儿园语言教育活动实践训练

幼儿园的语言教育活动包括谈话活动、讲述活动、听说游戏活动、文学活动、早期阅读活动五种类型。每种类型的活动都有相应的教育活动目标和活动组织程序，需要理解、掌握并运用于实际教学中。围绕这五种类型的活动，本课安排了以下五个内容的实训活动。实训目的是：能根据各种类型语言教育活动的特点，通过有重点的实践训练，掌握各种类型语言教育活动设计和组织的一般策略，在此基础上学会独立评析、设计和组织各种语言教育活动，全面提升实践能力。

项目一　谈话活动的实践训练

(一)实训目标

1. 初步了解幼儿园谈话活动设计的基本要求。

2. 学会根据所提供的话题设计谈话活动的目标和活动过程中的提问。

3. 能根据所提供的话题设计与组织完整的谈话活动，熟练掌握谈话活动的设计和指导技能。

(二)内容与要求

1. 阅读完整的谈话活动方案。

认真阅读教师提供的谈话活动方案，并结合所学理论进行分析：活动方案的活动目标及活动过程的设计是否符合要求？需要怎样改进？

2. 观摩、评析幼儿园各个年龄班的谈话活动。

观看谈话活动教学实况录像或者到幼儿园现场观摩，记录谈话活动的全过程，然后分小组讨论活动的设计和组织是否符合要求？可以怎样改进？

3. 设计谈话活动的目标和活动过程中的提问。

根据下列话题设计谈话活动的目标和活动过程中的提问，全班同学进行评析，教师再进行评价和总结。

小班谈话活动：我最喜欢的人。

中班谈话活动：我的生日。

大班谈话活动：春游真快乐。

4. 设计完整的谈话活动方案，并练习说课或试教。

根据下列话题设计出完整的谈话活动方案，并分小组说课或试教。

小班谈话活动：我爱吃的水果、我的妈妈。

中班谈话活动：我喜欢的玩具、可爱的动物。

大班谈话活动：我的新年礼物、我爱看的图书。

项目二　讲述活动的实践训练

(一)实训目标

1. 初步了解幼儿园讲述活动设计的基本要求。

2. 学会根据所提供的图片、实物、情境等设计与组织各种类型的讲述活动。

3. 熟练掌握幼儿园讲述活动的设计和指导技能。

(二)内容与要求

1. 阅读各种类型的讲述活动方案。

认真阅读教师提供的各种类型的讲述活动方案，并分析比较：看图讲述、实物讲述、情境讲述三种类型的讲述活动在活动目标、组织步骤和指导方法上有什么不同？

2. 观摩、评析幼儿园各种类型的讲述活动。

观看讲述活动教学实况录像或者到幼儿园现场观摩，记录讲述活动的全过程，然后分小组讨论活动的设计和组织是否符合要求？可以怎样修改？

3. 设计讲述活动的活动过程。

根据下列课题内容设计讲述活动的活动过程。

小班讲述活动：看图讲述《捉迷藏》。

中班讲述活动：看图讲述《小兔家的窗》。

大班讲述活动：实物讲述《各种各样的杯子》。

4. 设计完整的讲述活动方案，并练习说课或试教。

根据下列课题内容设计出完整的讲述活动方案，并分小组说课或试教。

小班讲述活动：看图讲述《小鸭和朋友》、实物讲述《我的小书包》。

中班讲述活动：看图讲述《鱼儿搬家》、实物讲述《好看的帽子》。

大班讲述活动：看图讲述《鱼儿搬家》、情境讲述《妈妈回来了》。

项目三　听说游戏活动的实践训练

(一)实训目标

1. 初步了解幼儿园听说游戏活动设计的基本要求。

2. 学会根据所提供的课题内容设计各种听说游戏的玩法和规则。

3. 能设计与组织各种类型的听说游戏活动，熟练掌握听说游戏活动的设计和指导技能。

(二)内容与要求

1. 收集幼儿园的听说游戏活动。

利用到幼儿园的实习机会，收集幼儿园各种类型的听说游戏活动，然后将游戏内容带到班级与同学们交流。

2. 设计听说游戏活动的目标、玩法和规则。

根据下列课题内容设计活动目标、玩法和规则，并练习说课或试教。

小班听说游戏活动：学习运用“跳、飞、游”等动词。

中班听说游戏活动：学习使用方位词和介词。

大班听说游戏活动：学习用简单句说话。

3. 设计完整的听说游戏活动方案，并练习说课或试教。

根据下列课题内容设计出完整的听说游戏活动方案，并分小组说课或试教。

小班听说游戏活动：学习动词。

中班听说游戏活动：学习运用代词。

大班听说游戏活动：学习用简单句说话。

项目四　文学活动的实践训练

(一)实训目标

1. 初步了解幼儿园文学活动设计的基本要求。

2. 学会讲述故事和朗诵诗歌、散文，并设计帮助幼儿理解作品内容的方法。

3. 能设计与组织各种类型的文学活动，熟练掌握文学活动设计和指导技能。

(二)内容与要求

1. 阅读各种类型的文学活动方案。

认真阅读教师提供的各种类型的文学活动方案，并分析比较：故事活动、诗歌活动、散文活动等在活动目标、组织步骤和指导方法上有什么不同?

故事活动：《小兔子找太阳》(小班)。

诗歌活动：《春风》(小班)。

散文活动：《云彩和风儿》(中班)。

2. 练习讲述故事和朗诵诗歌，并设计帮助幼儿理解作品内容的方法。

(1)选择一个故事或诗歌作品，练习讲述或者朗诵给幼儿听。

(2)根据作品特点和内容，设计出帮助幼儿理解作品内容的方法，并进行说课或试教。

3. 观摩、评析幼儿园各种类型的文学活动。

观看文学活动教学实况录像或者到幼儿园现场观摩，记录文学活动的全过程，然后分小组讨论活动的设计和组织是否符合要求?有什么需要改进?

4. 设计完整的文学活动方案，并练习说课或试教。

根据下列文学作品设计出完整的文学活动方案，并分小组说课或试教。

小班：故事《灰灰先生》、诗歌《春风》。

中班：故事《金色的房子》、诗歌《春雨》。

大班：故事《金鸡冠的公鸡》、古诗《咏鹅》、散文《秋天的色彩》。

项目五　早期阅读活动的实践训练

(一)实训目标

1. 初步了解幼儿园早期阅读活动设计的基本要求。

2. 学会设计与组织幼儿园早期阅读活动。

3. 熟练掌握幼儿园早期阅读活动的设计和指导技能。

(二)内容与要求

1. 阅读完整的早期阅读活动方案。

认真阅读教师提供的早期阅读活动方案，并分析比较：早期阅读活动的活动目标及组织程序和其他类型的语言教育活动有什么不同?

2. 观摩、评析幼儿园早期阅读活动。

观看早期阅读活动教学录像或者到幼儿园现场观摩，记录早期阅读活动的全过程，然后分小组讨论活动的设计和组织是否符合要求?可以怎样改进?

3. 设计完整的早期阅读活动方案，并练习说课或试教。

根据下列课题内容设计出完整的早期阅读活动方案，并分小组说课或试教。

小班早期阅读活动：《三只羊》《送你一把梳子》。

中班早期阅读活动：《红点点》《树婆婆与鸟娃娃》。

大班早期阅读活动：《顽皮的螃蟹》《象形文字到现代汉字》。

思考与练习

1. 幼儿语言教育有什么意义？
2. 幼儿学习语言有什么特点？怎样根据这些特点进行语言教育？
3. 幼儿语言教育要遵循哪些指导原则？
4. 幼儿语言教育的总目标是什么？
5. 为什么要教幼儿学说普通话？
6. 为什么要重视生活中的语言教育？怎样在日常生活中进行语言教育？
7. 幼儿语言教育常用的方法有哪些？如何运用示范法？
8. 比较谈话活动和讲述活动的特点。
9. 谈话活动的组织包括哪几个步骤？每个步骤怎样指导？
10. 讲述活动的组织包括哪几个步骤？每个步骤怎样指导？
11. 文学活动包括哪几个层次的活动？每个层次的活动怎样指导？
12. 早期阅读活动的组织包括哪几个步骤？每个步骤怎样指导？

学习反思

第七单元
幼儿音乐教育

学习目标

知识目标

1. 理解幼儿音乐教育的指导思想。

2. 掌握幼儿音乐教育的目标、内容和常用方法。

3. 掌握幼儿歌唱活动、韵律活动、欣赏活动及乐器演奏活动的设计及指导要求。

能力目标

1. 学会评析数学活动方案和所观摩的数学活动，发现优点和存在问题，提出改进意见。

2. 具有设计和组织幼儿园各种类型音乐教育活动的能力。

素养目标

1. 树立符合新时代要求的音乐教育观、儿童观，提高对幼儿音乐作品的审美情趣及研究兴趣。

2. 形成爱岗敬业、为人师表、关爱幼儿等职业品质和活泼开朗、勤奋好学、勇于创新、团结合作等个性品质。

幼儿音乐教育是“幼儿园教育活动设计与指导”课程的组成部分，是幼儿教育工作者应该掌握的教学法课程内容。本单元主要根据《规程》《指南》的精神及幼儿身心发展规律，阐述幼儿音乐能力的发展特点、幼儿音乐教育的目标和内容，设计和指导幼儿音乐教育活动的原理和步骤，以期帮助学生掌握幼儿音乐教育的基础理论，从而提高从事幼儿音乐教育实践工作者的能力和素养。

第一课　幼儿音乐教育的指导思想

幼儿音乐教育的指导思想是幼儿园教师指导幼儿音乐教育活动的基本要求。本课旨在让同学们了解幼儿音乐教育对幼儿身心发展的促进作用，正确处理幼儿音乐教育与音乐能力、音乐素质等的关系，初步树立正确的幼儿音乐教育观念。

一、音乐教育是使幼儿得以身心和谐发展的重要手段

这里的和谐发展指的是身体发展和心理发展。音乐教育对身体发展的促进作用表现在：音乐教育能发展幼儿的基本动作，增进大脑的功能。音乐教育对心理发展的促进作用表现在：音乐能使人感到轻松、愉快，有助于培养幼儿活泼开朗的性格；音乐能促进幼儿智力的发展。

二、应使幼儿能从音乐中享受到乐趣，并且使这种乐趣成为一种终身需要

因为兴趣是学习的动力，幼儿学习的积极性直接受兴趣支配。尽管音乐符合幼儿好动的天性，但由于某些原因，幼儿对音乐活动也会产生厌烦和害怕心理。幼儿音乐教育的任务之一就是培养幼儿对音乐的兴趣。

三、对幼儿音乐能力的培养，应贯穿于全部的音乐活动之中

音乐能力是指保证音乐活动顺利进行所必须具备的心理特征。音乐能力包括以下几个方面。

音乐感受力是指听音乐时，不仅感受到音的高低、长短等，还体验到音乐所反映的情绪和思想感情，并与之产生共鸣的一种能力。

音乐记忆力是指能在脑中再现熟悉的音乐的能力。

音乐想象力(音乐创造力)是指在知觉材料的基础上，经过新的组合和加工，创造出新的音乐形象的能力。

音乐表现力是指表演音乐作品时，能把自己对于音乐的理解和感受表达出来的一种能力。

与“音乐能力”相关的另一个概念是“音乐素质”。幼儿的音乐素质主要表现在听觉的敏锐、准确程度；节奏感的准确、灵活，反应的敏捷程度；发音器官的音质、音色特点等。

四、在幼儿音乐教育中，教师重视的应该是教的过程，而不是教的结果

对幼儿进行音乐教育，绝不是要求幼儿对教师所教授的每一首歌曲或每一个舞蹈都进行不折不扣的模仿，而是要求教师和幼儿共同进行创造性的活动，让幼儿在游戏中、在创造性的表演音乐的过程中感知音乐。如果幼儿不愿意与他人合作，不愿意或不会表演音乐，那就是教学的失败。

第二课　幼儿音乐教育的目标和内容

幼儿音乐教育的目标是幼儿音乐教育的出发点和归宿，它具有不同的层次。幼儿音乐教育的内容是实现幼儿园音乐教育目标的载体。幼儿园音乐教育的内容包括歌唱活动、韵律活动、欣赏活动及乐器演奏(打击乐)活动等几个方面，选择、确定适合幼儿发展特点的音乐教育内容，才能有利于音乐教育目标的实现。

一、幼儿艺术教育的目标

(1)能初步感受并喜爱环境、生活和艺术中的美。

(2)喜欢参加艺术活动，并能大胆地表现自己的情感和体验。

(3)用自己喜欢的方式进行艺术表现活动。

二、幼儿音乐教育的目标

(一)幼儿音乐教育的总目标

(1)幼儿在音乐实践活动中，发展对音乐和舞蹈艺术的审美敏感性以及对周围社会生活和自然环境的审美敏感性。

(2)能使用嗓音、肢体、乐器以及美术、文学、戏剧等其他艺术表现手段(如服饰、道具、布景、化妆等)进行整合性艺术活动，学会表演和欣赏音乐、舞蹈作品，积累音乐语汇和艺术动作语汇。

(3)幼儿在欣赏和表演活动中，发展语言的和非语言的思维、想象、创造能力，积累有关的学习方法，养成良好的学习习惯。

(4)能积极参加集体音乐活动，发展在音乐活动中的人际沟通、协调、合作能力。

(5)养成对音乐和舞蹈作品、乐器、道具以及表演、游戏场地的初步责任意识以及初步的“演员”“观众”责任意识。

(二)幼儿音乐教育的年龄阶段目标

幼儿音乐教育的年龄阶段目标是根据幼儿艺术教育的目标和各阶段幼儿的年龄特点而确立的，对各年龄班幼儿的音乐教育有更直接的指导作用。小、中、大班的具体目标参见《幼儿园渗透式领域课程》。

《指南》从社会对未来人才的要求、艺术学科本身的特点、幼儿发展的年龄阶段出发，提出了健全和完善幼儿人格的审美教育要求。从整体上看，《指南》的幼儿艺术学习与发展目标分为两个部分：一是幼儿感受与欣赏的学习与发展目标；二是幼儿表现与创造的学习与发展目标。这两大类目标又分为四大块和三个年龄段来描述，具体如下。

延伸阅读

《指南》关于艺术教育的目标

(一)感受与欣赏

目标1　喜欢自然界与生活中美的事物

3～4岁	4～5岁	5～6岁
1. 喜欢观看花草树木、日月星空等大自然中美的事物。 2. 容易被自然界中的鸟鸣、风声、雨声等好听的声音所吸引。	1. 在欣赏自然界和生活环境中美的事物时，关注其色彩、形态等特征。 2. 喜欢倾听各种好听的声音，感知声音的高低、长短、强弱等变化。	1. 乐于收集美的物品或向别人介绍所发现的美的事物。 2. 乐于模仿自然界和生活环境中有特点的声音，并产生相应的联想。

目标2　喜欢欣赏多种多样的艺术形式和作品

3～4岁	4～5岁	5～6岁
1. 喜欢听音乐或观看舞蹈、戏剧等表演。 2. 乐于观看绘画、泥塑或其他艺术形式的作品。	1. 能够专心地观看自己喜欢的文艺演出或艺术品，有模仿和参与的愿望。 2. 欣赏艺术作品时会产生相应的联想和情绪反应。	1. 艺术欣赏时常常用表情、动作、语言等方式表达自己的理解。 2. 愿意和别人分享、交流自己喜爱的艺术作品和美感体验。

(二)表现与创造

目标1　喜欢进行艺术活动并大胆表现

3～4岁	4～5岁	5～6岁
1. 经常自哼自唱或模仿有趣的动作、表情和声调。 2. 经常涂涂画画、粘粘贴贴并乐在其中。	1. 经常唱唱跳跳，愿意参加歌唱、舞蹈、表演等活动。 2. 经常用绘画、捏泥、手工制作等多种方式表现自己的所见所想。	1. 积极参与艺术活动，有自己比较喜欢的活动形式。 2. 能用多种工具、材料或不同的表现手法表达自己的感受和想象。 3. 艺术活动中能与他人相互配合，也能独立表现。

目标 2　具有初步的艺术表现与创造能力

3～4 岁	4～5 岁	5～6 岁
1. 能模仿学唱短小歌曲。 2. 能跟随熟悉的音乐做身体动作。 3. 能用声音、动作、姿态模拟自然界的事物和生活情景。 4. 能用简单的线条和色彩大体画出自己想画的人或事物。	1. 能用自然的、音量适中的声音基本准确地唱歌。 2. 能通过即兴哼唱、即兴表演或给熟悉的歌曲编词来表达自己的心情。 3. 能用拍手、踏脚等身体动作或可敲击的物品敲打节拍和基本节奏。 4. 能运用绘画、手工制作等表现自己观察到或想象的事物。	1. 能用基本准确的节奏和音调唱歌。 2. 能用律动或简单的舞蹈动作表现自己的情绪或自然界的情景。 3. 能自编自演故事，并为表演选择和搭配简单的服饰、道具或布景。 4. 能用自己制作的美术作品布置环境、美化生活。

《指南》不但从儿童审美能力的培养角度，提出幼儿园各年龄阶段的幼儿艺术学习和发展目标，而且还对每个目标提出了教育建议，反映了国际儿童艺术教育的最新理论观念，体现了幼儿艺术教育改革的新趋势。幼儿音乐教育的目标是让学前儿童在既美好又有趣的音乐活动中，对音乐作品进行学习、创作、表达和欣赏，以此获得身体、精神、个性、社会性的良好发展。

(三)幼儿音乐教育的活动目标

幼儿音乐教育的具体活动目标是指一次音乐活动所要取得的成效。确定具体活动目标不仅要和幼儿音乐教育的总目标、各年龄阶段目标相吻合，而且要结合音乐教育不同活动类型，并充分考虑具体教育对象的年龄特点及音乐能力的发展水平。幼儿艺术教育领域的“感受—体验—表现”的目标本身就是一个情感与态度获得的过程，包含了幼儿认知和技能的学习与发展。这三个目标是一个相互交织、促进的整体，它们是共同实现的，只是每次具体活动目标的重点不同。教师在教育实践中，应努力通过一个个低层次目标的实现来达到高层次目标的实现，最终促进幼儿的全面和谐发展。

活动目标的确立详见第一单元第二课。

三、幼儿音乐教育的内容

幼儿音乐活动的内容包括歌唱活动、韵律活动、音乐欣赏活动和乐器演奏(打击乐)活动四个方面。

(一)歌唱活动

歌唱是指用嗓音来演唱有旋律、有歌词的歌曲以及节奏朗诵、唱名游戏等。每个幼儿都随身带有天然的“嗓音乐器”，所以开展歌唱活动可不受客观条件的限制。教师应选用适合幼儿年龄特点的歌曲，运用灵活有效的教学方法，使幼儿掌握唱歌技能的同时，增强他们对音乐的感受能力和理解能力，培养他们对歌唱活动的兴趣和爱好，并充分发挥歌曲的教育作用。

幼儿歌唱活动的内容主要可以从以下几个方面确定。

1. 歌词方面

可选择一些内容与文字有趣并能为幼儿所理解的，歌词内容能用动作表现的，且有重复发展余地的歌曲。

2. 曲调方面

歌曲的曲调是由不同高低、不同长短、不同强弱的音组成的，为幼儿选择歌曲时，在曲调方面应注意以下几点(见表 7-1)。

表 7-1

项目	班级		
	小班	中班	大班
音域	$c^1 \leftarrow (d^1 - a^1) \rightarrow c^2$	$b \leftarrow (c^1 - b^1) \rightarrow d^2$	$b \leftarrow (c^1 - c^2) \rightarrow e^2$
节拍	2/4　4/4	3/4	6/8
节奏	$\times\ \ \underline{\times\times}\ \ \times -$	$\times \cdot \underline{\times}\ \ \times - -\ \ \underline{\times}\times\underline{\times}$	$\times\underline{\times\times}\ \ \underline{\underline{\times\times\times\times}}$
速度	中速、稍慢	较快(稍快)	快、慢
旋律进行	级进、小跳进	四度、五度的跳跃	六度、八度的跳跃
词曲结合	一字一音为主	一字二音	一字多音
歌曲长度	八小节左右	十六小节左右	二十小节左右

3. 类型方面

应选择不同题材、不同性质风格(适应多种演唱形式的歌曲，如齐唱、领唱、对唱和轮唱等)的歌曲。例如，进行曲性质、摇篮曲性质、轻快活泼性质、民族风格和国外有名的幼儿歌曲等。

(二)韵律活动

韵律活动是指随音乐而进行的多种有节奏的身体动作，包括律动、舞蹈和其他节奏活动。韵律活动是一项非常受幼儿喜爱的活动。伴随欢快活泼或优美抒情的音乐，孩子们随着音乐的节奏舞蹈或做出符合音乐的性质及内容的动作，其节奏感及音乐表现力、创造力不断提高。

律动是指随音乐而做的一些模仿动作。幼儿律动常用的模仿动作有以下几个方面：动物的动作、人们的劳动、自然界的现象以及日常生活和游戏中的动作等。

舞蹈是指通过音乐和动作塑造具体形象，表现一定主题的艺术。其组成因素有：基本舞步、简单的上肢舞蹈动作、简单的队形变化。幼儿园常用的舞蹈形式有以下几种：集体舞、邀请舞、小歌舞或童话歌舞、幼儿自己创编的舞蹈和表演舞等。

幼儿韵律活动的内容可以从以下几个方面确定。

第一，动作简单、形象，易模仿。例如，鸟飞、大象走、摘果子等。

第二，动作适合各年龄阶段的幼儿。

小班：上肢大动作或下肢基本动作、简单的上下肢协调动作。

中班：上下肢联合的动作。

大班：稍复杂的动作及组合，包括小肌肉的动作。例如，采茶、织布、缝衣服等。

各年龄班幼儿学习的基本舞步如下。

小班：碎步、蹦跳步、小跑步。

中班：踵趾小跑步、踏点步、垫步、踏跳步。

大班：跑跳步、进退步、交替步、三步、跑马步、秧歌十字步。

(三)音乐欣赏活动

幼儿音乐欣赏，是让幼儿通过倾听音乐对作品进行感受、理解和初步鉴赏的一种审美活动，是怀着欣喜之情反复倾听音乐的活动。幼儿音乐欣赏教育能培养幼儿听觉的敏感性和良好的倾听习惯，能扩大幼儿的音乐视野，培养幼儿对音乐稳定而持久的兴趣，提高幼儿对音乐的感受力、想象力和创造力，丰富幼儿的情感，促进幼儿良好个性的形成。

具体内容是：

第一，幼儿将要学习的歌曲或器乐曲(包括即将学习的韵律活动、乐器演奏中的有关歌曲或器乐曲)。

第二，形象生动鲜明、幼儿能理解的优秀作品。

性质上较典型的歌曲或器乐曲，如《摇篮曲》《这是小兵》《熊跳舞》。

优秀少儿歌曲，如《春天在哪里》《铃儿响叮当》等。

中外名曲，如《赶花会》《啤酒桶波尔卡》《四小天鹅》《挪威舞曲》等。

第三，各种具有“音乐性”的自然声音，如动物的叫声、风雨声、落叶的沙沙声等。

(四)乐器演奏活动(打击乐)

幼儿园的乐器演奏是指在音乐声中有节奏地敲打某些打击乐器的一种活动。打击乐器是指靠击打或碰撞而发声的乐器。打击乐教学既能激发幼儿对音乐的兴趣，帮助幼儿初步掌握乐器演奏的一般知识和技能，发展节奏感，而且又能提高幼儿对音色的听辨能力及对各种音乐表现手段的敏感性。

幼儿园常用的打击乐器有铃鼓、三角铁、串铃、响板、蛙鸣筒、木鱼等。

各年龄班的配器要求如下。

小班：齐奏——几种乐器敲打同一种节奏。

中、大班：轮奏——按一定时距轮流齐奏。

合奏——用两种以上乐器打出不同的节奏。

第三课　幼儿歌唱活动

幼儿歌唱活动在幼儿音乐教育中居于重要地位。本课从幼儿歌唱能力的发展特点、教师对歌唱的设计和处理、活动过程的组织步骤及要求、复习歌曲的形式和方法等方面论述了幼儿歌唱活动的设计与指导要求，目的是帮助同学们理解和掌握设计、实施、评价幼儿歌唱活动的知识技能。

一、幼儿歌唱能力的发展特点

歌唱能力的发展是有一个过程的。幼儿歌唱能力的发展是与说话能力的发展平行的，从儿童语言的咿呀学语期开始，而后逐渐从近似唱歌，发展到能唱音域合适的歌曲。研究表明幼儿歌唱能力的发展有以下特点。

(一)音域方面

音域是从最低音到最高音的区域。幼儿的发声器官正处于生长发育阶段，他们的喉头比成人小一半，声带柔嫩而且较短。3～4 岁的幼儿可唱 5～6 个音，即 C 调的 1～6；4～5 岁幼儿的音域有所扩展，即 C 调的 1～7；5～6 岁幼儿的音域是 $\underset{\cdot}{7}\sim\dot{1}$。

(二)音量方面

幼儿的音量随年龄增长而逐渐增大。3 岁幼儿音量比较小，4 岁时音量明显增加。

（三）音色方面

幼儿的音色比较清澈、柔嫩、明亮，这与其体型、共鸣腔有关。3 岁幼儿唱歌的声音非常甜美，但目前发现有些刚入园的幼儿声音已经沙哑，因此应注意保护幼儿的嗓音。保护幼儿的嗓音要做到：防止大声喊叫，唱歌要用轻声；不让幼儿唱力所不能及的歌曲；防止幼儿连续练唱；上呼吸道感染时不要练唱；注意唱歌时的卫生条件，如不在过分潮湿、寒冷的空气中或尘土飞扬的场所唱歌；不顶着大风唱歌；唱歌后，不要马上吃生冷的食物等。

（四）唱歌技能的发展方面

在唱歌活动中，教幼儿掌握一些最基本的、最初步的唱歌技能，其目的是使幼儿学会运用这些技能达到有感情地唱歌的目的。幼儿唱歌技能的发展特点如下。

1. 姿势

正确的唱歌姿势是指唱歌时保持身体和头部的正直、放松，两臂自然下垂或放在腿上，两眼平视，两肩放松，口型保持长圆形，嘴唇的动作要自然。而幼儿学习唱歌的初期经常姿势过于紧张或过于放松。

2. 呼吸

唱歌时，应在坐、立正确的姿势下，保持平静、自然，从容不迫地进行呼吸。呼吸时不耸肩、不出声。而幼儿不懂吸足气和慢慢用气。3 岁幼儿常常唱上两三个字就换气，甚至一字一顿地唱歌。四五岁幼儿虽有好转，但很容易在时间较长的音上及附点音符上换气。

培养方法：①示范。②提示（用手势或语言）。③游戏。例如，让幼儿假装闻花；比赛谁一口气吹灭的蜡烛最多；比比谁的声音最长（汽笛叫、公鸡叫）。

3. 咬字吐字

唱歌时咬字吐字正确、清晰，能提高唱歌的表现力。但 3～4 岁的幼儿因为发音器官尚未发育完善，容易出现吐字不清和唱错字（因为不理解歌词）的现象。在正确的教育下，4 岁以上的幼儿基本没问题。

4. 发声

儿童自然的嗓音是柔嫩而甜美的，但在歌唱中幼儿也会存在唱歌过于小声或喊叫现象。因此必须要求幼儿用自然好听的声音唱歌，不大声喊叫，并学习用不同的声音演唱不同风格的歌曲。

5. 音准

3 岁幼儿走音、走调现象较严重。四五岁幼儿虽有很大进步，但在独自无伴奏唱时，仍有相当一部分幼儿出现不同程度的走音、走调现象。要培养幼儿能唱准音的高低和长短。

6. 协调一致

协调一致是指在集体唱歌活动中，要求全体儿童在音量、音色及咬字吐字的声韵、速度、力度等方面保持一致。而 3 岁幼儿初入园时，不善于听别人的声音，各顾各唱，经培养后，能较快发现并纠正。

7. 表情

幼儿唱歌有表情是指唱歌能做到强弱、快慢、音色的适当变化，面部表情自然及有轻微的身体动作。但 3 岁幼儿控制表情变化的能力差。5 岁以上幼儿控制表情的能力有较明显的发展。

二、幼儿歌曲的分析与处理设计

(一)分析、处理及练唱歌曲

教师的范唱在很大程度上决定了幼儿是否能感受歌曲的艺术形象，引起学唱的兴趣及愿望，所以教师在演唱的同时要分析和处理歌曲，尽量唱得熟练而有感情。

1. 分析歌曲

第一，要分析歌曲的主题思想和教育意义；第二，要分析歌曲的基本情绪；第三，分析歌曲的节拍、节奏、旋律等表现手段在表达歌曲内容上的作用。

2. 处理歌唱

处理歌唱就是进行演唱设计。即根据教学要求及幼儿歌唱能力的发展水平，设计歌曲演唱的速度、音色等，使歌曲形象鲜明，富有表现力。

(二)向幼儿提供有关的感性经验

1. 日常生活中先让幼儿欣赏旋律

心理学的研究表明，幼儿对于似曾听过、似曾看过的东西，学习的积极性最高。先让幼儿欣赏旋律能使幼儿对歌曲有一个初步的印象，从而产生学唱的兴趣和愿望，便于学唱。

2. 在其他活动中先让幼儿了解歌词

可结合游戏、儿歌先学歌词；结合故事先了解歌词。通过观察(参观)、实践活动等获得有关感性认识。

三、幼儿歌唱活动的设计与指导

(一)新授歌曲

1. 新歌导入和范唱

导入新歌的任务是把幼儿的注意力吸引到新歌的题材和意境中去，为感受歌曲，表现音乐打下基础。常用的导入新歌的方法有教具导入法、音像导入法、故事导入法等。

教师的范唱决定着幼儿学唱的水平，因此教师应面对幼儿进行范唱。范唱要有正确的歌唱技巧，富有感情，用多种方式重复范唱，如清唱、操作教具唱、配上教具唱结合进行。教师范唱时要有一定的教学艺术，要让幼儿心理上有听唱的准备，使每个幼儿都在自己的视线之内。

2. 帮助幼儿理解、记住歌曲内容

在听完范唱后，请幼儿简单表达自己的感受，目的是加深幼儿对歌曲的感受和认识，培养幼儿的独立思考能力、想象能力和语言表达能力等。教师可通过运用故事、直观教具、绘画；与幼儿进行谈话；也可以通过教师、幼儿扮演角色表演或操作教具表演；带幼儿随音乐节奏朗诵歌词等方法帮助幼儿熟悉、记忆歌词。

3. 帮助幼儿体会歌曲性质

教师应通过范唱、谈话或给幼儿讲解等方法帮助幼儿体会歌曲的性质，才能有效地引导幼儿有感情地演唱歌曲。例如，可以提问:“这首歌听起来觉得怎么样?”“老师是用什么样的声音唱的?”“为什么要这样唱?”“我们应该怎样唱(用什么样的声音唱)?”小中班可由教师讲解。大班应要求幼儿自己表达。(幼儿需掌握一些词汇，如连贯、轻柔；欢快、跳跃；优美、抒情；活泼、轻快等。)

4. 幼儿学唱新歌

幼儿学唱新歌的方法是听唱教学法。包括整体教唱和分句教唱两种方法。

整体教唱法是指教师在范唱后，学唱者跟着教师一起唱整首歌。其优点是：能使整首歌曲的意义、情绪保持完整、不割裂；可促进幼儿音乐记忆力的发展；使幼儿能以主动的态度学唱新歌。

分句教唱法是指教歌时教师范唱一句，学唱者模仿一句。其优点是一

句一句教，模仿起来比较容易。但分句教唱法使整首歌曲被分割成若干句，思想感情的表达受到很大的影响；难以激发幼儿积极记忆和思维；有些弱起小节的歌，分句教唱对幼儿会有困难，而且幼儿也不喜欢。因此，分句教唱只用于教难句。

教幼儿学唱新歌的最佳做法是两种方法结合使用，以整体教唱为主。同时幼儿学唱新歌还应注意两个问题，即开始学唱时，速度可以稍放慢，调可降低半度或一度；每学唱一遍，都应提高要求(可穿插示范、讲解、提醒等)。

(二)复习歌曲

复习学过的歌曲，目的是让幼儿牢固地掌握歌曲，提高幼儿在原有歌唱水平上的表现力。为了使幼儿在复习中保持新鲜感和积极性，教师应运用各种方式方法。

1. 复习歌曲的组织形式

组织形式有全体唱、部分幼儿唱(分组、分男女、指定某些幼儿)和单独唱。目前，单独唱往往成为少数幼儿的专利。教师应使每个幼儿都具有这种能力，其最佳方法是用“接龙唱”加以练习。

2. 复习歌曲的方法

复习方法有放声唱与轻声唱(默唱)交替；边唱边表演；边操作教具边唱歌；用游戏的方法演唱；分句接唱(对唱)；边唱歌边用手拍歌曲的节奏；边唱边画出歌曲的节奏；用打击乐器为歌曲伴奏等。

(三)创造性的幼儿歌唱活动

在歌唱活动中，教师应尝试培养幼儿的创造力。实践证明，以下三种方法有助于培养幼儿的创造力。

1. 引导幼儿为歌曲配动作

边唱边做动作是幼儿的特点，他们喜欢在唱歌的同时，用动作来补充歌曲的内容和情感，这些动作带有幼儿的想象和创造。教师在日常生活中注重丰富幼儿的感性经验，有意识地让幼儿积累动作表象，给幼儿自编的机会等做法，能有效地引导幼儿为歌曲配动作。

2. 引导幼儿为歌曲增编(或改编)歌词

让幼儿为部分歌曲增编或改编部分歌词，既能提高幼儿唱歌的兴趣，发展唱歌能力，也有助于对其创造力的培养。教师通过适当的提问，能启发幼儿更好地增编或改编歌词。

3. 引导幼儿自编歌曲(曲调)

教师选好性质鲜明、幼儿熟悉的歌曲，通过创设情境，让幼儿复习或欣赏同类性质的歌曲，引导幼儿谈感受或回忆儿歌，提出编歌的要求。鼓励幼儿编歌后将创作的部分乐曲录下或记下，唱给大家欣赏，也可以让幼儿学唱。

第四课　幼儿韵律活动

幼儿韵律活动包括幼儿律动、舞蹈及其他节奏活动三个方面。本课分别论述了幼儿节奏能力发展的特点，幼儿律动、舞蹈及其他节奏活动的主要形式，幼儿律动、舞蹈的设计与指导要求，为同学们初步具备设计、实施、评价幼儿律动、舞蹈的活动能力提供了知识基础。

一、幼儿节奏能力的发展特点

所谓节奏能力是指幼儿能够积极地体验音乐，感知音乐节奏的情绪表现力及准确地再现节奏的能力。

3～4 岁的幼儿已经基本上能合拍地做动作，在教师有意识地引导和要求下，能注意到音乐的性质及速度的变化，并且逐渐地能根据音乐的变化用相应的动作去表达对音乐的感受。

4～5 岁幼儿的动作能力又有所发展，他们能更有效地控制肌肉活动，动作更加轻松、灵活，而且对用动作表现音乐更感兴趣。

5～6 岁幼儿的动作已经完全能和音乐一致，能随着拍子的快慢或渐快渐慢而改变动作的速度，并能在动作中体现出二拍子和三拍子的节拍重音。

二、幼儿韵律活动的设计与指导

(一)律动方面

幼儿律动常用的模仿动作有以下几个方面：动物的动作；人们的劳动；自然界的现象；日常生活及游戏中的动作。

指导幼儿律动活动时应注意以下几个方面。

1. 事先丰富幼儿的生活经验

为了帮助幼儿更好地感受音乐和动作，活动前教师应通过以下方法丰富幼儿与律动有关的生活经验：带领幼儿进入实际的生活情境中去亲身感受；观察实物的动作；用实物演示动作；给幼儿实践的机会以获得亲身体会等。

2. 设计导入，引起兴趣

教师应根据每次律动音乐的特点及幼儿的年龄特点设计巧妙有趣的导入方式，在活动一开始就吸引幼儿进入律动的情境中。同时，用简单明了、生动有趣的语言向幼儿介绍律动的名称。

3. 引导幼儿感受乐曲或复习歌曲

通过反复、仔细地倾听律动音乐，引导幼儿分析作品的旋律、节奏、节拍、速度以及情绪特点等。

4. 启发幼儿用动作表现乐曲或歌曲的内容，并适当进行示范表演

5. 讲解动作要领

应做到语言形象、紧扣模仿对象、富有启发性。

6. 带动幼儿练习

带动幼儿练习律动应注重个别辅导，每次练习的要求从低到高；对中、大班幼儿可改变音乐的速度、力度和音高启发幼儿用多种形式进行练习；应注重让幼儿感受音乐的强拍。

7. 提供给幼儿感受和创造的机会

教师经常用的方法是：可以选用情绪、风格相类似的几首曲子交替使用，供幼儿练习某一个动作；也可用“一曲多用”的方法鼓励幼儿创编动作；允许并启发幼儿听音乐做出性质相同的各种动作；让幼儿为音乐自编动作等。

（二）舞蹈方面

幼儿园常用的舞蹈形式有以下几种：集体舞、邀请舞、小歌舞或童话歌舞、幼儿自己创编的舞蹈、表演舞。

指导幼儿舞蹈时应注意以下几个方面。

1. 日常生活及游戏中注重让幼儿积累一些动作表象

2. 设计导入，引起兴趣

教师应根据每次舞蹈音乐的特点及幼儿的年龄特点设计巧妙有趣的导入方式，在活动一开始就吸引幼儿进入舞蹈的情境中。同时，用简单明了、生动有趣的语言向幼儿介绍舞蹈的名称。

3. 引导幼儿感受、理解乐曲或复习歌曲

通过反复、仔细地倾听舞蹈音乐，引导幼儿分析作品的旋律、节奏、节拍、速度以及情绪特点等。

4. 讲解舞蹈内容

引导幼儿欣赏教师的完整示范或启发幼儿用动作表现音乐。

5. 教舞蹈的动作要领

常用方法有分解示范法、语言指导及形象的比喻、启发幼儿迁移旧知识以及对部分幼儿进行具体帮助等。教动作时应注意：让幼儿尽快习惯于听音乐做动作，开始练习时可放慢速度。

6. 讲舞蹈故事

启发幼儿将学过的动作按情节发展的顺序结合起来，形成一个完整的舞蹈。

7. 教舞蹈队形

常用方法是：邀请舞或两人对跳的集体舞可先教一组队形变换，使之成为对全班幼儿的示范过程。也可以让幼儿了解自己所处的空间位置，重点讲清换位置的路线和方向；有时还可以运用画线路图的方法等。

(三)其他节奏活动方面

幼儿其他节奏活动的类型很多。例如，语言节奏、身体节奏游戏、拍简单歌曲的节奏等。

第五课　幼儿音乐欣赏活动

本课主要阐述了幼儿音乐欣赏活动的意义及幼儿音乐欣赏能力的发展特点、幼儿音乐欣赏活动的设计与指导方法，为同学们初步具备设计、实施、评价幼儿音乐欣赏活动的能力提供了知识基础。

一、幼儿音乐欣赏能力的发展特点

(一)幼儿对音乐情绪性质的感受

3 岁的幼儿还不能用词汇来表达音乐在情绪性质上的区别，但能在随音乐做动作中反映出音乐在情绪性质上的差别，特别是进行曲与摇篮曲、舞曲与摇篮曲的区别。区分进行曲与舞曲仍感到困难。

4～5 岁的幼儿对一些内容熟悉的、形象性强的，如表现熊走、兔跳、鸟飞等动物活动的乐曲能很快识别，对进行曲、摇篮曲、舞曲也能有正确的感受，可以借助图片选择或动作选择做出正确的回答。

5～6 岁的幼儿不再借助图片或动作，可以直接用语言表达他们对音乐作品的情绪性质的感受，而且还能够感知作品中的各个细节部分，对音乐形象鲜明的同类作品的归类已不再感到困难。

(二)对音乐基本表现手段的感受

音乐基本表现手段有：力度、节奏、速度、旋律、音色、结构形式等。

3～4 岁的幼儿能辨认音乐作品中速度的变化，但对感知音乐中力度的变化还有一定的困难，对音区的变化只能大致地听出高音区和低音区音高的不同。感知音乐变化的能力还不稳定。

4～5 岁的幼儿能够区分出音乐中渐慢、渐快的速度变化和表情作用。在欣赏有鲜明对比的音乐时，能不感到困难地指出音乐力度的变化。在对音高的感知方面能听出相隔一个八度的音高上的不同，但是常常容易把强音和高音、弱音和低音机械地联系起来，因而很难理解和区分弱的高音和强的低音。通过系统的正确的欣赏指导和一些有趣的欣赏活动，幼儿还能感知一些简单的曲式。

5～6 岁的幼儿对音乐作品中速度、力度、音区的变化都能够清楚地加以辨别。幼儿辨认乐曲结构的能力也增强了，能够毫不困难地感知结构整齐的简单的二段体和三段体的音乐结构。

在音色的辨认方面，幼儿基本上能够区分出教师及每个幼儿的不同音色，对音乐中的男声、女声、童声都能有所区别，还能区分一些熟悉的乐器音色。

二、幼儿音乐欣赏活动的设计与指导

(一)在日常生活及各类音乐活动中注重培养幼儿对音乐表现手段的感受能力

倾听声音、培养幼儿的听觉敏感性是幼儿欣赏音乐的前提和基础。倾听是一种有意识的、带有注意的“留神听”，它不仅需要有注意的参加，有时还需要有感情的参与。“音乐源于生活”。在我们的周围环境中，充满着各种音响：鸟叫、蛙鸣、风声、雨水的滴答声等。教师要利用各种场合，运用游戏形式，去培养幼儿乐于倾听的技能，并以自己喜欢的方式表现生活中美妙的声音，为幼儿音乐欣赏活动奠定基础。

(二)指导幼儿欣赏音乐作品的一般过程

作品种类主要有器乐曲(有标题或无标题)和歌曲。

指导幼儿欣赏有标题的器乐曲音乐作品的一般步骤如下。

1. 教师向幼儿介绍音乐的主要内容

方法有以下几种：①引导性谈话，告诉幼儿关于作品的名称，并简短、形象、切题地介绍作品的主要内容，可借助直观教具，尽量避免与音乐作品内容无关的，或者会引起对音乐作品内容误解的介绍。②通过故事向幼儿介绍作品。③利用动画片让幼儿了解作品。

2. 组织幼儿完整倾听整首音乐，并谈论对音乐的整体印象

教师可以提一些较笼统的问题。例如，音乐是否从头到尾都一样？哪里不一样？

3. 组织幼儿分段倾听音乐，并较细致地谈论倾听的感受

组织幼儿重复深入地欣赏音乐，不仅要求幼儿掌握音乐作品的主要内容或情绪性质，还应感受及理解音乐作品表现手段的表情作用，较为完整、全面地感知音乐作品。因此在分段引导幼儿谈论倾听的感受时，教师应该从音乐性质及音乐内容两方面去提问。例如，这段音乐听起来觉得怎么样？是什么动物来了？如果作品有几个乐段，可引导幼儿对不同乐段进行对比，有时也可引导幼儿对不同作品进行比较。对比和归类方法的运用能有效地帮助幼儿积累欣赏经验。

4. 再次组织幼儿完整倾听整首音乐，鼓励幼儿自由地随音乐做动作

借助身体动作，有利于幼儿富有想象地表达自己的情感，加深对音乐作品的感受。

5. 视情况引导幼儿用绘画等形式表现乐曲的内容与情感(可作为延伸活动进行)

如果欣赏的作品是无标题的器乐曲，可以先不介绍乐曲的内容，而是先提出一些问题让幼儿边听边想。例如，这首乐曲好像在讲什么事？听了这首乐曲你好像看见了什么？自己又想做什么？

如果欣赏的作品是歌曲，也可以先不介绍歌曲的名称和内容，而是先提出一些问题引起幼儿的注意。例如，这首歌曲讲了些什么？听起来怎么样？是几拍子的？

必须明确的是：不管用什么方法，音乐欣赏活动的主要方法一定是让幼儿听音乐，一次活动应让幼儿听 4 次左右的音乐。

第六课　幼儿乐器演奏活动

幼儿乐器演奏活动对幼儿身心发展具有极大的促进作用。幼儿乐器演奏能力的发展特点是教师设计和组织该类活动的主要依据。本课主要阐述了各年龄班幼儿乐器演奏能力的发展特点、幼儿乐器演奏活动的设计与指导要求，为同学们初步具备设计、实施、评价幼儿打击乐活动的能力提供了理论基础。

一、幼儿乐器演奏能力的发展特点

3～4 岁的幼儿刚开始接触节奏乐器的技能极为简单，只是按照一定的速度拍打，还不能和音乐合拍，需要教师在演奏乐曲和歌唱时，有意识地照顾幼儿拍手的节拍。5 岁以后的幼儿基本上能按音乐的节拍敲打，在节奏乐活动中除了合拍地敲打乐器以外，还能够学会辨别音乐的强弱拍，在不同的强弱拍上按需要敲打演奏，并根据乐器的不同要求掌握切分、附点、弱起等各种节奏的演奏方法。

二、幼儿乐器演奏活动的设计与指导

(一)认识乐器

认识乐器即教幼儿观察辨认乐器的外形特征，听辨乐器的声音特点，记住乐器的名称及演奏方法等。

(二)熟悉歌曲或乐曲

欣赏熟悉歌曲或乐曲就是让幼儿熟悉音乐要表达的主要内容和曲式结构等特点，感受理解音乐的速度、力度、旋律、节奏快慢的变化、情绪性质等。教师可以先组织一次音乐欣赏活动使幼儿初步了解即将演奏的音乐作品，也可以先让幼儿学唱将要演奏的歌曲。

(三)了解音乐的配器

了解音乐的配器即了解该歌曲或乐曲一共用几种乐器伴奏，主要的节奏型是什么。教师常常用节奏谱、语音谱、动作谱、图形谱等方法帮助幼儿了解音乐的配器情况。有时教师可以与幼儿一道商量如何配器。

(四)空手练习(空手模仿演奏乐器的动作)

教师应带领幼儿以各种动作练习各种乐器、各个声部的节奏型，帮助幼儿尽快掌握各种节奏，待整齐之后再过渡到使用乐器演奏。其有两种做法：一种是分组按各组的任务练习—合起来(小范围合—全面合)；另一种是全班依次学习各种打法—分组巩固本组的节奏型—配合。

运用时应注意：空手练习的时间不能太长，不能等到幼儿完全会打了再分发乐器。因为长时间空手练习会降低幼儿学习的积极性，也不利于幼儿感受各种乐器的音色和音响效果。

(五)随音乐打击乐器

组织幼儿随音乐打击乐器应让幼儿轮换演奏不同的乐器，还应安排好幼儿的位置：拿相同乐器的幼儿坐在一起，持音量小的乐器的幼儿排在前面。应注重培养幼儿内在的节奏感。如果能够带幼儿自制乐器进行演奏，就会增添无穷乐趣。另外，还应注意培养幼儿打击乐的良好常规。例如，分收乐器时应避免幼儿等待、乱跑的现象；注重培养幼儿爱护乐器、不乱动乐器的好习惯等。

第七课　幼儿园音乐教育活动的组织形式

幼儿园音乐教育活动的组织形式是实现幼儿音乐教育目标的重要途径和模式。本课论述幼儿园音乐教育活动五种组织形式的含义及特点，旨在让同学们既全面掌握幼儿园音乐教育活动的组织形式，又能重点掌握常规性音乐活动的设计方法及实施步骤，进一步提高互相评价常规性音乐活动的能力。

一、常规性音乐活动

常规性音乐活动是最传统、最常见的一种组织形式，一般由三个环节组成。

(一)开始部分

根据需要可安排2～3项活动内容，如律动练习、发声练习、节奏练习等。其目的是把幼儿带入音乐艺术美的氛围，调动幼儿的积极性，集中幼儿的注意力。其内容应考虑与本次活动的主要内容相呼应，并经常加以改变。

(二)基本部分

一般可安排2～3项音乐活动内容。应考虑内容的新旧搭配、动静搭配，并使内容尽量相关，即尽量以一个角色或一个主题贯穿，使其过渡自然。

(三)结束部分

一般可以利用基本部分的最后一项内容自然地过渡到结束，离开活动室，也可以专门选择一项律动或舞蹈来结束。

二、主题性音乐活动

所谓主题性音乐活动，是根据某一阶段幼儿教育的内容，确定一个教育主题，围绕这一主题去选择有关的音乐教材，组织音乐活动。

三、单元性音乐活动

单元性音乐活动是指音乐本身的综合，即在某一单元时间内(2～3 周或更长)，有目的、有计划、有针对性地围绕某一音乐要素，综合听、唱、说、动、奏等音乐实践，组织丰富多彩的音乐教育活动。

例如，为了让幼儿了解和熟悉三拍子音乐的特点，可以利用单元活动，集中选择三拍子的歌曲或乐曲，让幼儿反复地听、唱、说、动、奏，从而对三拍子的音乐获得强烈、清晰和丰富的体验。

四、系列层次音乐活动

所谓系列层次音乐活动是指以一个材料为基础而设计的层层递进、环环相扣，以促进幼儿全面发展为目标的音乐活动系列。

例如，《狮王进行曲》至少可安排三个层次的活动：

第一层次：音乐欣赏《狮王进行曲》。

第二层次：韵律活动《狮王进行曲》。

第三层次：乐器演奏《狮王进行曲》。

通过这种活动，幼儿可以从不同角度或不同层次探索同一材料，并从不同角度或不同层次上享受同一材料所带来的各种快乐，获得多方面的发展。

五、活动区音乐活动

活动区音乐活动是以活动区的形式为幼儿提供有范围的自由选择音乐活动的机会。在音乐活动区投放的材料可以是有关音乐的书籍、教具、玩具、道具和布景等。

第八课　幼儿园音乐教育活动案例及评析

幼儿音乐活动包括四种类型，即歌唱活动、韵律活动、音乐欣赏活动和乐器演奏活动。本课通过呈现并分析各年龄班幼儿的音乐活动具体案例，帮助同学们进一步理解和掌握幼儿园音乐教育活动的规范设计格式要求及组织实施特点，并学会评价幼儿园各种类型的音乐教育活动。

一、小班歌唱活动：小手爬

(一)活动目标

1. 初步学会边唱歌边和着节拍做小手爬的动作，感受旋律的上行和下行。

2. 能通过动作表演理解记忆歌词。

3. 体验歌曲活泼、欢乐的情绪，能积极愉快地参与活动。

(二)活动准备

1. 幼儿初步认识了蜗牛、乌龟、蚂蚁等会爬的动物。

2. 音乐磁带：《动物走路》《咿呀咿呀哟》《小手跳舞》《小手爬》《蜗牛与黄鹂鸟》。

(三)活动过程

1. 幼儿跟随音乐的快慢模仿动物走路进入活动室。

2. 发声练习《咿呀咿呀哟》。

3. 节奏游戏《小手跳舞》。

带领幼儿用手指、小手在身上随音乐变化玩“小手爬”的游戏。

4. 学习歌曲《小手爬》。

(1)教师引导幼儿回忆“小手爬”游戏，并做出相应动作，引出歌曲名称。

(2)教师有感情地范唱一遍歌曲，提问：你们听到歌曲中唱了什么？这首歌曲听起来感觉怎么样？

(3)教师有表情地和着节拍边唱边做小手爬的动作。

(4)带领幼儿随琴声念歌词。

(5)组织幼儿随琴声学唱歌曲若干次。

(6)启发幼儿说说还有哪些小动物会爬行，激发幼儿改编歌词的兴趣。

5. 复习歌表演《走路》。

(1)引出名称，齐唱歌曲两次。

(2)个别幼儿表演唱。

(3)集体随音乐有表情地表演唱。

6. 复习音乐游戏《跟着妈妈走走》。

引出名称，交代要求，组织幼儿玩游戏若干次。

7. 结束活动：《蜗牛与黄鹂鸟》。

（该活动案例由汕头市政府机关幼儿园提供）

[评析]

歌曲《小手爬》的节奏感和动作性都很强，又富有情趣，是一个很好的小班歌唱活动教材。该活动能突出幼儿的动作体验及情绪体验，让幼儿在创编歌词及动作中达到熟悉歌曲的目的。整个活动的安排能注意到新旧搭配、动静搭配，并能选择相关的内容使各个环节自然过渡，是一个内容安排和方法设计都很合理的音乐活动。

二、小班歌唱活动：小小蛋儿把门开

扫一扫，看视频

小班歌唱活动：小小蛋儿把门开

(一)活动目标

1. 能感受歌曲欢快的基调。

2. 能用身体动作大胆表演，理解记忆歌词。

3. 初步体验歌曲活泼、欢快的情绪，能愉快地参与音乐活动。

(二)活动准备

小鸡绒偶、鸡蛋和小鸡的立体操作学具、鸡蛋的图片(PPT)。

(三)活动过程

1. 幼儿随音乐“小鸡走”做律动进活动室。

教师引导：今天妈妈要带小鸡宝宝到草地上去玩耍，要跟紧妈妈，不要走丢了哦！

2. 发声练习：小鸡叫。

教师指导重点：提醒幼儿唱歌时要轻声、自然地模仿小鸡叫。

3. 复习歌曲：小鸭小鸡。

教师提醒幼儿用自然声音演唱，要唱得轻巧，不拖拉。

4. 学习歌曲：小小蛋儿把门开。

(1)出示鸡蛋的图片(PPT)，谈话引出歌曲名称。

提问：这是什么？(出示鸡蛋的图片)你们猜猜看，谁在蛋里面？

(2)教师边操作鸡蛋的图片(课件)边演唱歌曲，帮助幼儿理解歌曲内容。

提问：

①谁在里面？老师用好听的声音请小鸡出来！(小小蛋儿把门开，开出一只小鸡

来）

②这只小鸡长得怎么样？（幼儿回答）这只小鸡毛茸茸、胖乎乎的真可爱。（毛茸茸呀胖乎乎）学习词汇毛茸茸、胖乎乎。

③小鸡怎样唱歌？我们一起和小鸡高兴地唱起来吧！（叽叽叽叽叽叽叽叽唱起来）

(3)教师有表情地范唱歌曲。

提问：谁在蛋里面，它是怎么出来的？小鸡长得怎么样？它高兴的时候是怎么唱歌的？

(4)教师再次范唱歌曲，让幼儿再次熟悉歌曲旋律。

(5)幼儿学唱歌曲。

①教师带幼儿完整地学唱一遍歌曲："我们用好听的声音一起请小鸡走出来。"

②随音乐，边看鸡蛋的图片(PPT)边有节奏地朗诵歌词。

③分组演唱歌曲。教师鼓励幼儿用欢快的声音演唱歌曲表现出小鸡出壳的喜悦。

④再次集体演唱歌曲，引导幼儿边唱歌边为歌曲配上动作。引导幼儿做出小鸡"毛茸茸胖乎乎"的神态。（此环节要在幼儿能掌握歌曲的情况下才进行。）

⑤完整配动作再次演唱：我们来学小鸡从蛋壳里跳出来。

5. 教师带领幼儿玩游戏：小小蛋儿把门开。

玩法：幼儿躲在"蛋壳"后面，当唱到"把门开"，小鸡们就跳出来做动作。

（该活动案例由汕头市儿童福利会第三幼儿园提供，略做修改）

[评析]

"小小蛋儿把门开"是一次适合小班幼儿特点的游戏化音乐歌唱活动，整个活动生动有趣。《小小蛋儿把门开》这首歌曲富有儿童情趣，整个乐曲贯穿了小鸡的孵化过程，诱发了幼儿的好奇心，使幼儿产生了持久投入音乐活动的热情，提高了对音乐活动的兴趣。教师按照常规音乐活动的设计理念，围绕"小鸡"将有关的律动、发声练习、音乐游戏巧妙地结合起来，让幼儿在音乐声中做小鸡模仿动作、复习歌曲，重点环节是"学习歌曲：小小蛋儿把门开"。新歌教学环节重点突出，教学步骤清晰明确、具体、可行性强。教师结合教具有感情地范唱后，以具体问题引导幼儿思考、回答，从而理解歌唱内容，体验小鸡出壳儿的喜悦，引导幼儿在体会歌曲欢快的基础上有感情地演唱歌曲，练习唱歌曲的形式多样，小组唱、全班唱、边做动作边唱、在游戏情境中练唱，多种方式感受音乐旋律及节奏的美，真正达到寓教于乐的目的，很好地实现了活动目标。

三、小班韵律活动：小鱼游来了

扫一扫，看视频

小班韵律活动：小鱼游来了

(一)活动目标

1. 初步学会边做动作边感受乐曲的旋律和节奏。

2. 能够和着节拍做小碎步，用手臂摆动表现小鱼游。

3. 体验与同伴一起游戏的快乐。

(二)活动准备

1. 小鱼游的视频、不同姿态、向不同方向游动的鱼的图片。

2. 小鱼头饰、彩虹伞、水草。

(三)活动过程

1. 听音乐模仿小鱼游的动作进场。

(1)向小鱼问好：“鱼宝宝们，早上好！”

(2)模仿小鱼游向池塘。

2. 看视频(图片)，激发幼儿学习小鱼游的兴趣。

3. 引导幼儿创编小鱼游的动作。

(1)提问：小鱼是怎么游的？

(2)鼓励幼儿尝试用动作表现小鱼游。

①引导幼儿用手臂在身体不同部位摆动表现小鱼游。

②带领幼儿学习手的动作。

③引导幼儿学习小碎步。

④幼儿尝试行进间做小鱼游的动作，教师观察引导。

4. 幼儿听教师唱歌练习做行进间小鱼游的动作。

5. 玩游戏：小鱼游。

(1)教师完整演唱歌曲，引导幼儿注意最后一句歌词“快快捉住”。

(2)帮助幼儿理解游戏的玩法。

提问：小鱼最后怎么样了？(被捉住了)

(3)教师讲解示范玩音乐游戏。

(4)教师带领幼儿听音乐做游戏，鼓励幼儿用不同的动作表现小鱼游。

6. 结束活动：小鱼游向池塘展示游泳姿势。

(该活动案例由广州市天河区骏景稚乐幼儿园提供，略做修改)

［评析］

“小鱼游来了”是一次幼儿喜爱的韵律活动，教师引导幼儿感受“小鱼游”歌曲，在听听、看看、玩玩中感受歌曲的旋律、节奏及歌词内容，在教师启发、指导下听音乐学会做小碎步、用手臂摆动表现小鱼游的动作，创造性地用手臂在身体不同部位摆动表现小鱼游。教师能根据小班幼儿的特点，运用看视频、示范法、形象性语言、玩游戏等方法，启发幼儿模仿小鱼游，发挥想象力，大胆做动作表现音乐特点，注重幼儿对音乐美的感受和理解，促进幼儿节奏感的发展，让幼儿在音乐的氛围中体验与同伴游戏的乐趣。

四、中班韵律活动：绸带舞

扫一扫，看视频

中班韵律活动：绸带舞

(一)活动目标

1. 掌握绸带舞的动作要领，基本做到舞蹈动作协调、合拍。

2. 学会看图谱表现舞蹈，能随音乐完整的表现舞蹈。

3. 喜欢跳绸带舞，能大胆用不同动作将绸带舞欢乐、热烈的气氛表现出来。

(二)活动准备

各种颜色的绸带、“舞谱”PPT、不同颜色的圈若干个。

(三)活动过程

1. 听音乐做律动进场。

教师导入：小朋友们，跟上我的节奏，大家一起动起来，拍拍你的手，一个跟着一个走，走成一个大圆圈。

2. 节奏练习：欢迎你。

教师示范：欢迎你，欢迎你，欢迎你，欢迎你，欢迎你，欢迎你好朋友，你好，你好，我叫×××，你叫什么？我叫×××。

3. 学习舞蹈：绸带舞。

(1)以“送礼物”游戏口吻引出活动名称。

教师出示装有绸带的信封说：老师要送你们一份舞蹈的礼物，请你们猜猜看是什么？

(2)引导幼儿感受舞蹈音乐，自由探索绸带舞动方法。

提问：这首曲子听起来感觉怎么样？(欢乐、热烈)小朋友想一想，可以怎样舞动绸带来表现音乐？教师重点鼓励幼儿探索多种舞动绸带的方法。

(3)请个别幼儿示范表演舞动绸带的方法。

(4)教师随音乐完整地示范一遍绸带舞蹈。

教师将小朋友刚才舞动绸带的动作编到舞蹈里，请幼儿看教师表演一遍绸带舞。提问：刚才老师跳的绸带舞有哪些不同方向的动作？

(5)教师出示“舞谱”，引导幼儿边看“舞谱”，边回忆舞蹈动作。

(6)学习看“舞谱”，全班幼儿一起随音乐完整地表现舞蹈。

(7)集体练习、分组练习相结合，幼儿练习绸带舞若干遍。教师重点指导幼儿注意随音乐的节奏挥动绸带，动作做到协调、合拍，完整地表现舞蹈。

4. 结束部分，玩绸带游戏。

游戏规则：地上有不同颜色的圈，幼儿自由选择站到圈内，当电脑显示某种颜色，那些站在与电脑相符合颜色圈的小朋友就要舞动手中的绸带，站在其他颜色的圈的小朋友就蹲着原地不动，欣赏其他小朋友的表演。

(该活动案例由汕头市儿童福利会第三幼儿园提供，略做修改)

[评析]

“绸带舞”是一次深受幼儿喜爱的舞蹈活动，教师引导幼儿感受音乐欢乐、热烈的气氛，创造性挥动绸带大胆地表现对音乐美的感受。整个活动内容多样化，不仅重点突出，注意活动的动静结合，而且搭配合理，律动、节奏练习、舞蹈动作的学习及音乐游戏的组织都吸引幼儿的兴趣，自始至终充满音乐性，很好地实现了活动目标。活动过程的主要环节是引导幼儿学习绸带舞。教师以游戏口吻“送礼物”引出舞蹈名称，在引导幼儿感受音乐的基础上探索舞动绸带表现音乐欢快、热烈的气氛，教师在鼓励幼儿创造性创编绸带舞蹈动作的基础上，组织幼儿观察“舞谱”学习舞动绸带的多种动作，指导幼儿随音乐有节奏地舞动绸带，完整表现舞蹈时动作协调、合拍，指导幼儿练习的形式多样，要求逐步提高。活动结束环节，以音乐游戏形式让幼儿在玩中再次感受音乐，巩固随音乐舞动绸带的动作，很好地实现了活动目标。

五、中班韵律活动：摘果子

(一)活动目标

1. 掌握采摘果子的动作要领，感受乐曲的旋律和节奏。
2. 能合拍地随音乐做摘果子及踵趾步的动作。
3. 能大胆用动作、表情表达劳动后的喜悦，体验创编的快乐。

(二)活动准备

果农采摘果子的 PPT、果宝宝头饰三顶、仙女棒一根、音乐 CD。

(三)活动过程

1. 韵律活动《富利古利富利古拉》。

教师:“今天秋高气爽,天气晴朗,让我们跳起快乐的舞步一起去郊游吧。”(一遍后,提示四个舞步:小跑步、走步、蹦跳步、小碎步的动作要领,再来一遍)

2. 观赏果园风光,感受果园丰收景象。

(1)出示 PPT1,欣赏果园风光,引导幼儿轻轻地走进果园。

(2)观看 PPT2,教师:“果园里有什么?”“姐姐是怎么摘果子的?”“现在就让我们一起学习姐姐去摘果子吧。”教师带领幼儿模仿学习摘果子。

3. 学习律动《摘果子》。

(1)幼儿欣赏音乐,初步理解音乐的性质和内容。

(2)教师以语言表述情境带动幼儿学习摘果子的舞蹈动作,先完整示范,再让幼儿集体练习。

重点指导:手部动作把握转手腕拧果子的动作要领;脚步动作练习踵趾步,脚尖向后点地,同时两膝直起;脚跟向前点地,身体略向后倾。

难点指导:引导手脚动作的配合及协调性。

(3)以游戏的形式指导幼儿动作的掌握,教师:“小朋友们学会摘果子了吗?现在老师要来看看谁摘得最好,老师的仙女棒指到谁,谁就把果子摘下来哦。”

(4)随音乐进行律动,重点指导:幼儿合拍地随音乐做摘果子及踵趾步的动作。

(5)角色扮演。请三位幼儿扮演果树,集体摘果子,引导幼儿自由创编各种造型动作。

4. 师幼共同表演水果舞。

教师:“刚才小朋友们摘了哪些水果啊?苹果、葡萄柚、木瓜、奇异果……(幼儿边回答边做相应的动作)摘了这么多的水果开心吗?让我们一起来跳个庆祝丰收的《水果舞》吧。”

(四)延伸活动

幼儿创编不同方位的摘果子动作,并在表演区表演。

(该活动案例由汕头市龙湖区丹霞幼儿园卢芝娜老师提供)

[评析]

《摘果子》是一个幼儿很感兴趣的律动。该活动一开始教师就出示 PPT“欣赏果园风光”激发幼儿的活动兴趣,引导幼儿轻轻地走进果园。然后在幼儿欣赏音乐,初步理解音乐的性质和内容的基础上,以语言表述情境带动幼儿学习摘果子的动作。讲解形象生动、重点突出,情境性强。接着教师以游戏形式鼓励幼儿复习新动作,这能充分发挥幼儿的主体作用,继而以角色扮演“请三位幼儿扮演果树,集体摘果子”的方法引导幼儿自由创编各种造型动作，有效地调动了幼儿学习的主动性、积极性和创造性。

六、大班韵律活动：小白马和小牧民

(一)活动目标

1. 能用身体动作感受乐曲的旋律、节奏和蒙古族舞蹈热情、奔放的特点。

2. 初步学会连贯地表演舞蹈。

3. 能大胆用动作表现乐曲的内容，体验创编舞蹈动作的乐趣。

(二)活动准备

大草原图片一张，木偶小白马一匹，小牧民一个，皱纸、纱巾、双响筒、响板等。

(三)活动过程

1. 幼儿跟随音乐做“小牧民挤奶”的动作进入音乐室。

2. 律动《草原小牧民》。

3. 节奏练习。

(1)以马蹄声让幼儿猜猜谁来了，启发幼儿用身体各部分发出声音表示马跑的节奏。

(2)出示节奏谱，让幼儿打出马跑的三种节奏。

4. 学习舞蹈《小白马和小牧民》。

(1)出示挂图，启发幼儿想象图片的内容，引出乐曲的名称。

(2)欣赏乐曲，启发幼儿用身体动作感受、表现乐曲的内容。

①启发幼儿说出乐曲的性质和节拍。

②教师用木偶表演的形式帮助幼儿理解乐曲所讲述的故事。

③启发幼儿用动作、表情来表现乐曲的内容。教师重点引导幼儿做出马喝水、马奔跑、牧民看花、牧民辛勤劳动等动作。

④教师简单讲述舞蹈故事，启发幼儿较连贯、完整地表演舞蹈。

(3)教师示范表演舞蹈一次。

(4)引导幼儿说出舞蹈中自己觉得最难的动作，教师有的放矢地进行示范、讲解，并带动幼儿练习。

(5)组织幼儿与教师一起随音乐舞蹈两次。

(6)请幼儿或选择乐器进行伴奏，或进行舞蹈若干次。

5. 在乐曲声中做马跑的动作离开音乐室。

（该活动案例由汕头市政府机关幼儿园提供）

[评析]

《小白马和小牧民》是一个有一定情节和角色的舞蹈。该活动能很好地渲染草原的气氛，从进入音乐室到离开音乐室，始终以马和牧民为线索来选择内容、组织活动，重点突出，情境性强。在教授舞蹈动作时，教师能充分发挥幼儿的主体作用，引导幼儿运用已有经验创编主要的舞蹈动作，克服了舞蹈教学中容易出现的教师示范、幼儿机械模仿的弊端，有效地调动了幼儿学习的主动性和积极性。

七、大班音乐欣赏活动：《狮王进行曲》

扫一扫，看视频

大班音乐欣赏活动：狮王进行曲(上)　　大班音乐欣赏活动：狮王进行曲(下)

(一)活动目标

1. 能借助故事及音乐线索感受音乐的旋律和其 ABCD 的结构。

2. 能用图谱表达对音乐的理解。

3. 体验在游戏中用动作、表情表达乐曲内容的乐趣。

(二)活动准备

图谱、狮子叫声 MP3、课前了解狮子等动物形象。

(三)活动过程

1. 随音乐做律动“森林探险”进场。

2. 初步欣赏乐曲《狮王进行曲》。

(1)教师有感情地讲述故事，引起幼儿欣赏音乐的兴趣。

提问：故事里有谁？讲了什么事？

(2)结合故事，引导幼儿初步感受乐曲，并谈论初步倾听的印象。

提问：这首乐曲听来感觉怎样(雄壮、有力，轻快、活泼)？音乐从头到尾是一样的吗？哪里不一样？

(3)教师指导幼儿边听音乐边制作图谱，进一步完整感受理解音乐作品。

提问：小朋友想一想，可以用什么图形符号表现吹号、狮王走、吼叫等？

(4)教师根据幼儿讨论的结果，边听音乐边现场制作图谱，引导幼儿结合图谱具体生动地理解音乐的旋律和结构。

(5)教师边指图谱边组织幼儿再次欣赏一遍音乐。

提问：这首乐曲听起来感觉有几段？

3. 组织幼儿分段欣赏乐曲，并较细致地谈论倾听的感受。

(1)欣赏乐曲 A 部分。

提问：这段乐曲听起来感觉怎样？你的心情怎样？可以做什么动作表现乐曲？

(2)欣赏乐曲 B 部分。

提问：这段音乐在表现什么？前半部分好像是发生了什么事？后半部分呢？听起

来感觉怎样？可以做什么动作表现乐曲？

(3)欣赏乐曲C部分。

提问：这段乐曲听起来感觉怎样？狮王在干什么？像吼叫的声音，乐曲里面同样的音乐有几次？

(4)欣赏乐曲D部分。

提问：这段乐曲跟哪一段音乐有点儿像？有什么不一样的地方？(轻快些)像是谁来了？可以做什么动作表现乐曲？

4. 组织幼儿分角色进行表演游戏，进一步完整地感受一遍乐曲。

5. 随音乐《狮王进行曲》离开活动室。

(该活动案例由汕头市福利会第三幼儿园提供，略做修改)

[评析]

该活动采用的是“整—分—整”的倾听欣赏模式。该模式突出了音乐欣赏教学的主要方法：让幼儿倾听音乐。在让幼儿倾听音乐时做到从整体轮廓性的感知到局部细节的感知，再到整体、全面、完整的感知，遵循了幼儿的认知规律，能使幼儿在充分的音乐欣赏实践中，对音乐作品获得一个较为完整、全面、深入、细致的感受，有利于提高幼儿欣赏音乐的水平和能力。由于这首乐曲的结构是ABCD式，内容上呈递进关系，欣赏起来难度较大，而且其中有多个角色，且每个角色的表演都各具特征。为了帮助幼儿提高对音乐的感受理解效果，该活动运用有趣的故事情节引导幼儿理解乐曲的结构和内容，设计的另一个亮点是能引导幼儿根据对乐曲的感受制作“图谱”表现乐曲中吹号、狮王走、吼叫等内容，并结合这些“图谱”直观生动地感受理解乐曲，提高欣赏音乐美、表现美、创造美的能力。

八、中班打击乐器演奏活动：洋娃娃和小熊跳舞

(一)活动目标

1. 感受音乐欢快活泼的旋律，初步学会看指挥与同伴合作演奏。
2. 能够用身体节奏动作表现歌曲的节奏型，学会用打击乐器交替演奏乐曲。
3. 体验为歌曲配器并与同伴合作演奏的乐趣。

(二)活动准备

1. 幼儿已经熟悉并会唱歌曲。
2. 大鼓、铃鼓、碰铃若干个。
3. 音乐磁带、录音机、头饰。

(三)活动过程

1. 进场《马跑》。

在教师的双响筒的打击伴奏下，根据节奏的速度快慢的变化，做跑马步进场。

2. 声势练习。

(1)模仿开火车的声音，感受声音大小的变化。

(2)发声练习《火车开走了》，表现出火车开走后声音的变化。

3. 打击乐器演奏活动《洋娃娃和小熊跳舞》。

(1)复习歌曲，用欢快活泼的情绪表现歌曲。

(2)幼儿自由创编身体节奏动作表现歌曲的节奏性。

①教师鼓励幼儿创编身体动作表现歌曲的节奏特点。

②反馈幼儿的创编情况，丰富其他幼儿的身体动作节奏经验。

③整理幼儿的创编动作，组织幼儿再随音乐进行律动练习。

④幼儿看指挥，分三个部分进行律动练习。

(3)引导幼儿探索歌曲的配器方案，制定乐器伴奏总谱。

①幼儿选择自己喜欢的乐器，按乐器标志分组坐好。

②讨论各种乐器的声音特点，根据乐曲的风格和节奏分句配上相应的乐器。

(4)幼儿看指挥，分声部学习打击乐的演奏。

要求幼儿看指挥，并能根据教师指挥的动作和手势做出积极正确的反应，熟悉后鼓励幼儿自由交换乐器演奏。

4. 音乐游戏《大花猫和小老鼠》。

引出名称，交代要求，组织幼儿玩游戏若干次。

5. 随音乐离开活动室。

(该活动案例由汕头市儿童福利会第一幼儿园提供)

[评析]

该活动能考虑中班初期幼儿的特点，选择一首幼儿已熟悉并能演唱的歌曲作为打击乐器演奏的教材。整个活动的设计能充分考虑幼儿的主体地位，具体表现在：鼓励幼儿自由创编身体动作表现歌曲的节奏；引导幼儿探索歌曲的配器方案；让幼儿自己选择喜欢的乐曲等，使幼儿在自主、欢快的气氛中学会看指挥与同伴合作演奏。

第九课　幼儿音乐教育活动实践训练

幼儿音乐教育的理论知识具有很强的操作性和实践性，本课提供了一些有代表性的主题，安排由浅入深几个层次的实训活动：观摩与评析幼儿园音乐活动案例、通过设计与组织音乐活动片段、独立设计和组织各种完整的音乐教育活动，试教、说课、相互评课以及结合幼儿园见(实)习等活动，使同学们既能懂得利用网络资源丰富音乐知识，积累幼儿音乐教育的方法，又能逐步训练、提高设计、实施幼儿音乐教育活动的能力。

项目一　阅读、评析完整的幼儿音乐活动方案训练

(一)实训目标

1. 进一步熟悉幼儿歌唱活动计划的结构及要求。

2. 初步掌握设计幼儿歌唱活动的技能。

3. 学会评析与修改幼儿歌唱活动计划。

(二)内容与要求

1. 阅读完整活动计划、观察活动录像或教师现场执教，然后评析与修改活动计划。

2. 3～4 岁歌唱活动《泡泡不见了》。

(三)活动目标

1. 感受歌曲轻松愉快的情绪，初步学习在间奏处控制不唱出声音。

2. 通过回忆、模仿吹泡泡的游戏情境，理解歌词，学唱歌曲。

3. 大胆参与歌唱活动，体验歌唱表演的乐趣。

(四)活动准备

1. 幼儿有吹肥皂泡的经验。

2. 幼儿吹泡泡的视频、音乐磁带。

(五)活动过程

1. 律动《郊游》进入。

2. 发声练习《走》。

3. 节奏游戏《吹泡泡》《泡泡糖》。

4. 学习歌曲《泡泡不见了》。

(1)幼儿观看吹泡泡的视频，教师引导幼儿回忆“吹泡泡”情境，自由谈论吹泡泡，引出歌曲的名称。

(2)倾听音乐磁带，提问歌曲的性质、内容。

(3)教师有表情地演唱，引导幼儿理解歌词内容，知道歌曲中的间奏。

(4)带领幼儿轻声慢速学唱歌曲，重点掌握间奏处不发出声音，鼓励幼儿用动作表现歌曲间奏。

(5)随琴伴奏完整歌唱若干遍。

(6)幼儿随音乐边唱边自由表演。

(7)复习舞蹈《我最喜欢吹泡泡》。

引出名称，集体表演舞蹈，在表演中结束活动。

(本案例是由汕头市政府机关第一幼儿园余朴纯、林卓君和陈悦心老师提供)

项目二　设计幼儿歌唱活动的目标训练

(一)实训目标

1. 学会独立有感情地演唱部分幼儿歌曲。

2. 能根据不同班的歌曲教材的特点制订合适的活动目标。

3. 进一步理解幼儿园大、中、小班歌唱活动的年龄阶段目标。

(二)内容与要求

独立熟练地演唱小班歌曲《春天》、中班歌曲《好妈妈》和大班歌曲《柳树姑娘》等，并以这三首歌曲的内容，分别撰写幼儿园小、中、大班歌唱活动的目标。

项目三　设计幼儿韵律活动的目标训练

(一)实训目标

1. 学会利用网络资源，熟悉幼儿部分韵律活动的音乐。

2. 能根据不同班的幼儿律动及舞蹈的不同要求，选择合适的活动内容。

3. 进一步理解幼儿园小、中、大班韵律活动的年龄阶段目标。

(二)内容与要求

利用网络资源，熟悉小班律动《小鸟飞》、中班音乐游戏《蓝鸟》及大班舞蹈《拥军秧歌》等幼儿音乐作品，并以这三首歌曲的内容，分别撰写幼儿园小、中、大班韵律活动的目标。

项目四　设计幼儿音乐欣赏活动的目标、过程训练

(一)实训目标

1. 学会利用网络资源，熟悉幼儿部分欣赏活动的音乐。

2. 能根据不同班的幼儿音乐欣赏的不同要求，设计合适的欣赏活动目标和过程。

3. 进一步理解幼儿园小、中、大班欣赏活动的设计要求。

(二)内容与要求

利用网络资源，熟悉小班欣赏作品《小燕子》、中班欣赏作品《赶花会》以及大班欣赏作品《啄木鸟》等幼儿音乐作品，并以这三首歌的内容，撰写幼儿园小、中、大班欣赏活动的目标和过程。

项目五　设计完整的各类型音乐活动方案，并练习说课或试教

(一)实训目标

1. 能根据不同班幼儿的特点设计完整的音乐活动计划。

2. 进一步理解幼儿歌唱活动、韵律活动、音乐欣赏活动和乐器演奏(打击乐)活动的设计要求。

3. 初步掌握说课与活动设计、指导的方法与技能。

4. 提高合作能力与评价、交流的能力。

(二)内容与要求

1. 分组进行，模拟组织幼儿园(小、中、大班任选其一)一节歌唱活动。

2. 分组进行，模拟组织幼儿园(小、中、大班任选其一)一节韵律活动。

3. 分组进行，模拟组织幼儿园(小、中、大班任选其一)一节音乐欣赏活动。

4. 分组进行，模拟组织幼儿园(小、中、大班任选其一)一节乐器演奏(打击乐)活动。

项目六　组织音乐领域为主的综合教育活动训练

(一)实训目标

1. 能利用网络资源获得幼儿音乐活动与其他领域统整的教学案例。

2. 提高分析评价幼儿音乐活动的能力。

3. 进一步掌握幼儿音乐活动的设计与指导技能。

(二)内容与要求

利用网络资源，搜索一个幼儿音乐活动与其他领域统整的教学案例，分析其设计理念，试教并相互进行评课。

项目七　校外执教练习

(一)实训目标

1. 能熟悉不同年龄班音乐活动教学过程的特点。

2. 能熟悉不同类型音乐活动中幼儿创造性的表现特点。

3. 提高组织指导、评价音乐教育活动的能力。

4. 能熟悉幼儿音乐教育的实际活动形式。

(二)内容与要求

利用见(实)习机会，分组进行幼儿园(小、中、大班)见(实)习教学，对班级儿童音乐学习过程和创作进行评价，对自己的教学进行反思性评价。

思考与练习

1. 幼儿音乐教育的指导思想是什么？

2. 简述幼儿艺术教育的目标。

3. 幼儿音乐教育的内容有哪些？如何选择？

4. 幼儿歌唱活动如何组织？以小班歌曲《好妈妈》为例写一份新授歌曲的活动计划。

5. 以“摘果子”为例，说明教幼儿律动的过程。

6. 教幼儿舞蹈动作的方法有哪些？举例说明。

7. 如何指导幼儿欣赏音乐作品？

8. 请写出幼儿打击乐器演奏活动的教学步骤。

9. 阐述幼儿园音乐活动的组织形式。

10. 解释概念。

音乐能力　音乐感受力　音乐表现力　韵律活动　律动　舞蹈　音乐欣赏　打击乐　音乐基本表现手段　节奏能力

学习反思

第八单元 幼儿美术教育

学习目标

知识目标

1. 理解幼儿美术能力的发展特点。

2. 掌握幼儿园美术音乐教育的目标、内容、原则和主要方法。

3. 掌握幼儿园美术欣赏活动、绘画活动、手工活动的设计原则、方法及指导要求。

能力目标

1. 学会设计幼儿园各种类型美术教育活动的计划，并能初步评价幼儿美术作品及美术教育活动。

2. 具有组织和指导幼儿园各种类型美术教育活动的能力。

素养目标

1. 树立符合新时代要求的美育观、儿童观，提高对幼儿美术作品的审美情趣。

2. 形成热爱幼儿教育事业、关爱幼儿、团结合作等职业品质和活泼开朗、勤奋好学、勇于创新等个性品质。

幼儿美术教育活动是幼儿园艺术领域的重要组成部分，幼儿美术教育是“幼儿园教育活动设计与指导”课程的组成部分，主要研究在幼儿园怎样运用教育的原理、方法结合美术学科的特点，设计并组织多种形式的美术教育活动，让幼儿喜欢美术活动、发展审美情趣和审美能力，实现身心的全面发展。本单元主要根据《规程》《指南》的精神及幼儿身心发展规律，就幼儿美术教育活动的实质、设计及组织指导进行较为系统的论述，以期帮助同学们掌握组织幼儿美术教育活动的教学法基础理论及提高幼儿美术教育的能力。

第一课　幼儿美术教育概述

美术是艺术的一个重要门类，幼儿美术是幼儿生命需求的直接显现，是幼儿认识和把握世界的一种方式，是幼儿记录生活和表达观念、情感与需要的一种手段。幼儿美术教育具有独特的意义，它是促进幼儿心理及其整体素质发展的良好途径。本课旨在揭示幼儿美术教育的内涵、特点，引导学生了解幼儿美术教育对幼儿发展的意义和作用，并能以此指导将来的工作。

美术是运用一定的物质材料，通过自己独特的艺术语言塑造具体可视的形象，以反映客观事物，表达作者的思想感情和美化生活的一种造型艺术。美术来源于社会，能全面地反映社会生活；它是人们对社会生活、对世界的一种认识；它既能反映现实美，又能创造艺术美。美术具有视觉形象性、瞬间性和永固性三个基本特征。

幼儿美术是幼儿所从事的造型艺术活动，它反映了幼儿对其周围世界的认识、情感和思想。幼儿美术从种类上看，可分为美术欣赏、绘画和手工。幼儿美术教育是以幼儿美术为手段，实施全面和谐发展教育的重要学科，是促进幼儿心理及其整体素质发展的良好途径。它是培养幼儿审美能力的启蒙教育，能促进幼儿认知能力的发展。它对幼儿的创新能力具有启迪作用，对幼儿人格全面发展能起到一定的协调作用。幼儿美术教育活动是满足儿童感受美的需要的情感教育活动，是以培养幼儿创造能力为核心的一种创造教育活动，是幼儿在教师指导下所进行的一种操作活动。

第二课　幼儿美术教育的目标和内容

幼儿美术教育活动目标的制订应以幼儿的发展、社会的需求和美术学科自身的特点为基本依据，它是幼儿美术教育的具体标准和要求。本课描述了幼儿美术教育的总目标和各年龄阶段幼儿美术教育的目标，旨在引导学生据此及有关理论撰写出合适的幼儿美术活动目标。幼儿美术教育的内容是幼儿美术教育目标的具体体现。幼儿美术教育的内容一般包括欣赏、绘画和手工等几个方面。本课引导同学们了解幼儿美术教育的内容，接触和熟悉幼儿园常用的美术操作工具、材料和技法，了解适合幼儿欣赏的美术作品。

一、幼儿美术教育的目标

幼儿美术教育的目标是幼儿美术教育的目的和要求的归纳，是幼儿美术教育的具体标准和要求。

《纲要》明确地把艺术领域的目标定为：

(1)能初步感受并喜爱环境、生活和艺术中的美；

(2)喜欢参加艺术活动，并能大胆地表现自己的情感和体验；

(3)能用自己喜欢的方式进行艺术表现活动。

理解《纲要》的美术教育要求，教育工作者在工作中需要关注以下方面。

(1)引导幼儿接触周围环境和生活中美好的人、事、物，丰富他们的感性经验和审美情感，激发他们表现美、创造美的情趣。

(2)在艺术活动中面向全体幼儿，要针对他们的不同特点和需要，让每个幼儿都得到美的熏陶和培养。对有艺术天赋的幼儿要注意发展他们的艺术潜能。

(3)提供自由表现的机会，鼓励幼儿用不同的艺术形式大胆地表达自己的情感、理解和想象，尊重每个幼儿的想法和创造，肯定和接纳他们独特的审美感受和表现方式，分享他们创造的快乐。

(4)在支持、鼓励幼儿积极参加各种艺术活动并大胆表现的同时，帮助他们提高表现的技能和能力。

(5)指导幼儿利用身边的物品或废旧材料制造玩具、手工艺品等来美化自己的生活或开展其他活动。

(6)为幼儿创设展示自己作品的条件，引导幼儿相互交流、相互欣赏、共同提高。

可见《纲要》充分发掘了艺术特有的通过提高审美愉悦来健全完善儿童人格的审美教育价值，体现了"感受与创造并重"的终身艺术教育观。其实质就是培养幼儿的审美感受能力和艺术创造能力。这种艺术教育观落实到幼儿美术教育中，我们认为，幼儿美术教育的总目标可表述如下。

(一)幼儿美术教育的总目标

(1)通过线条、形状、色彩等要素初步感受周围环境和美术作品中的形式美和内容美，对美具有敏感性。

(2)积极投入美术活动并通过各种造型要素自由表达自己的感受，体验美术创造的乐趣。

(3)初步尝试不同美术工具和材料的操作，并用自己喜欢的方式大胆地表现出来。

这一总目标是幼儿园美术教育其他层次目标的依据和最终追求。它体现了审美教育的性质，强调要培养幼儿的审美感知、审美情感和审美创造等基本能力，并指出了达到这一目标的途径。

(二)幼儿美术教育的年龄阶段目标

1. 小班幼儿美术教育目标

(1)美术欣赏教育目标。

①喜欢参加美术欣赏活动，体验美术欣赏活动的快乐，培养集中注意力欣赏的习惯。

②学会欣赏具有鲜明色彩和简单造型的物品和美术作品，能对这类形象感兴趣。

③学会欣赏同伴的美术作品。

(2)绘画教育目标。

①喜欢参加绘画活动，体验绘画活动的快乐，培养对绘画活动的兴趣，并养成大胆作画的习惯。

②认识油画棒、蜡笔、水彩笔、水粉画笔和纸等绘画工具和材料，掌握其基本使用方法，养成正确的握笔方法和作画姿势。

③学会画线条和简单形状，并用于表现日常生活中熟悉的、简单物体的轮廓特征。

④学会认识红、黄、蓝、绿、橙、棕、黑、白等颜色并选用多种颜色作画。

⑤学会区分并尝试画出主体色和背景色，培养对使用颜色的兴趣。

⑥学会在画面的中心位置安排主要形象，并把它画大些。

(3)手工教育目标。

①喜欢参加手工活动，体验手工活动的快乐，培养对手工活动的兴趣并愿意尝试各种手工工具和材料，培养安全、卫生、整洁的手工活动习惯。

②初步学会用糨糊、胶水等粘贴沙子、种子等点状材料。

③初步学会撕、拼贴、折(对边折、对角折)、印纸等面状材料。

④体验泥的可塑性，初步学会用搓、团圆、压扁、黏合的方法塑造简单的立体物象。

2. 中班幼儿美术教育目标

(1)美术欣赏教育目标。

①学会欣赏与生活经验有关的、能理解的成人美术作品、同伴美术作品及日常生活中的玩具、生活物品、节日装饰等，产生与作品等相一致的感觉和情感。培养关注具有美感的事物。

②欣赏并初步理解作品形象和作品主题的意义，知道美术作品能反映现实生活和人的思想感情。

③初步欣赏并感受作品中形象的造型美、色彩的变化与统一美、构图的对称与均衡美。

(2)绘画教育目标。

①进一步掌握多种绘画方法，体验绘画的快乐。

②初步学会用各种线条表现感受过的物体的基本结构和主要特征。

③认识12种颜色并学会辨别同种色的深浅，学会用较丰富的颜色作画。

④初步学会在画面上安排物体的上下、左右关系。

(3)手工教育目标。

①学会正确使用多种手工工具和材料，喜爱各种手工活动。

②学会用比小班丰富、复杂的点状材料粘贴出简单的物象。

③学会用纸折出(按中心线折、双正方形折、双三角形折)并剪贴出简单的物象。

④学会用捏的方法塑造简单的立体物象，并能用泥塑造平面的物象。

⑤初步学会用点状、线状、面状和块状的自然物和废旧材料制作玩具。

3. 大班美术教育目标

(1)美术欣赏教育目标。

①学会欣赏感兴趣的绘画、工艺、雕塑、建筑等艺术作品，培养初步发现周围环境和美术作品中美的事物的能力。

②了解作品简单的背景知识，进一步感受和理解作品的形象和作品主题的意义，知道美术作品如何反映现实生活和人的思想感情。

③欣赏并感受作品中形象的造型美、色彩的色调及其情感表现性、构

图的对称、均衡、韵律与和谐美。

④能积极主动参与美术欣赏活动，学习用语言、动作、表情等表达自己对作品的感受和联想。

(2)绘画教育目标。

①学会利用多种绘画工具和材料，运用不同技法表现自己独特的思想和感受，体验创造的快乐。

②初步学会完整地表达感受过的或想象中的物体的动态结构和简单情节。

③学会深浅、冷暖颜色的搭配，并初步学会根据画面的需要，恰当地使用颜色表现自己的情感。

④学会表现前后、远近等简单的空间关系及主体与背景的关系。

(3)手工教育目标。

①较熟练地使用和选择手工工具和材料，创造性地表现自己的意愿。

②学会用多种点状材料拼贴物象，表现简单的情节。

③初步学会用多种技法将纸折出物体的各个部分，组合成整体物象。

④学会用目测的方法将纸等面状材料分块剪、折叠剪来拼贴平面的物象或制作立体的物象。

⑤学会用伸拉的方法并配合其他泥工技法塑造结构较复杂的物象，表现主要特征和简单细节。

⑥初步学会综合运用各种工具、材料和技法制作教具、玩具、礼品、演出服饰、道具等布置环境，并注意装饰美。

《指南》从社会对未来人才的要求、艺术学科本身的特点、幼儿发展的年龄阶段出发，提出了健全和完善幼儿人格的审美教育要求。从整体上看，《指南》的幼儿艺术学习与发展目标分为两大类：一是幼儿感受与欣赏的学习与发展目标；二是幼儿表现与创造的学习与发展目标。这两大类目标又分为四大块和三个年龄段来描述，因此，从幼儿审美能力的培养角度来看，幼儿艺术教育的年龄阶段目标如下(参见第七单元第二课)。

《指南》不但从儿童审美能力的培养角度，提出了幼儿园各年龄阶段的幼儿艺术学习和发展目标，并且还对每个目标提出了教育建议，反映了国际儿童艺术教育的最新理论观念，体现了幼儿艺术教育改革的新趋势：第一，注重幼儿艺术能力与人文素养的整合发展。第二，不仅注重培养幼儿的审美情趣，还能培养幼儿敏锐的观察能力和创新思维能力。第三，注重在美术教育中渗透各领域的教学内容，有机综合是美术教育创新发展的新途径。

（三）幼儿美术教育的活动目标

幼儿美术教育具体活动目标是指通过一次美术活动期望幼儿获得的知识技能和受到某些方面的教育，或者说是一次美术活动所要取得的成效。确定具体活动目标不仅要和学前儿童美术教育的总目标、各年龄阶段目标相吻合，而且要结合美术教育不同活动类型并充分考虑具体教育对象的年龄特点及美术能力的发展水平。教师在教育实践中，应努力通过一个个低层次目标的实现来达到高层次目标的实现，最终促进幼儿的全面和谐发展。

二、幼儿美术教育的内容

幼儿美术教育的内容是指幼儿园美术教育中幼儿所要学习的形式、类型及其运用的总和。

（一）幼儿美术教育内容选择的依据

《纲要》指出："教育活动内容的组织应充分考虑幼儿的学习特点和认识规律，各领域的内容要有机联系，相互渗透，注重综合性、趣味性、活动性，寓教育于生活、游戏之中。"幼儿美术教育内容的选择还应考虑美术学科所具有的独创性和审美性这一本质特点。

（二）幼儿美术教育的内容

幼儿美术教育的内容涵盖了幼儿生活的全部，幼儿的所见所闻，包括周围环境的人物、动物、植物、风景、建筑、玩具和游戏等，都是他们进行美术活动的源泉，这些内容在表现形式上分为三大部分，即欣赏、绘画和手工。

1. 幼儿美术欣赏的教育内容

幼儿美术欣赏的教育内容主要有两大方面。

（1）欣赏的对象及内容。

①绘画作品。从创作所用的工具材料看，可以有水墨画、油画、水粉画、水彩画、版画等；从作品的题材内容看，可以有人物画、动物画、风景画、静物画等；从作品的存在形式看，可以有年画、连环画、宣传画、插图等。选择时要注意其内容与幼儿生活经验接近，所用工具材料和表现手法要简单、清晰、明了。

②雕塑作品。从制作工艺看，可以有雕和塑两类。可选择具有生动形象、表现生命活力的作品。

③工艺美术作品。从实用性与陈设性看，可以有日用工艺品和陈设工艺品；从民间艺术性看，可以有剪纸、风筝、刺绣等；从时态上看，可以有工业产品设计和装潢艺术设计两类。选择工艺美术作品要注意与幼儿的生活结合起来。

④建筑艺术作品。可以有儿童美术作品：应选择那些同龄孩子的有童趣的作品。自然景物：应注意选取幼儿可以观察到的景物，如日月星辰、花草树木、虫鱼鸟兽等，并注意自然景物的不同美的形态。周围环境：大致有室内环境和室外环境两类。前者如家庭环境、幼儿园教室环境等，后者如广场、园林等。

(2)欣赏的知识和技能。

①艺术作品的形式分析。例如，造型、色彩、构图等方面。

②作品主题的分析。例如，艺术家的意图。

③对作品的分析。

④对作品的表达。例如，用语言对欣赏作品做适当的描述；用形体语言(动作、舞蹈、哑剧等)、美术语言等表达自己对欣赏对象的感受和认识。

⑤作品的背景知识。例如，艺术家的生平。

2. 幼儿绘画的教育内容

(1)正确的绘画姿势、握笔方法和集中注意力完成绘画作品的绘画习惯。

(2)绘画工具和材料的认识和使用。

绘画工具和材料多种多样，其使用方法也是多种多样，幼儿可认识和使用的绘画工具和材料包括如下两个方面。

①各种绘画工具和材料的性质。例如，油画棒的油性，水粉颜料、水彩颜料的水性，宣纸的渗透性等。

②各种绘画工具和材料的正确使用方法。从不同的工具和材料看，幼儿可学习彩笔画、水粉画、印画、纸版画、吹画、喷洒画 、指纹画等。

(3)绘画的形式语言。

绘画的形式语言是指线条、形状、色彩、构图、明暗等美术要素，是绘画表现的手段。美术教育中幼儿所要学习的绘画的形式语言主要有线条、形状、色彩和构图。

①线条。有线条的形态和线条的变化。

②形状。形状是由线条构成的轮廓和结构，也是造型的基本要素之一。幼儿对形状的学习主要包括基本几何形状的组合以及自然形体等。

③色彩。幼儿对色彩的学习主要包括色彩的色相、明度的辨认和色彩的运用。幼儿学习运用色彩的内容包括主体色和背景色关系的处理、色彩的装饰和色彩的情感表现等。这类学习主要通过具体的操作活动来进行。

④构图。构图是指在一定的空间安排和处理人、物的关系和位置，把个别或局部的形象组成艺术的整体，以表达作品的主题思想和美感效果。简单地说，就是形象在画面中占有的位置和空间所形成的画面分割形式。例如，单独构图、并列构图、均衡构图等。这需要把握整体的能力和预先构思的能力，对于幼儿来说有一定的困难，因此，他们需要逐步学习如何处理绘画中形象的分布和主次关系。

(4)绘画的题材。

绘画的题材是指创作者在生活中形成的，根据一定的创作意图进行选择、改造或想象而进入作品的一定的生活现象。幼儿绘画的题材往往来自幼儿的生活。

3. 幼儿手工的教育内容

(1)干净、整洁、有序等良好的手工活动习惯。

(2)手工工具、材料及其性质。

①手工工具。幼儿所用的手工工具较为简单，主要有刀、笔、泥工板、牙签、糨糊等。

②手工材料。幼儿的手工材料可以分为点状材料、线状材料、面状材料和块状材料四种形态。

③手工材料的基本制作技法。

幼儿可学习的手工材料的基本制作技法有串联、粘贴、剪、撕、折、染、盘绕、编织、塑等。

泥工材料的基本制作技法包括团圆、搓长、压扁、捏、挖、嵌接、分泥和伸拉。折纸的基本技法包括对边折、对角折、集中一角折、四角向中心折、双正方形折、双三角形折、菱形折、组合折。剪的基本技法包括目测剪、沿轮廓剪、折叠剪。粘贴的基本技法包括图形粘贴、几何图形粘贴、自然物粘贴。

(3)手工的题材。

手工的题材有玩具、节日装饰物、头饰、日常布置用品和贺卡等。

以上内容是选择幼儿美术教育的大致范围，教师在选择美术教育内容时，还应注意根据当地的实际情况来进行，做到因地制宜、因时制宜、因材制宜、有的放矢地开展幼儿美术教育活动。

第三课　幼儿美术教育活动的组织原则

幼儿美术教育活动的组织原则是根据幼儿美术教育的目标、美术本身的特性以及幼儿身心发展的特点和教育规律制订的，是整个幼儿美术教育过程中必须遵循的基本要求和指导原理。指导幼儿美术教育活动实施的原则包括审美性原则、创造性原则和实践性原则等。本课论述了各原则的制订依据，提出了各原则的具体要求。

一、审美性原则

审美性原则是指教师在幼儿美术教育中，无论是活动目标的制订、活动内容的选择，还是活动的实施都应注意审美性。活动目标应以幼儿审美心理结构的建构为主，活动的内容应是有潜在的审美价值的，活动实施中注意审美环境的创设，审美特征的感知、理解与创造，审美情感的陶冶等。

审美性原则是由美术的性质、幼儿美术教育的审美性质所决定的。

贯彻审美性原则应做到以下三个方面。

(一)为幼儿创设充满情感色彩的审美环境

审美环境的创设应包括以下几个方面：第一，教师应为幼儿创设富有审美情感色彩的日常生活、学习环境。第二，教师应结合具体的艺术活动创设与之相适应的审美环境。第三，教师可以在活动室内播放一些优美悦耳的轻音乐作为背景音乐，这样既可以陶冶幼儿的情感，同时，也能起到安定幼儿情绪的作用。

(二)引导幼儿感知对象的审美特征

艺术中的审美感知是对事物的各个不同的特征要素组成的完整形象的整体性把握，是一种能够揭示事物的表现性(或审美属性)的特殊的感知。它具有非功利性、完整性、超越性、情感性等特点，强调的是“美”。因此，教师在引导幼儿感知欣赏对象时应做到：第一，着重感知对象的形、色、声和事物运动变化的特点等审美特征。第二，要注意有距离地感知，即把注意力集中于事物的使用、形状、色彩、空间等形式要素及其所表现的对称、均衡、节奏、多样统一等形式美的模式，事物的主题、情节、形象等内容因素以及这些形式和内容所表现出的情感因素上。第三，应注意教师语言的运用。即采用两类语言：一类是启发性语言，以帮助幼儿开阔思路、启迪智慧。另一类是艺术性语言，这类语言的形式应多样化，可以是一些形容词，也可以是谜语、儿歌、诗歌、童话等，其作用在于通过对对象的形、色和运动变化等特点的描述，帮助幼儿把眼前的外在形象进一步地加工成完整的、鲜明的、深刻的视觉表象，同时也调动幼儿的审美情感，使他们能够主动地进行心理操作。

(三)让幼儿在艺术活动中得到审美愉悦

审美愉悦作为一种情感，它在审美活动中起着求和作用，是整个审美心理要素发挥作用的基础。主体依赖于它，才使得审美活动相对区别于其他活动获得自己的规定性。幼儿艺术教育就是要让幼儿在艺术活动中得到审美愉悦。教师应做到：第一，以艺术活动的内容吸引幼儿。第二，用游戏形式来进行艺术活动。第三，提供多样化的工具和材料，刺激幼儿从事艺术活动的积极性。

二、创造性原则

创造性原则是指美术教育中应充分发挥幼儿的创造性，以其创造意识、创造力和创造个性的培养为主要目标。

每个幼儿都有创造的潜力。幼儿的创造力是指创造出对其个人来说是全新的、前所未有的想法或产品的能力。这种能力不仅能在作品中反映出来，还能从其制作的过程中显示出来。美术活动中幼儿的创造包括两个方面：一类是实在的可视形象的创造。例如，幼儿的绘画作品、手工作品中那些不合逻辑的构思、不合比例的造型等。另一类是审美心理意象的创造。它是前一类创造的前提，但它具有不可视性，常常被忽视。《纲要》中特别强调审美心理意象的创造。所以我们不但要关注幼儿艺术活动的结果，而且要更加关注艺术创造的过程。

贯彻创造性原则应做到以下几点。

(一)创造宽松的心理环境，激发幼儿的创造意识和动机

宽松的心理环境是人们发挥创造性的前提。研究表明，在心情良好的状态下工作时，人的思路开阔，思维敏捷，解决问题迅速；而心境低沉或郁闷时，则思路堵塞，操作迟缓，无创造性可言。对于幼儿来说，一个宽松的心理环境应包括信任、减少规定、给幼儿的活动提供一段不受评价的时期，使其自由想象不受阻碍。即让幼儿既能自由自在地表达并实践自己的观念，又能得到适当信息反馈的、提供容许与赞赏的环境。

(二)丰富幼儿的经验，引导幼儿对内在表象进行加工改造

丰富的经验是从事艺术创作的原材料。为幼儿美术创作所提供的经验应有助于幼儿的美术创造表现，应注意其过程性和体验性。这种经验可分为两种，即立体经验和平面经验。立体经验可通过两条途径来获得：一方面，外出参观，扩大幼儿的视野。在经验获得的过程中，要引导他们进行"移情"和"拟人"，并对审美对象进行整体想象。另一方面，与幼儿谈论他们的生活状况、他们的家庭、他们的朋友，让幼儿回忆生活中的喜怒哀乐经验。

平面经验也可以通过两个途径来获得：一方面，平时为幼儿选择一些适合他们年龄特点的、有趣的、不同风格的图书，给他们讲解，引导他们感受。另一方面，可利用能为幼儿理解的优秀的艺术作品，丰富幼儿的审美经验。平面经验有助于幼儿的艺术迁移，应引导幼儿重点学习形式要素和形式原理。

幼儿的艺术经验还来自对材料的操作。丰富的物质材料可以激发幼儿创造的欲望，因此，应尽可能地为幼儿提供丰富多样的材料，供幼儿在具体的操作中获得艺术的经验。

在此基础上，引导幼儿通过变形、分解与组合、联想等方式对内在表象进行加工改造。

(三)正确认识创造力与技能的关系

《纲要》提出："在支持、鼓励幼儿积极参加各种艺术活动并大胆表现的同时，帮助他们提高表现的技能和能力。"

技能是根据所确定的目的，利用已有的经验和熟练来选择和实现动作的方法。也就是说，技能标志着掌握用主体已有的经验和熟练来有目的地调节活动所需要的心理操作和实际操作的复杂系统。美术活动的基本技能包括以下四个方面。

第一，手的动作如手眼协调、手的控制能力。

第二，对工具和材料的理解与运用。

第三，对外界信息的掌握。

第四，对色彩、形状和空间等形式要素的认识与使用。

技能与创造力的关系密切，为创造力的发挥提供了基础和手段。在美术活动中，幼儿手的动作越灵活，对材料的性质和用途了解得越多，加上对形状、色彩、空间又有一定的认识，且幼儿对外界的信息有了更多的掌握，那么，他经过头脑加工创造出的作品就越有新意。

(四)正确认识和使用示范和范例

在幼儿美术教育中，应引导他们掌握材料的基本使用方法、造型规律，以便他们能够举一反三，触类旁通。在这一过程中，要注意让幼儿自己进行探索与思考。辅导要讲究对重难点进行恰到好处的引导。这种引导应该是启发式的。教师可以通过提问题、暗示、创设情境、联想、隐喻等给幼儿一些启发的线索，引导他们创作出富有创造性的艺术作品，从而促进艺术思维能力的发展。至于范例，虽然可以开阔幼儿的视野，但也会限制幼儿的想象和创造的思路。

(五)改革评价方法，鼓励幼儿积极创造

对幼儿美术进行评价有两个方面的价值：一是保证及时判断、了解幼儿美术的发展情况，以便对他们进行有的放矢地指导；二是培养幼儿对艺术的兴趣，并让幼儿透过美术得到更好的发展。这种评价，既有对幼儿美术创作结果的评价，也有对创作过程的评价。应采取将幼儿纵向地与其过去相比的评价，即从其个人的成长发展来评价的方法。并且在评价过程中，要尽可能地以欣赏的态度正面评价每一个幼儿，尽可能找出其进步的地方加以鼓励，这种鼓励应该是具体的、确实存在的，而不是泛泛的表扬。

美术活动中的评价者可以是教师但更主要的是幼儿。教师的评价起着导向作用。幼儿的相互评价更有价值。教师要鼓励幼儿找出别人有创造性的表现并给予赞美，为别人感到高兴，进而激励自己向他们学习，燃起希望的火花，争取更具创造性的表现。

三、实践性原则

实践性原则是指在美术教育中，教师要引导幼儿积极参与美术实践，在实践中发展和培养他们的美术能力和兴趣。幼儿对世界的认识特点之一就是对自己的感知觉的依赖，无论是表达自己的思想情感还是探索外在世界，他们都更倾向于用动作和形象作为媒介来达到目的。幼儿的这一特点决定了他们的学习就是一种实践性活动。

贯彻实践性原则要注意以下两点。

(一)引导幼儿运用多种感官通道进行美术活动

幼儿的感官还没有得到成熟的发育，他们常常用多种感官协调来帮助自己进行审美知觉。幼儿的审美知觉集中了语言交流与非语言交流，表现出多通道性。并且这种多通道性是多方面的，既有表情、身体动作与语言的结合，又有不同感觉、知觉的联合。所以，幼儿的美术教育应注意让幼儿多通道地进行参与，“看看、想想、说说、画画、玩玩”不失为一种成功的做法。这样不同的活动类型有助于幼儿注意力的持久和兴趣的保持。

(二)注意避免单纯的技能技巧和单纯的思想内容说教两个倾向

美术表现方式和技能技巧是幼儿美术素养的一部分，在每一次具体活动中应得到渗透和体现。幼儿的美术技能是在大胆表现的过程中逐渐发展起来的，其获得途径主要是幼儿的自主尝试、探索和发现。在此基础上，教师适时、适当点拨指导，而不是以简单示范和单向讲解的方式灌输孩子。幼儿美术技能的获得必须与良好个性品德的培养相结合。

第四课　幼儿美术教育的特殊方法

幼儿园美术教育活动实施的方法种类繁多，形式多样。除了与其他领域活动共同采用的谈话法、讲述法、讨论法等一般方法外，本课论述了美术教育独特的实施方法，这些特殊方法包括感知欣赏法、示范和范例法、游戏练习法和线索启迪法等。在实际的教学活动过程中，每种方法的使用并不是孤立的，教师应根据实际情况灵活、综合地运用各种教学方法。

幼儿美术教育的方法是多种多样的，常见的方法有以下几种。

一、感知欣赏法

感知欣赏法是教师通过艺术性语言的描述，引导幼儿运用多种感官观察、感知艺术作品和周围环境中事物的造型、结构、色彩、运动模式等审美特征，提高其敏锐的审美感知能力和深刻的审美体验能力的方法。

教师在引导幼儿感知欣赏时，要注意依据不同年龄幼儿的心理特点和实际水平，用语言引导幼儿按整体—局部—整体的顺序进行欣赏，从开始时的个别物体的欣赏逐步过渡到一组物体的欣赏，并且反复、连续地进行。

感知欣赏法的使用应注意与科学认知相区别。在科学认知活动中，幼儿通过各种感官感知客观事实，形成科学概念，强调的是“真”；而感知欣赏法主要是通过感知事物的审美属性，其目的不是形成科学概念，而是让幼儿获得敏锐的审美感知能力，强调的是“美”。

二、示范和范例法

示范是教师把美术过程中的难点直接操作给幼儿看，利于幼儿在直接模仿的条件下，学习一些参加美术活动必需的、关键的、技术性的措施。

教师在示范时，应注意与语言、讲解密切结合，动作清晰、准确，必要时动作可以夸张一些，让每一位幼儿都能看见。示范时能让幼儿较快掌握技能，但教师示范越多，幼儿创造越少。所以教师必须谨慎使用示范法。教师应注意只对难点进行示范，不要全过程都示范，并且示范应富有启发性，避免幼儿消极模仿。

范例是提供给幼儿观察欣赏的直观教具，它可以是教师的范画，也可以是实物、照片、图片、图书等。好的范例可以帮助幼儿了解、感受事物的审美属性，充实其视觉形象，丰富幼儿的创作内容；还可以帮助幼儿学习和体验多种艺术手法，提高审美能力。因此，选择范例应有一定的标准。

第一，范例应有美感。

第二，范例应是形象鲜明而清晰的，能反映事物的基本结构与特征的，能帮助幼儿掌握其基本形象的。

第三，范例的描绘方法应适合幼儿的年龄特点，是幼儿能理解与接受的。

第四，范例应是多样化的，能从不同侧面反映事物的形态，可以启发幼儿的思路。

三、游戏练习法

游戏练习法是指通过游戏的形式，让幼儿在愉快、积极的状态下习得美术技能，把视觉形象改变为视觉—运动形象，提高手眼协调能力，从而培养幼儿对美术活动兴趣的方法。

游戏练习法的使用是灵活多样的，游戏化的命题、游戏化的练习、具有可游戏性的游戏成果、游戏时间的美术活动都可以把美术和游戏结合起来。

四、线索启迪法

线索启迪法是教师提供某种刺激，激活幼儿的思路，唤醒他们沉睡的经验，使幼儿进入美术创造的思考过程的方法。教师提供的线索要与幼儿的已有经验有适度的相似性或关联。

第五课　幼儿美术能力的发展特点及指导

幼儿美术能力的发展是进行幼儿美术教育的基础。幼儿美术教育工作者必须了解幼儿美术能力发展的阶段与特征，并根据实际情况来设计和实施美术教育活动。本课论述了幼儿美术欣赏、绘画、手工各年龄阶段的主要特点，并详细介绍了幼儿美术欣赏、绘画、手工教育活动的设计和指导要求，目的是使同学们在理解和掌握幼儿美术教育的多种活动类型的特点及指导要求的基础上，学会设计幼儿美术教育活动计划并实施。

一、幼儿美术欣赏能力的发展特点及指导

(一)幼儿美术欣赏能力的发展

幼儿美术欣赏是引导幼儿欣赏和感受美术作品、自然景物和周围环境中的美好事物，了解对称、均衡等形式美的初步概念，感受其形式美和内容美，从而丰富他们的美感经验，培养其审美情感和审美评价能力的教育活动。幼儿美术欣赏能力的发展可分为两个阶段。

1. 生理性直接感知阶段(0～2 岁)

这一时期幼儿的欣赏主要表现为对形式审美要素的知觉敏感性和注意的选择性，是纯表面的和本能直觉的。但这些本能的直觉行为能为日后更高层次的美术欣赏活动做心理上的准备。

2. 主观的审美感知阶段(2～7 岁)

2～7 岁的幼儿，随着其认识能力的发展，在美术欣赏感知和理解方面，表现出三个特点：一是对作品内容的感知先于对作品形式的感知。二是在教育的干预下，儿童能感知美术作品的某些形式审美特征。三是幼儿

对于作品的造型、设色、构图以及作品的情感表现、风格等的感知与理解已有所表现。

(二)幼儿美术欣赏活动的指导

幼儿美术欣赏的实施与指导，应根据幼儿的美术欣赏心理来进行。幼儿美术欣赏的实施与指导包括以下五个阶段。

1. 审美注意形成阶段的指导

美术欣赏的第一个阶段是审美注意形成的阶段。所谓审美注意是审美态度碰到具体对象的时候，把注意力集中和停留在对象的形式或结构上面。幼儿还不能完全自发地把注意力集中在对象的形式和结构上面，他们常常有一种“求实”的心理，即注意欣赏对象的内容，而忽视其形式。所以，当幼儿面对一幅画或一件工艺品时，可以顺应幼儿发展的特点让他们尽可能地进行直接描述，即陈述作品外在的、可立即指称的视觉对象，而不涉及作品的含义及其价值的认定。这一阶段的指导要点是：

第一，给幼儿一定的时间进行独立的欣赏，要尽可能让他们畅所欲言。

第二，当幼儿需要帮助时，教师可用启发和提问的方式，引导他们观察、想象并进一步地陈述清楚。

2. 感受阶段的指导

这是幼儿美术欣赏教学的关键环节。美术欣赏感受是一种积极的心理活动过程，包括感知、想象、理解、情感等多种因素的交错融合。主要活动就是对作品的形式和内涵意义进行欣赏。所谓形式分析是指分析作品中各部分之间组合的情形。例如，造型、色彩、构图等形式语言和对称、均衡、节奏、韵律、变化、统一等构成原理的应用。在这一过程中，教师宜引导幼儿运用边体验、边讨论的方式来进行，让他们通过充分的感性体验后，再进行理性的分析。为此，这一阶段的指导要点是：

第一，教师必须理解线条、形状、色彩、构图等形式语言可能的象征意义。

第二，必须理解对称与均衡、节奏与韵律、变化与统一等形式美的原理。

第三，要适当地教给幼儿一定的美术欣赏的基本艺术语言与形式美的原理，以帮助他们进一步加深对作品的情感体验。

第四，教师要按照一定的顺序提出问题引导幼儿思考、分析，待幼儿说出自己的理解后，教师再进行总结，以帮助幼儿厘清思路，进一步加深体验。对于作品独特的描绘手法，应有针对性地帮助幼儿加深理解。

3. 解释阶段的指导

所谓解释是指探讨一件美术作品所蕴含的内在意义。每一幅作品的背后都有一个故事。对有些作品的理解需要联系一定的社会历史背景，对这类作品的欣赏不必苛求幼儿完全按照画家的原意来理解。这一阶段的指导要点是：

第一，探讨美术作品所蕴含的意义，必须在整体与部分的辩证运动中进行。要根据各部分进行整体意义的解释，从而形成一个或多个合理的解释。

第二，教师必须鼓励幼儿根据自己对作品所传达的信息的体验和理解，充分发挥想象力、创造力，发表自己的见解。应鼓励幼儿用语言、动作、表情等表达自己对作品的感受和联想。

另外，教师还可以适当地介绍创作者的生平、作品创作的时代背景以及创作者个人的创作动机。

4. 评价阶段的指导

所谓评价是指判断一件美术作品的价值。对幼儿评价阶段的指导重点宜放在对作品的审美判断以及揭示作品对于人类美术活动的意义上，以帮助幼儿从多样化的作品表达方式中吸取审美经验，提高其审美判断能力和审美趣味。这一阶段的指导要点是：

第一，鼓励幼儿说出自己喜欢这幅画的理由，或说出对作品含义的某些理解。

第二，教师可对作品的内容做较为综合性的、具有一定指导意义的总结，帮助幼儿加深印象，提高审美判断能力。

5. 启发创作阶段的指导

所谓启发创作是指情感深层体验，联系外物，尝试创新。即幼儿欣赏活动中引发的表现冲动的实现，需要教师的引导和启发。这一阶段的指导要点是：

第一，教师要为幼儿提供良好的创新环境，如给予幼儿各种必需的材料、宽松而愉快的心理环境等。

第二，鼓励幼儿参与多种形式的创新活动。活动形式可以有临摹体验、游戏、制作、表演等。

二、幼儿绘画能力的发展特点及指导

(一)幼儿绘画能力的发展

幼儿绘画是指幼儿运用绘画工具在纸、布等材料上通过造型、设色、构图等手段，表现出可视的平面形象的活动。幼儿的绘画发展经历了以下三个阶段。

1. 涂鸦期(1.5～3.5 岁)

一岁半左右的幼儿，由于能够独立行走，用手进行的探索更为自由。他们喜欢到处涂抹，于是用笔在纸上、书上、墙上等地方画点、画线的涂鸦行为就开始出现了。这些最初在纸上留下的点、线的痕迹就是涂鸦画。涂鸦画不讲究色彩和构图，它是幼儿的感知觉和动作有了一定的发展与协调之后对环境做出的一种新的探索，是一种新的动作练习。涂鸦阶段，先是漫无目的地涂鸦，逐渐过渡到有控制地涂鸦，再发展到命名涂鸦，每一阶段都有着各自的发展特点和规律。涂鸦是绘画活动的准备阶段，是一种积极的学习活动。所以，成人要鼓励、支持和指导幼儿进行涂鸦活动。

2. 象征期(3.5～5 岁)

3 岁后的幼儿，已经能用手腕和手指画画，随着心理能力的发展，他们已经能够进行有目的、有意识的绘画活动。

从造型上来看，他们常常用所画的图像来表达自己的意愿，但这些图像仅仅是简单的几何图形和线条的组合，只具备了物体的基本部分，多半是粗略的、不完整的，整体性不强，结构有时不太合理，并会遗漏部分特征。当部分脱离整体时，人们就无法辨认。

从色彩上来看，这时幼儿的辨色能力大大提高，对颜色开始有了自己的喜好。幼儿喜欢的颜色通常是纯度较高的颜色，画面上的颜色种类逐渐增加，但不太考虑色彩的和谐美。开始时的涂色显得杂乱无章，既无顺序，也不均匀。逐渐地，他们能用方向一致的线条均匀地涂色。

从空间构图上来看，这时的幼儿在画面上所画的形象较多，不太注意物体之间的大小比例，但已经开始试图表现物体的空间关系，并通过基底线表现出来，把所有的物体、人物放置在基底线上。

这一阶段的绘画发展为下一个阶段的绘画发展打下了重要的基础，成人应该鼓励幼儿大胆地按照自己的意愿自由地画画，表达自己的思想感情，培养幼儿独立绘画的能力。同时，引导幼儿通过观察加深其印象，表现物体的基本部分和主要特征。

3. 图式期(5～7 岁)

图式期是幼儿开始真正地用绘画的方法有目的、有意识地再现周围事物和表现自己经验的时期，也是幼儿绘画最充满活力的时期。他们以自我为中心，创造了自己独特的绘画方法，在造型、色彩、构图等方面比象征期有明显的发展。

从造型上看，这时的幼儿喜欢用线条描绘物体形象的轮廓，但不再用简单的图形以组合的方式来表现事物，而能用较为流畅、熟练的线条表现物体的整体形象，试图将部分与部分融合为整体，并用一些细节来表现事物的基本特征，其结构合理，各部分之间的关系基本正确。

从色彩上来看，这一阶段的幼儿对颜色的认识已日趋完善。随着认识能力的发展，他们注意按照物体的固有色来着色，同时，他们用色彩来表达情感的能力也有显著的发展。画面色彩的种类多，有时能有主调地表现画面，富有美感；他们在涂色时，不仅能做到均匀地涂，而且能不涂出轮廓线。

从空间构图上看，这时幼儿的画形象丰富，开始注意物体的大小比例，但还把握不住分寸。他们在表现高度的同时，也力图表现深度。画面上形象与形象之间有一定的联系，基本上能反映主题。从整个画面上来看，出现了基底线的画法，也就是儿童在画纸的底部画出一条长长的线条作为地面的标志，把整个画面分成地上和地下两部分，所有地面上的物体都在基底线上排列成一排，表示这些物体处于同一水平高度上。逐渐地，这种并列式构图发展为散点式构图，即儿童把画面上原来并列的物象分解离散开来，分布在画面下 2/3 部分，使得画面看上去立体化了。到这一阶段的后期，少数幼儿画出了多层并列式和遮挡式的构图，使画面看上去有深度感。

在象征期和图式期两个阶段中(以图式期为主)，幼儿在绘画中还存在一些独特的表现形式，主要有以下几种。

(1)拟人化。

它指幼儿把无生命的物体和有生命的动植物画得和人一样，不仅赋予它们以生命，而且赋予它们一切人所具有的特点和本领的绘画现象。

(2)透明化。

它指幼儿在绘画表现时，总认为凡是客观存在的东西，都必须把它们画出来，虽然是重叠的两物，但画面上还是互不遮挡，全然不考虑透视的绘画现象。

(3)展开式。

展开式又称异方向同存式或视点游走式。它指幼儿从不同角度观察到的事物在同一个画面上表现出来的绘画现象。

(4)夸张法。

它指幼儿在绘画中常常不自觉地把自己关心的事物、认为重要的事物画得很仔细、很突出，而对事物的整体或其他没注意到的地方加以忽视和遗漏的绘画现象。

(二)幼儿绘画教育活动的指导

幼儿绘画教育活动的指导是教师引导幼儿学习简单的绘画工具和材料的使用方法，运用线条、形状、色彩、构图等造型要素及变化、平衡、强调等造型原理创造可视的形象，表达自己的审美感受的过程。

1. 绘画教育活动阶段的指导

幼儿园的绘画教育活动一般可分为活动准备、创作引导、作业辅导、作品评价和活动延伸等几个基本阶段。不同的阶段，教师应如何指导呢？

(1)活动准备。

主要包括了解幼儿的实际发展水平，对活动目标和内容进行分析、理解，准备绘画材料与工具，帮助幼儿进行相关经验的准备，制订活动计划。

(2)创作引导。

集中讲解可以有以下三个步骤。

①导入活动，引导幼儿提取与本次绘画活动相关的经验。导入活动应注意精练、游戏化。

②引导幼儿学习本次活动的重点和难点。常用讲解和谈话的方法，必要时应有示范。

③交代本次活动的具体要求。包括：交代绘画程序。提出技能要求：色彩搭配、合理布置、均匀涂色等，依据幼儿年龄的特点和实际水平提出，不能过难，也不能过易。提出习惯要求：正确握笔、使用工具、专心作业、爱惜作品等，依据班级幼儿近期出现的问题，要有针对性。

(3)作业辅导。

①辅导幼儿如何构思。教师应重点帮助幼儿明确自己所要画的内容，

可用启发性语言帮助幼儿构思，要充分尊重幼儿的构思。

②辅导幼儿如何造型。绘画造型主要是通过线条、形状来进行的。教师要为幼儿提供大量的练习机会，让幼儿逐步做到线条有力、准确、连贯，图形清晰、完整。因造型的能力受年龄特点的影响较大，所以，教师应帮助幼儿选择最适合自身水平的造型方法。对小班后期能力较强的幼儿，教师可引导他们用简单的几何图形结合起来，表现某物体的基本特征。对于中班幼儿，教师应辅导他们在掌握用图形表达物体主要特征的基础上，分析较复杂的物体，掌握物体的每一部分的形状，再组合成一个整体。对大班幼儿，应注意引导他们观察物体的细节、大小比例关系，不同侧面不同角度的变化，学会较清楚地画出结构较为复杂的物体。

③辅导幼儿如何使用色彩。教师除了要教会幼儿认识色彩、调配色彩外，还要启发、引导幼儿用色彩来表现自己的情感。为此，在平时应引导幼儿感受色彩的情感表现，鼓励幼儿大胆用色彩来表现自己的情感，而不是一味地用物体的固有色限制幼儿。

④辅导幼儿如何构图。辅导幼儿构图不是只依靠绘画练习就能完成的，而应让幼儿多看、多欣赏优秀的绘画作品、照片、图片等。对小班的幼儿，应该采取添画的形式，让幼儿在规定的地方添画，保持画面的完整，明确绘画的位置。对中班的幼儿，应提醒其把画面的主体物画得大一些，突出一些，画在纸的主要部分，然后再添加一些辅助物。对大班的幼儿，应辅导他们摆脱在一条直线上构图的方法，在纸的上、下不同水平上布置画面。可辅导他们先画出完整的构图，再描绘物体的细节。初步尝试处理近大远小、重叠等关系，掌握合理布局。

(4)作品评价。

教师应从以下几个方面来评价幼儿的作品。

①适宜性。看幼儿的绘画表现是否符合同龄幼儿的一般水平。

②有童趣。幼儿画的是自己眼中的世界，以自己的知识、情感来表现物体。他们常常会通过联想把一些不相关的东西画在同一画面上，或通过幻想，画出几乎不可能的事。例如，局部扩张、立体展开、重叠透明等。

③艺术性。表现为线条有力、连贯，图形、形象清晰完整，画面饱满、均衡，色彩明快、饱满，内容丰富、充实。教师应注意正确、恰当地评价幼儿的作品，把评价作品的标准交给幼儿，并帮助他们学习如何评价同伴的绘画作品，要将教师评价与幼儿评价相结合。

(5)活动延伸。

美术教育活动的延伸是指围绕一次专题活动的主题、目标，在课后游戏或美工角中，适当开展一些相关的活动来巩固幼儿初学的新经验、新技能，丰富日常美术活动的内容的过程，这一过程也便于教师对个别幼儿进行辅导。

2. 各种类型绘画活动的指导要点

(1)命题画的指导要点。

命题画是由教师提出绘画的主题和要求，幼儿按照这一要求完成的绘画。命题画教育以帮助幼儿学习造型、设色、构图等形式语言为主要目的。根据其内容的不同，命题画可分为物体画和情节画两种。物体画的主要描绘对象是单一的物体，侧重于幼儿的造型能力的培养；情节画的主要描绘对象则是一组物体及其相互关系所反映的一定的情节，除了造型能力的培养外，更侧重于构图能力的培养。

命题画的关键在于命题的选择。命题的选择应符合不同年龄幼儿的心理发展特点和知识、经验、技能等。

①物体画的指导要点。引导幼儿详细完整地观察、理解物体的结构特征。教师可以采用体征对比、形象比喻、几何图形概括等方法来帮助幼儿获得物体的视觉表象。帮助幼儿通过各种感官感知、掌握事物的基本形态，抓住事物的形的特征、色的特征，其中最为关键的是抓住写生对象的神韵。当然，对于不同年龄班的幼儿，观察的要求是不同的。

引导幼儿用涂染法和线描法两种方式来描绘物体。涂染法是指不画物体的轮廓线而是用笔蘸颜料涂画出物体的形，以表现物体的形象特征的方法。线描法是指先用线条勾画物体的基本部分和主要特征，然后再涂上颜料的方法。

通过系列课题来帮助幼儿掌握物体的造型。

②情节画的指导要点。情节画要求幼儿根据主题的需要把与之有关的物体形象恰当地安排在画面上，表现出各个形象间的相互关系。它以幼儿的构图能力为基础。

感知物体间的空间关系。物体的空间关系包括现实的空间关系和画面上的空间关系。要通过各种形式突出主题，这是情节画教育的关键。要突出主题，就必须在画面上设置一个构图中心，即能给欣赏者以深刻视觉印象的焦点。为此，可以通过把主体物画大或放在中心位置上，其他物体紧紧围绕主体物布局的方法来突出主题。也可以通过画面色彩的设置来突出主题。另外，还可以欣赏感受大师作品中的构图形式；开展多种形式的构图练习；添画、故事画、日记画、情境探索画等形式也有助于幼儿画情节画。

(2)意愿画的指导要点。

幼儿的意愿画是指由幼儿自己独立地确定绘画的具体内容、形式和表现方法，教师作为支持者协助他们完成的绘画。由于意愿画需要幼儿对自己在生活中的所见所闻和自己头脑中学习的对象进行独立的加工和改造，因而，意愿画的主要功能在于发展幼儿的想象力和创造力。同时，由于意愿画是幼儿自己独立创作的，因而意愿画教育对教师指导的要求也更高一些。

①可通过提问题、谈话的方式帮助幼儿进行创作构思和表现。

②评价绘画作品应注重创造性，但对待不同的幼儿都要尽可能地进行正面评价。

③可采用四环节的教学模式：引起兴趣→启发思考→指导操作→评价作品 。

(3)装饰画的指导要点。

幼儿的装饰画是指幼儿运用各种花纹、色彩在各种不同的纸形上按照形式美的规律进行装饰。装饰画的描述需遵循一定的规则，可促进幼儿对形式美的敏感性和创造能力的发展。活动过程中要注意以下几点。

①通过欣赏的形式帮助幼儿理解装饰原理。

装饰画是一种规律性较强的绘画形式，理解这些装饰原理，有助于幼儿对装饰画的实际操作。例如，对称与均衡、对比与调和、节奏与韵律、连续与反复等图案装饰的法则，图案花纹的变化和图案色彩的配置等。对于这些内容的学习，可以通过欣赏的途径来帮助幼儿理解：可以欣赏自然界中自然物所生成的装饰美，也可以在日常生活中观察人造物品的装饰美，还可以欣赏专门的图案装饰画。

②所选取的内容应该具有典型的装饰美，每次学习的内容应集中在一个方面，以利于给幼儿留下一个深刻的印象。

③应用浅显易懂的语言来引导他们学习一些知识与原理。

④装饰纹样变化由简到繁，注意学习的循序渐进性。

教师在引导幼儿学习过程中应注意学习的循序渐进性。这种循序渐进性不仅表现在学习方法上，而且表现在学习内容上。

在学习方法上，可先进行欣赏，在头脑中形成大量的表象。还可以通过进行盖印章、贴树叶、折叠染纸等活动让幼儿体验图案装饰的法则，在此基础上，让幼儿进行图案装饰画的创作。

在学习内容上，图案花纹的学习可以从点开始，然后过渡到线和几何图形，进而学习花鸟虫鱼和具有民族特色的花纹。

图案纹样的组织形式可以是独立的，也可以是连续的。连续纹样中，可先让幼儿学习二方连续，再学习四方连续。在纹样组织的基础上，教师要引导幼儿学习整个画面的构思。要求纹样排列的位置、距离、色彩等都是对称的。可让幼儿先装饰规则的纸形，然后装饰不规则的生活用品纸。

⑤装饰色彩的协调搭配。

教师可以先通过欣赏引导幼儿认识对比色、同种色、类似色，然后学习图案色彩的配置方法。当幼儿掌握了图案色彩的配置的几种基本方法后，教师就可以给幼儿提供多种颜色，让幼儿自由选择配色。

⑥避免重技法、轻创造的做法。

⑦装饰画教学模式可采用五环节教学模式。

欣赏、理解装饰原理→激发情感→ 提出要求→创作与指导→评价总结。

三、幼儿手工能力的发展特点及指导

(一)幼儿手工能力的发展

幼儿手工活动是指幼儿利用手工工具对点状、线状、面状、块状材料进行撕、剪、贴、折、叠、塑等加工改造的创造活动。幼儿手工制作能力的发展可分为三个阶段。

1. 无目的的活动期(2～4岁)

这个时期的幼儿由于手部小肌肉的发育不够成熟，认识能力也很有限，所以手工活动并没有明确的目的，而只是一种纯粹的玩耍活动。他们不理解手工工具和材料的性质，还不能正确地使用这些手工工具和材料。例如，在泥工活动中，幼儿不能有目的地制作出形象而只是手握油泥、拍打黏土、享受油泥的触觉感和油泥形态的变化感。此阶段的幼儿还没有表现的意图，只是满足于手工操作的过程，享受着自主活动的快感，体验着手工工具和材料的特性。

2. 基本形状期(4～5 岁)

这时幼儿由无目的的动作逐渐呈现出有意图的尝试。例如，在泥工活动中，他们从拍打油泥进入用手团圆、搓长的阶段。这时幼儿制作出的东西只是具有所要制作物体的基本部分，整体感不强，幼儿还不能表达物体的细节部分。成人应该多鼓励幼儿大胆地按照自己的意愿进行尝试，表达自己的意图，培养其对手工活动的兴趣。同时，要教给幼儿基本的制作方法，帮助幼儿实现自己的意图。

3. 样式化期(5～7 岁)

这一时期，幼儿的表现欲望很旺盛，他们喜欢用各种工具和材料来制作，以表达自己的意愿。例如，在泥工活动中，幼儿已从团圆、搓长发展到捏、挖等动作来塑造人物与动物，并且能进行部分与部分之间的接合。部分的制作也较前一时期流畅、光滑。幼儿还会借助辅助工具来为制作的物体添加一些细小的特征。因此，我们应为幼儿创造一个富有美感的环境，给他们提供适合年龄特点的、优秀的美术作品。同时，有目的、有计划地引导他们感知、理解美术作品的内容和形式。

(二)各年龄班幼儿的手工活动要求

1. 小班

(1)让幼儿与材料充分接触。

(2)帮助幼儿明确制作意图。

2. 中班

(1)学会确立制作形象。

(2)了解制作工具和材料的基本使用方法。

(3)多练习各种制作技能。

3. 大班

(1)引导幼儿选择适合的材料进行丰富的想象。

(2)帮助幼儿实现自己的制作目的。

(3)引导幼儿欣赏佳作，学习制作手法。

(三)各类型手工活动的指导

幼儿的手工教育活动是在教师的指导下，幼儿通过操作简单工具，并对可变性较强的物质材料进行加工、改造，制作出各种艺术形象的教育活动。它对发展幼儿手部肌肉动作的协调性、灵活性和实际操作能力，对于培养其观察力、注意力、耐心细致的习惯以及想象力、创造力都有着极为重要的影响。手工制作有其自身的特点，因此教师应根据手工制作的特点，对幼儿进行合理、有针对性的指导。

幼儿手工教育活动可分为平面手工活动和立体手工活动。

1. 平面手工活动的指导

幼儿的平面手工活动主要有粘贴、剪纸、撕纸、剪(撕)贴等形式。

(1)粘贴。

粘贴是把点状、线状、面状材料粘贴在平面材料的适当位置上，从而形成新的物体形象或情节的表现形式。粘贴活动，能使幼儿逐渐学会用各种材料制作成浮雕状或平面的画面。教师在指导时，要注意以下几点。

①引导幼儿掌握粘贴的工具和材料的性质。

②引导幼儿了解粘贴的步骤和方法。

③应针对不同年龄幼儿的特点，适当地提供不同的材料。

(2)剪(撕)贴。

剪(撕)贴是指运用剪刀或手将面状材料剪或撕成一定形状后再拼贴起来的造型活动。其主要目的是学习使用剪刀，锻炼幼儿手指肌肉动作的灵活性、协调性，发展幼儿手眼协调能力。教师在指导时，要注意以下几点。

①提供给幼儿合适的工具和材料。

②循序渐进地指导幼儿进行练习。

③引导幼儿对剪(撕)坏的形象进行修改。

幼儿常常不能很准确地剪(撕)出完整的形象，教师可鼓励幼儿想象自己手中的纸像什么，通过添画或装饰可以把它变成另一个什么形象或一幅有意义的画面。

2. 立体手工活动的指导

立体手工活动是幼儿通过对工具和材料进行操作，制作出立体手工作品的活动。幼儿的立体手工活动主要有折纸、泥塑和废旧材料制作。

(1)折纸。

折纸是指按一定的折叠方法折出各种立体形象的造型活动。折纸活动可以培养幼儿的目测能力和空间知觉能力。折纸所用的工具材料比较简单，一般用纸就可开展活动，但要注意选择那些厚薄适度、具有一定的韧性、便于折叠的纸张。教师指导幼儿折纸活动的要点如下。

①引导幼儿学习折纸的技法。折纸活动中，教师要引导幼儿学习折纸

的基本技法，如对边折、对角折、集中一角折、双正方形折、双三角形折、四角向中心折等。在学习基本技法的同时，还要学习一些折纸的基本术语，如角、边、中心线、对角折等，以使幼儿能理解教师的指导。在折叠的过程中，教师还要引导幼儿掌握折纸的基本规则，如一定要对齐、抹平，这样折出的形象就平整，不会松松垮垮。

②利用图示，激发幼儿的折纸兴趣。在折纸活动中，教师可以提供给幼儿已折好的成品以及折纸的示意图，让幼儿通过感知获得对图的感性认识，激发幼儿探索的欲望。

③引导幼儿进行创造性的折纸。折纸经常使幼儿按部就班地根据教师的示范或图示折出物体形象。在幼儿掌握了基本的折纸技法后，教师应引导幼儿把折纸与添画、折纸与剪结合起来，根据造型表现的需要，在折叠的物体上添加部分描绘，使形象更加生动。在技法学习时，可鼓励幼儿对折叠的造型进行加工改造，形成一件有创意的作品。

(2)泥塑。

泥塑是指幼儿以彩泥、橡皮泥、面团、泥等为材料，用双手及简单的泥工工具塑造出半立体或立体形象的一种手工活动。泥塑活动的目的在于锻炼幼儿手指肌肉动作的灵活性，发挥幼儿手眼协调能力，培养其空间感知能力。教师在指导泥塑活动时，要注意以下几点。

①引导幼儿了解泥塑材料的特性。指导幼儿学习泥塑，首先要让幼儿接触和了解泥的性质，知道泥既柔软，又可任意变形。同时，让幼儿了解，除泥以外，还有其他用来装饰自己作品，使作品变得更加生动的辅助材料。

②形成系列化教学。泥塑系列化教学是指将事物通过归类，找出个别要素的共同特点后，先让幼儿学习每一系列的基本制作方法，然后在此基础上进行变化，塑造出同一系列却各不相同的作品来。例如，圆球形系列，将基本的圆球通过简单变形、添加，使之变成苹果、梨、柿子、橘子、茶壶等不同形态的物品，为使塑造出的物品更加形象、逼真，可借助一些辅助材料。

③应采用灵活多样的练习方法和形式。

(3)废旧材料制作。

废旧材料制作是指运用废旧的、卫生的、安全的物质材料和一定的造型手段，围绕一定的目的和用途进行设计和制作，培养幼儿综合使用各种工具和材料的能力的活动。幼儿通过与材料的互动，手指肌肉动作得到了协调，想象力、创造力等都得到了发展。在指导幼儿废旧材料的制作活动时，要注意以下几点。

①提供的材料要丰富和多变。

②材料要能激发幼儿制作的兴趣。

③鼓励幼儿创造性地使用各种废旧材料。

第六课　幼儿美术日常教育活动的形式与指导

幼儿美术日常教育活动是美术基本教育活动的补充和延伸。相对美术基本教育活动而言，日常美术教育活动具有较强的游戏性，它给幼儿的操作以充裕的时间、充分的材料和充分的自主性。本课论述了幼儿美术日常教育活动的含义、特点及意义。重点是让学生理解幼儿美术日常教育活动的八种形式的特点及指导要求，目的是使学生学会灵活利用日常活动发展幼儿的美术兴趣和审美能力。

日常美术教育活动对发挥幼儿的主体性，提高幼儿从事美术活动的兴趣，陶冶幼儿初步的感受美的情趣，发挥幼儿表现美、创造美的能力具有不可缺少的作用。因此，应将日常美术教育活动看作完整的幼儿美术教育的重要组成部分，统筹安排。

幼儿美术日常教育活动主要有以下八种形式。

一、美术角活动

美术角是幼儿美术日常教育活动最常见的形式，它可以满足那些对美术有兴趣的幼儿随时操作的需要。其空间至少应容纳一组(6 人)幼儿同时操作。美术角的材料和工具的布置，可以配合每个年龄班在某一阶段的美术基本教育活动的内容进行定期更换，其摆放应便于幼儿取放和收拾管理。教师应把指导重点放在基本教育活动对幼儿所提的目标的达成与巩固以及进一步的创新与提高上。通过个别辅导，使每个幼儿都能有所提高。

二、美术室活动

美术室可划分为欣赏区、绘画区和手工区三个区域，也可以进一步地划分。其工具和材料的布置可参见美术角的布置。美术室里还可以为幼儿配备画架和作品陈列柜。它可以由专门的教师负责，统筹安排，也可以由进入美术室活动的班级教师进行各自的指导。

三、日常外出中的欣赏活动

幼儿园的外出参观、旅游、散步是指导幼儿进行美的欣赏的好机会。教师可以带领幼儿接触博物馆、展览馆、商店、公园等地方，结合具体环境用生动的语言描述所感知的对象，用启发性的语言引导幼儿思考、想象，引导他们有顺序地感知事物、景象的色彩、线条以及节奏韵律等审美属性，同时感受美的事物带来的愉悦。

四、日常环境布置活动

日常环境布置是幼儿美术活动与美化环境相结合的一种日常美术活动。在参与布置的过程中，幼儿可以体验到参与的乐趣和成功的乐趣，也有助于培养幼儿的主人翁精神。环境布置可以结合每一阶段的教育主题，组织幼儿制作相应的美术作品来进行，也可将幼儿的作品进行随时的环境布置。教师应该鼓励幼儿发挥自己的自主性和创造性，美化自己的生活、学习环境。

五、节日活动中的美术活动

节日活动是一次幼儿美术能力和情趣得以展示的机会。幼儿园的节日活动常以演出和游戏活动为主，在这些活动中，教师可以引导幼儿积极动手、动脑，制作并装饰简单的演出服饰、道具、游戏材料，装饰、布置节日环境等。

六、渗透在其他领域教育活动中的美术活动

教师在进行各领域的教育活动时，要有整合观念。一方面，要充分挖掘其他领域活动中美的成分，作为美术教育的一种教育资源；另一方面，教师可以将美术活动当作一种手段来促进其他领域的教育，做到相辅相成。

七、随机性的美术活动

日常生活中，教师要抓住每一次机会，帮助幼儿积累美术创作的内容

和题材。还可就随时出现的美的事物，引导幼儿进行美的欣赏。

八、家庭中的美术活动

家庭中的美术活动是幼儿园美术教育的辅助部分，也是家园一体化教育的重要组成部分。为此，家长要了解幼儿园的教育计划，并积极参与到幼儿园的教育工作中。它可以结合幼儿园当前的美术教育活动进行一些延伸和扩展，也可以结合家庭生活内容及时启发幼儿进行美术活动。

第七课　幼儿园美术教育活动案例及评析

本课通过各年龄班幼儿装饰画、命题画、意愿画、欣赏活动、手工活动等具体活动案例的呈现与分析，帮助同学们进一步理解和掌握幼儿园美术教育活动的设计、组织实施，并学会评价幼儿园各种类型的美术教育活动。

一、小班绘画活动：我的连衣裙

扫一扫，看视频

小班绘画活动：我的连衣裙

(一)活动目标

1. 感受连衣裙上的花样美。

2. 能够尝试用各种材料拓印，装饰小兔的连衣裙。

3. 体验拓印带来的乐趣，对运用生活中的物品进行印画活动产生兴趣。

(二)活动准备

1. 电子书《我的连衣裙》。

2. 各色颜料、各种拓印工具、画架和毛巾若干。

3. 背景音乐。

(三)活动过程

1. 欣赏电子书，引导幼儿感受连衣裙上的花样美。

(1)今天天气可真好呀！我们一起去找小兔子玩吧！提问：小兔子在干什么呀？小兔子的连衣裙变出这么多的花样，我们一起来看看吧！

(2)依次展示七条连衣裙的花样：小花、雨点、草籽、小鸟……各种花样的连衣裙好美呀，那小兔子是在哪儿变出来的呢？

2. 情境游戏，激发幼儿为小兔装饰连衣裙的兴趣。

(1)游戏导入，逐一展示背景图，并介绍拓印工具(白菜、萝卜、番薯、阳桃、积木、玩具、彩泥等。)

提问：小兔子来到了哪里？连衣裙变成什么花样了？

这是什么呀？白菜，哇，它可以用来印小花哦。

怎么印？(蘸颜色，印上去，不动，拿下来)

印在哪儿？(小兔的连衣裙上)

(2)个别幼儿示范拓印。

3. 幼儿作画，教师指导。

鼓励幼儿大胆尝试各种工具进行拓印。

4. 展示作品，互相欣赏。

(1)小兔子的连衣裙太美了，我们一起来欣赏。

提问引导幼儿与同伴分享作品：你们刚刚是用什么印的呀？印了什么花样？

5. 以游戏口吻小结，结束活动。

今天我们用了水果、蔬菜、玩具把小兔子打扮得漂漂亮亮的，小兔子太开心了，它说下次还要找我们一起玩，那我们跟小兔子说再见吧！

(四)活动延伸

1. 在美工区中，运用其他材料来装饰小兔子的连衣裙。

2. 在阅读区投放图画书《我的连衣裙》，鼓励幼儿大胆讲述。

(该活动案例由汕头市中山幼儿园提供，略做修改)

[评析]

“我的连衣裙”是一个设计巧妙，游戏化的绘画活动，它根据小班幼儿的年龄特点，结合孩子们特别喜欢的图画书《我的连衣裙》中的美术元素，设计绘画活动，通过创设游戏的情境，提供不同的拓印工具，让幼儿运用拓印的方法来装饰小兔的连衣裙，感受拓印带来的乐趣。

活动过程的第一个环节是欣赏电子书，引导幼儿感受连衣裙上的花样美，认识连衣裙上漂亮的花样可以是小花、雨点、草籽、小鸟等，激发幼儿为小兔装饰连衣裙的兴趣。活动过程的第二个环节是以情境游戏的方式引导幼儿认识各种拓印工具(白菜、萝卜、番薯、阳桃、积木、玩具、彩泥等)，在思考、回答问题中装饰“小兔的连衣裙”的多种方法，在此基础上鼓励幼儿大胆尝试用各种工具进行拓印，培养幼儿在感受美的基础上创造性地表现美。最后展示幼儿作品，引导幼儿互相欣赏和评价，学会从拓印工具的选择、花纹颜色、花纹的排列等角度去欣赏美、评价美，有助于培养幼儿欣赏美的能力及语音表达能力，加深对花纹美、色彩美的感受。

教师以游戏口吻“我们用了水果、蔬菜、玩具把小兔子打扮得漂漂亮亮的，小兔子太开心了”做小结，帮助幼儿及时巩固对多样化拓印工具材料的认识，激发幼儿再次活动的兴趣。

二、大班绘画活动：猴趣

扫一扫，看视频

大班绘画活动：猴趣

(一)活动目标

1. 能够尝试用纸板蘸墨印画的形式表现“一片树林”，感受近似水墨画的意境美。

2. 能够变化数字“3”的不同方向来表现各种动态的小猴。

3. 体验小组合作完成长卷画的乐趣。

(二)活动准备

1. 材料准备：宣纸、墨汁、硬纸片、猴子、PPT、蜡笔、水笔、撕纸“3”、展示架、伴奏音乐。

2. 经验准备：到动物园观看猴子、了解中国水墨画的元素、用纸撕出数字“3”。

(三)活动过程

1. 情境引入，激发创作的兴趣，谈论表现树木的各种方式。

(1)出示“一片树林”，提问：这是什么？小朋友想想可以用什么方法表现“一片树林”？

(2)出示硬纸片、宣纸及墨汁，激发幼儿创作的兴趣。

提问：树由哪几个部分构成？怎样印一棵树？怎样印“一片树林”？

(3)教师向幼儿提出要求：每4个小朋友为一组，用硬纸片、宣纸蘸墨汁合作印一棵树，全班幼儿合作印长卷画“一片美丽的树林”。

2. 贴贴，画画，摆画出不同动态的猴子。

(1)谈话引出猴子，观看秋游时看猴子的视频，模仿小猴的动态。

(2)出示撕纸“3”，讨论将“3”变成猴子的方法。

(3)请个别幼儿试着将“猴子”摆到树枝上表现猴子的不同动态。

(4)幼儿再次合作，在刚才的长卷画“一片树林”上粘贴添画各种动态的猴子。

3. 看看，讲讲，讲述猴子们发生的趣事。

(1)作品展示，幼儿自由欣赏谈论“猴子们有趣的事”。

(2)个别幼儿分享，教师小结。

(3)师生共同讨论作品的名字。

(4)儿歌游戏：模仿可爱调皮的小猴。

（四）活动延伸

1. 美工区：投放水墨画、印画的操作材料，引导幼儿有创造性地进行绘画。

2. 语言区：提供材料，引导幼儿讲述有关“猴子”的故事。

（该活动案例由汕头市中山幼儿园提供，略做修改）

［评析］

“猴趣”是一次非常有趣的大班绘画综合活动，教师选择“猴子及其在一片树林里活动”，能唤起幼儿丰富的想象，运用毛笔、墨汁、印画、撕纸添画等多种工具材料大胆创新，体验不拘一格的表现手法，感受水墨画之美。

本活动的目标是从幼儿发展的多个层面提出要求的，培养幼儿在小组合作中用纸板蘸墨印画的形式表现“一片树林”，呈现近似水墨画的意境美。以幼儿的绘画训练为主，兼顾了幼儿情感、社会性的发展，有效促进了幼儿的整体发展。活动前注重丰富幼儿有关猴子的知识经验，如拍摄秋游时看猴子的视频。整个活动层次分明，环环相扣，活动过程的第一个环节设计巧妙，以出示“一片树林”情境引入，激发幼儿用硬纸片、宣纸及墨汁创作的兴趣，每 4 人合作印树，蘸蘸，印印，合作印长卷画“一片美丽的树林”。活动过程的第二个环节是重点，教师引导幼儿先用撕纸“3”变成猴子，再将“猴子”摆到树枝上表现猴子的不同动态，然后鼓励幼儿再次合作，在刚才的长卷画“一片树林”上粘贴添画各种动态的猴子。教师指导幼儿发挥想象力、大胆表现猴子的多种动态，这对于幼儿是一个挑战性的要求，有效调动了幼儿的积极性，促进了幼儿创造性的发展。活动过程的第三个环节是看看，讲讲，讲述猴子们发生的趣事，让幼儿结合自己的创造作品进行表达，能激发幼儿分享的兴致，提高幼儿语言表达能力、交往能力，启发幼儿给作品起名字、朗诵猴子的儿歌，以达到在愉快合作中、在玩游戏中增强美术活动兴趣的目的。

三、大班绘画活动：吹出来的绣球花

扫一扫，看视频

大班绘画活动：吹出来的绣球花

(一)活动目标

1. 能用多种绘画工具和材料，采用不同技能表现不同形状和颜色的“绣球花”。

2. 初步学会欣赏并评价“绣球花”形状及颜色的美。

3. 体验运用多种材料、方法创造性表现美术作品的乐趣。

(二)活动准备

肥皂粉、盘子、小吸管、各色颜料、水彩纸、湿毛巾每桌一块、绣球花图片等。

(三)活动过程

1. 谈话导入，激发幼儿绘画的兴趣。

教师提问引导幼儿观察绣球花图片：图片上有什么？绣球花有什么特点？

2. 介绍绘画工具，提出活动要求。

(1)教师提问引起幼儿的兴趣：小朋友看桌面上放的是什么材料？(鼓励幼儿说出各种材料的名称。)我们用这些材料一起做游戏吧！

(2)教师给幼儿提出绘画步骤及注意事项。

①先把肥皂水、水粉颜料调和，用小吸管吹许多泡泡。在吹泡泡时不要把颜料水吸入口中。

②当吹出很多泡泡的时候，就拿一张白色水彩纸把它压在泡沫上，可以重复压，以获得自己想要的形状和颜色。注意不要让白纸碰到盘子的边缘导致画面变脏哦！

③绣球花形成了，接下来进行装饰。看哪个小朋友画的绣球花最漂亮。

3. 幼儿作画，教师巡回指导。

指导重点：指导幼儿给吹出来的绣球花画上漂亮的叶子。

4. 幼儿展示作品，引导幼儿互相欣赏作品、评价作品。

(1)作品展示，幼儿自由欣赏谈论不同形状和颜色的“绣球花”。

(2)个别幼儿分享，教师小结。

(3)师生共同讨论作品名字。

(四)活动延伸

1. 美工区：投放操作材料，引导幼儿有创造性地进行吹画。

2. 语言区：提供材料，引导幼儿把创造性地吹画和拓印画的过程与同伴进行交流和分享。

(该活动案例由东莞市创思教育机构提供，略做修改)

［评析］

“吹出来的绣球花”是一次非常有趣的绘画活动，是吹泡泡和拓印画相结合的一种美术游戏，教师取材于幼儿熟悉的活动课题——“绣球花”，激发幼儿运用新工具作画的兴趣与好奇心，调动幼儿创造性表现的积极性。

本活动的目标是从大班幼儿发展的需要提出要求的，它以培养幼儿运用多种绘画工具和材料，采用不同技能表现自己独特的思想和感受的兴趣为主，又兼顾了训练正确评价美的能力，能体验创造性表现的乐趣。活动过程的第一个环节是出示“吹出来的绣球花”图片，鲜艳的色彩、有趣的图案，特别的表现材料，让幼儿产生极大的新鲜感和好奇心，教师引导幼儿充分地感知、理解美的画面，并进行表达交流，为后面的大胆作画奠定基础。第二个环节是引导幼儿认识吹泡泡和拓印画的工具和材料，了解运用多种材料工具作画的步骤及要求。第三个环节是活动的重点，幼儿大胆尝试多种材料工具作画，创造性表现五颜六色的“绣球花”，并且在互相欣赏中感受美、欣赏美，教师引导幼儿评价美，提高美的表现力。整个活动过程的安排层次清楚，衔接自然。这种作画方式操作方便轻松，画面变化无穷，符合幼儿好奇、好动的心理特点。在作画的过程中，画面不断变化的过程，实际上就是幼儿不断想象的过程。在不断联想构思的过程中，幼儿的手、眼、脑协调运动，思维发散越来越流畅，想象越来越丰富，还能激发幼儿对美的熏陶。

四、中班装饰画活动：美人鱼穿新衣

(一)活动目标

1. 初步学会用点、线、简单的纹样及重复排列的方式装饰鱼鳞(半圆形纸)。

2. 能运用鲜艳的色彩装饰，学会感受美。

3. 体验相互关心、相互帮助的快乐。

(二)活动准备

1. 知识准备。

幼儿已先观察鱼的特征及花纹的排列；学过条形、二方连续装饰；欣赏过不同色彩的降落伞、雨伞等半圆形的物品。

2. 物质准备。

(1)环境创设：“美人鱼”背景和阅览区(有关鱼的图书和自制的鱼小书)。

(2)人手一张半圆形纸、美人鱼(没有鱼鳞)一条。鱼鳞范画三张、纸制小鱼三条、水族馆音乐磁带等。

(三)活动过程

1. 情境导入。

小鱼的生日到了，美人鱼问小鱼需要什么礼物。小鱼看到美人鱼身上闪闪发亮的鱼鳞，说：“要是我身上有像你一样美丽的鱼鳞，那该多好呀！”美人鱼就取下一片鱼鳞送给了它。引导幼儿重点观察鱼鳞的纹样。

2. 欣赏讨论。

(1)讨论：这片鱼鳞是怎样装饰的？引导幼儿讨论鱼鳞的特征，并用简短的语言描述：这花纹是什么颜色、什么形状，这些花纹是怎样排列的，有什么规律等。

(2)橘黄色小鱼也想要，美人鱼也送给它一片。这片鱼鳞和刚才的那片有什么不同？它又是怎样装饰的？

(3)粉红色小鱼也想要，美人鱼又送给它一片。这片鱼鳞又是怎样装饰的？和前面有什么不同？

3. 教师讲解示范并提出要求：教师边引导幼儿观察鱼鳞花纹，边进行示范装饰鱼鳞。重点示范画点和圆形的重复排列，同时启发幼儿用其他的纹样、图形装饰鱼鳞。

4. 幼儿伴随水族馆的音乐自由作画，教师进行巡回指导。

指导重点：

(1)引导幼儿大胆地用点、线及简单的纹样装饰半圆形的鱼鳞。

(2)根据幼儿的不同水平进行指导，鼓励幼儿创造出不同的装饰效果，注意颜色搭配要鲜艳好看。

5. 作品展示。

(1)引导幼儿欣赏有创意的鱼鳞装饰图案。让幼儿介绍自己设计的美人鱼新衣裳，分享活动的乐趣。

(2)请幼儿将装饰好的鱼鳞粘贴到“美人鱼”身上，同时欣赏、感受别人的作品，教师参与欣赏和点评。

(四)活动延伸

1. 在美术角提供半圆形纸，巩固所学知识。

2. 教师和幼儿一起评价大家的作品。找一找谁的鱼鳞最美丽，引导幼儿从花纹、色彩搭配、是否对称等方面进行评价。

(该活动案例由汕头市中山幼儿园提供)

[评析]

该活动以优美动人的“美人鱼送礼物”故事激发幼儿创作的兴趣，让幼儿在有趣的情境中进行想象、观察和思考，满怀兴趣地为“美人鱼设计新衣裳”；富有审美情趣的环境布置及三张图案各异的范画大大启发了幼儿的思路，加上教师简练的语言讲解，使幼儿在轻松愉快的氛围中，结合已学过的装饰画知识，大胆地尝试在新的纸型上进行图案装饰。这样，幼儿既能学到新的装饰画技能，又能大胆地进行想象和创造，很好地实现了活动目标。

五、大班美术欣赏活动：大碗岛的星期天

(一)活动目标

1. 能感受点彩派绘画作品中色彩的排列变化和画面构图的不对称的均衡美。

2. 初步学会点彩派画法。

3. 体验作品中悠闲、恬静的情感与氛围。

(二)活动准备

教学挂图《大碗岛的星期天》、水粉颜料、牙刷、梳子、铅画纸、乐曲磁带。

(三)活动过程

1. 出示教学挂图《大碗岛的星期天》，引导幼儿观察画面。

提问：

(1)小朋友，你在画面中看到了什么？

(2)这些人在干什么，有什么样的姿态？

(3)除了这些人还有什么？

(4)你能看出是什么地方，什么时候吗？

2. 引导幼儿对作品进行形式分析，重点感受点彩派作品的特点。

提问：

(1)画面上有什么样的线条，给你的感觉怎么样？

(2)画家画这幅画时用了哪几种颜色？在画面上是怎么安排的？

(3)画面上的黄颜色给人的感觉怎么样？

(4)你觉得这幅画的上色方法跟平时我们见到的画面有什么不同吗？

教师简单介绍点彩派绘画中的上色方法及色彩效果：把无数的原色油彩细点排列交错在画面上，再通过欣赏者的眼睛调混起来，这样画面上的各种色点就组成五彩缤纷的镶嵌画，这种方法称为点彩派。这幅画的作者修拉就是“点彩派”的代表人物。

继续提问：

(1)画面上有哪些人物，他们在干什么？

(2)画面前面和后面的人物看上去哪个更清楚，为什么？

(3)看完整幅图，你感觉怎样。

3. 教师请幼儿闭上眼睛，假想是画中人物，随着教师的描述语去想象：“我躺在一片嫩绿的草地上，看见周围有各种各样的人，有的在休息，有的在照管着孩子，有的在看风景……透过密密的树荫，远处的湖面上有白色的帆船，还有人在划赛艇，每个人都充分享受着阳光和水的滋润，我感受轻松极了，真想在这儿多留一会儿。”(配抒情的钢琴曲。)

4. 教师提问幼儿：“你觉得这幅画美吗？为什么？”

简单小结：这幅画上人物多样、色彩丰富，看上去五彩缤纷又有规律，整个画面呈现出一种不对称的平衡，画家用点彩派的画法给画面增添了生动的效果。今天，我们也来用点彩派的画法画一画。

5. 教师提出要求，幼儿绘画。

(1)教师用基本色黄色、蓝色来画树叶，通过黄色和蓝色的色点混杂，产生黄、绿、浅绿、深绿的色彩效果。

(2)使用水彩色时，注意保持画面的清洁，洗笔后蘸颜料。

6. 展示、评价幼儿的作品，主要感受画面的色彩效果。

（四）活动延伸

教师提供两组操作材料，让幼儿按兴趣选择自己喜欢的材料进行绘画。

1. 可供幼儿进行“点彩画”的画笔及水粉颜料等。

2. 可供幼儿进行“喷刷画”的工具和彩料等。

（该活动案例由汕头市中山幼儿园提供）

［评析］

该欣赏活动一开始就以问题提示幼儿对作品进行整体感知和描述，为了让幼儿在欣赏中理解作品的形式美、内容美及其意义，教师有顺序地提出问题引导幼儿仔细地观察图中线条、形状、色彩、人物的动态、图画的背景等，让幼儿在细致观察过程中进行审美想象，从而理解作品的内容。该作品是“点彩派”的代表作，在色彩的运用上很有特色，教师很有针对性地引导幼儿通过比较，掌握“点彩”特色。继而，在轻快的音乐伴随下，让幼儿用动作、表情、语言表达自己对作品主题的理解，教师还给幼儿简单地介绍了画家修拉及“点彩派”作品的知识，开阔了幼儿的视野。活动的最后一个环节，组织幼儿用“点彩”方法画画，通过幼儿亲身实践，进一步加深对作品独特表现手法的感受。

六、大班手工活动：有趣的扎染

（一）活动目标

1. 学会扎、夹、卷等技能，初步了解扎染工艺的特点。

2. 能选择一种或多种方法大胆操作、配色，发展手部动作的灵活性。

3. 增强对扎染艺术的兴趣，感受扎染工艺的艺术魅力。

（二）活动准备

1. 扎染范例若干，布块、油画笔人手一套，水粉颜料若干。

2. 木夹、编织绳、竹筷、积塑、瓶盖若干。

3. 幼儿已学过竹夹法、捆扎法。

（三）活动过程

1. 欣赏民族舞蹈，引入活动内容。

出示用扎染艺术做的服饰和布料，启发幼儿说说服饰和布料上用的是哪种扎染技法，并说出不同的扎染效果。

2. 引入新的扎染技法——竹筷扎法。

（1）示范讲解竹筷扎法，并交代操作要求。

①把布铺平。

②把筷子放在布的一角卷起来，边卷边往中间挤。

③用绳子捆绑好。

④出示颜料，用油画笔蘸色涂在布上。

⑤涂后把绳子打开即可。

(2)提出操作要求，着重强调卷筷子时要卷紧，绳子要扎紧，涂颜色时不要把已上色的部位弄脏。

3. 幼儿操作，教师巡回指导。

(1)鼓励幼儿选择一种或多种技法同时运用进行操作，提醒幼儿互相配合，大胆尝试不同的方法和不同的颜色，使颜色搭配协调美观。

(2)帮助有困难的幼儿。

4. 评价作品，结束活动。

选出有创造性、颜色搭配好看的作品组织幼儿欣赏，对认真操作的幼儿给予表扬，并展览全部作品。

(四)活动延伸

将扎染好的布做成头巾、挎包、衣服等布置环境，进行装饰、出售等游戏。

(该活动范例由汕头市葵花幼儿园提供)

[评析]

扎染是幼儿手工活动的一种，它是具有创造性的活动，能促进幼儿的动手能力、想象力及思维能力的发展，促进了幼儿美感的形成。扎染作品的用途很多，如进行环境布置、开展游戏等。“有趣的扎染”活动通过激发兴趣、引导观察、讲解示范、幼儿操作等步骤，使幼儿较好地掌握了用竹筷子进行扎染的技能。教师重点让幼儿学习新的扎染方法，也很注意启发幼儿结合已学过的其他扎染方法染出纹样新、颜色搭配协调美观的作品，鼓励幼儿选择一种或多种技法同时运用进行操作，提醒幼儿互相配合，大胆尝试不同的方法和不同的颜色，使颜色搭配协调美观，有效地促进了幼儿创造力的发展。教师还指导幼儿把染好的作品做成头巾、衣服、挎包并进行游戏，更有效地增添了幼儿的审美情趣。当幼儿看到自己的作品丰富了游戏，美化了环境时，更能激发幼儿对美的事物和美的环境产生美的情感体验，培养对美的感受力。

七、大班意愿画活动：蚂蚁想飞上天

(一)活动目标

1. 学会根据故事开头续编故事结尾，并会用绘画的方法表现故事结尾。

2. 能够尝试合理布置画面，用协调漂亮的色彩作画。

3. 能大胆运用语言及绘画方式表现自己的想法。

(二)活动准备

1. 认识蚂蚁的外形特征、生活习性和一些会飞的动物或物体。

2. 会画已认识的动物形象。

3. 蚂蚁操作教具一套，幼儿绘画工具每人一份。

(三)活动过程

1. 出示蚂蚁哭笑图片，启发幼儿用语言和动作表现哭笑的表情。

2. 教师讲述《蚂蚁想飞上天》的故事开头。

3. 引导幼儿续编故事结尾，并用绘画表现出来。

(1)启发幼儿围绕故事开头续编故事结尾。

(2)个别幼儿在集体中讲述续编的故事结尾。

4. 讨论创作意图。

提问：今天我们要来画蚂蚁想飞上天的画面，你最想画什么呢？能用什么方法来表现？

5. 讲解蚂蚁的不同动态，局部示范画法。

6. 交代注意事项。

7. 幼儿自主作画，老师巡视指导。

(1)鼓励幼儿按自己创编的故事结尾相关情节大胆作画，做到构图合理。

(2)启发幼儿选择协调漂亮的色彩作画，使画面有美感。

8. 展示作品，相互交流和欣赏。

请个别幼儿展示自己的作品并介绍自己创编的故事结尾。

(四)活动延伸

幼儿互相欣赏绘画作品并讲述自己的故事结尾。

(该活动案例由汕头市金园区中心幼儿园提供)

[评析]

这是一次颇有新意的绘画、文学综合活动。其一，目标有时代感，明确指出培养幼儿的想象、表现、观察、探索等能力。其二，内容选择画“蚂蚁想飞上天”的故事续编部分。活动一开始，出示两只不同动态的蚂蚁作为引导幼儿思维的发散点，让幼儿根据以往相关的生活经验去想象不同动态的蚂蚁在看什么、想什么、做什么等。在此基础上进一步激发幼儿创作情节画的情感，教师生动流畅地给幼儿讲述《蚂蚁想飞上天》的故事前半部分，提出相关问题并启发幼儿展开讨论。幼儿的情感完全投入故事中，他们体验到蚂蚁想飞上天的急切心情，积极想办法、出主意……此刻，他们的表达是积极的，态度是认真的，参与是主动的，较好地达到了预期目的。其三，教师的指导紧紧围绕目标，启发幼儿想象蚂蚁用什么办法飞上“天”，请幼儿在桌面上用操作卡片摆出不同动态的蚂蚁，幼儿在探索中归纳出蚂蚁的不同动态，关键是头部及四肢位置的变化。在幼儿掌握了重难点的基础上，教师鼓励幼儿大胆造型，表现丰富的情节，注意合理安排画面。整个活动充分体现了探索学习、启发引导的指导思想，调动了幼儿学习的兴趣性、积极性，促进了语言等相关能力的发展。

第八课　幼儿美术教育活动的实践训练

幼儿美术教育的理论知识具有很强的操作性和实践性，本课提供了一些有代表性的主题，引导同学们在实践过程中巩固对幼儿美术各种类型教育活动的目标、准备、活动过程以及活动延伸等理论知识的运用，同时通过试教、说课、相互评课等活动，提高设计、实施幼儿美术教育活动的能力。

项目一　阅读、评析完整的幼儿美术活动方案训练

(一)实训目标

1. 进一步熟悉绘画活动的结构及要求。

2. 初步掌握设计绘画活动的技能。

3. 学会评析与修改绘画活动计划。

(二)内容与要求

阅读完整的活动计划，观察活动录像或教师现场执教，然后评析与修改活动计划。

小班手指画：小蝌蚪找妈妈

1. 活动目标

(1)学会用手指压印和添画曲线的方法，表现各种动态的小蝌蚪。

(2)能与同伴一起大胆作画。

(3)体验手指印画的乐趣。

2. 活动准备

(1)经验准备：在日常生活中，有意识地引导幼儿多观察自然角里的小蝌蚪；幼儿已有手指印画的经验。

(2)物质准备：课件PPT；幼儿操作材料：黑色水粉颜料，黑色水笔，小毛巾，背景图以及范画、头饰等。

3. 活动过程

(1)猜谜引入，并出示PPT“青蛙妈妈”图片。

①谜语：身穿绿衣裳，肚皮白光光，生的儿子多，个个黑脸膛。

②引导幼儿观察青蛙妈妈表情：“咦，青蛙妈妈怎么啦？她为什么不高兴呢？”幼儿先猜测，教师再播放PPT。

教师："哦，原来青蛙妈妈说呀，她的宝宝不见了。让我们一起来帮青蛙妈妈找她的宝宝好吗？"

与幼儿一起说："小蝌蚪，快快游到妈妈身边来！"教师出示PPT"小蝌蚪游到了青蛙妈妈的身边"。

(2)观看小蝌蚪的视频和图片，引导幼儿观察、模仿小蝌蚪游动的动态。

①教师："小蝌蚪们找到了妈妈，快活地在水里游来游去。请小朋友们仔细观察一下，小蝌蚪长得怎么样？它们游得一样吗？哪里不一样？"

教师播放视频和图片，引导幼儿自由讨论，说出小蝌蚪的基本特征，并模仿小蝌蚪游动的姿势。

②小结："原来小蝌蚪的脑袋是圆圆的，细细的尾巴扭来扭去，游动的方向都不一样。尾巴在下面的小蝌蚪是往上游的，尾巴在右边的小蝌蚪是往左边游的……真有趣啊！"

(3)学习运用手指压印及添画曲线的方法表现小蝌蚪的形象特征。

①出示操作材料黑色颜料和黑色水笔，引导幼儿想一想，可以怎么做，才能用小手变出可爱的小蝌蚪呢？

②教师示范讲解用食指印画小蝌蚪的方法：先用食指的指腹在颜料中轻轻蘸一下，然后把指腹按在纸上，再用黑色水笔画上弯弯曲曲的尾巴，一条可爱的小蝌蚪就在游动了。

教师提问：除了用食指印画，我们还能用哪只手指来画小蝌蚪？引导幼儿说出用拇指印画大的蝌蚪，小指印画小的蝌蚪。

③引导幼儿如何表现小蝌蚪向不同方向游动的方法：一次多压印几个小蝌蚪的身体，然后在不同的位置添画细尾巴，这样，小蝌蚪就会朝不同的方向游动了。如果能变换不同的方向压印就更好了。

(4)幼儿在背景图上作画，体验与同伴一起创作的乐趣。

教师巡回观察，引导幼儿大胆印画小蝌蚪，让小蝌蚪从更多的地方游过来找它们的妈妈。提醒幼儿蘸颜料压印后，需要在毛巾上擦干净手指后再拿水笔添画；要求幼儿保持画面和桌面及周围环境的整洁；请作完画的幼儿把材料和工具放回原处。

(5)欣赏、交流幼儿作品。

(6)游戏：小蝌蚪找妈妈。

玩法：教师和幼儿一起念儿歌"小蝌蚪游啊游，圆圆的脑袋黑黝黝，细细尾巴扭一扭，河水里面游啊游，闭上眼睛想一想：妈妈、妈妈在哪里？"念完儿歌，青蛙妈妈从旁边跳出来，幼儿扮演小蝌蚪游过去找妈妈。

（该活动案例由汕头市福利会第一幼儿园林素花、张静斐老师提供）

项目二　评析、修改美术活动的目标训练

(一)实训目标

1. 学会指出美术活动的目标撰写中的错误，提高语言表达能力。

2. 学会正确表达美术活动的目标，加深理解撰写美术活动目标的要求。

3. 提高设计、撰写美术活动目标的能力。

(二)内容与要求

指出以下两个美术活动的目标撰写中的错误，加以分析并将其完善修改。

1. 中班绘画活动：小魔镜。

(1)学习画出自己变形后的样子。

(2)能用夸张的手法大胆作画。

(3)培养幼儿对绘画活动的兴趣。

2. 小班手工活动：画饼干。

(1)能愉快地尝试将一大块泥分成几小块。

(2)将饼干印出各种花样，体验制作的乐趣。

项目三　设计绘画活动的目标训练

(一)实训目标

1. 学会独立设计、撰写幼儿绘画活动的目标。

2. 能根据不同班在四季方面的不同绘画要求，选择合适的活动内容。

3. 进一步理解幼儿园小、中、大班绘画活动的年龄阶段目标。

(二)内容与要求

以四季为内容，撰写幼儿园小、中、大班绘画活动的目标。

项目四　设计完整的各类型美术活动方案，并练习说课或试教

(一)实训目标

1. 能根据不同班幼儿的特点设计完整的美术活动计划。

2. 进一步理解美术欣赏、绘画和手工的设计要求。

3. 初步掌握说课与活动设计、指导的方法与技能。

4. 提高合作能力与评价、交流的能力。

(二)内容与要求

1. 分组进行，模拟组织幼儿园(小、中、大班任选其一)一节美术欣赏活动。

2. 分组进行，模拟组织幼儿园(小、中、大班任选其一)一节绘画活动。

3. 分组进行，模拟组织幼儿园(小、中、大班任选其一)一节手工活动。

项目五　组织美术领域为主的综合教育活动训练

(一)实训目标

1. 能利用网络资源获得幼儿园美术活动与其他领域统整的教学案例。

2. 提高分析评价幼儿园美术活动的能力。

3. 进一步掌握幼儿园美术活动的设计与指导技能。

(二)内容与要求

利用网络资源，搜索一个幼儿园美术活动与其他领域统整的教学案例，分析其设计理念，试教并相互进行评课。

项目六　校外执教练习

(一)实训目标

1. 能熟悉不同年龄班美术教学过程的特点。
2. 能熟悉不同年龄班的美术作品。
3. 提高组织美术教育活动的能力，提高评价美术教育活动的能力。
4. 能熟悉幼儿园美术教育的实际活动类型。

(二)内容与要求

利用见(实)习机会，分组进行幼儿园(小、中、大班)见(实)习教学，对班级儿童学习过程和作品进行评价，对自己的教学进行反思性评价。

思考与练习

1. 简述幼儿美术教育的目标和内容。
2. 幼儿绘画能力发展的主要特点是什么?
3. 幼儿美术教育应遵循哪些原则? 各有哪些要求?
4. 幼儿美术教育的主要方法有哪几种?
5. 举例说明如何组织一次幼儿绘画活动?
6. 幼儿欣赏活动的指导一般可以分为哪几个阶段? 各应注意哪些问题?
7. 怎样组织幼儿进行折纸活动?
8. 选择你见习过的一次幼儿美术活动，试评价该活动的优点与不足。
9. 请以“快乐的儿童节”为主题，设计一个大班意愿画活动的计划。
10. 解释概念。

幼儿美术教育　　幼儿美术活动的创造力　　审美感知

装饰画　　命题画　　意愿画　　线索启迪法

学习反思

第九单元
幼儿园综合教育

学习目标

知识目标

1. 理解幼儿园综合教育活动的内涵和特点。
2. 了解幼儿园教育活动的理论依据。
3. 掌握幼儿园综合教育活动的实施要求及组织指导技能。

能力目标

1. 学会评析幼儿园综合教育活动。
2. 初步学会设计和组织幼儿园综合教育活动。

素养目标

1. 能用辩证的观点恰当评价各种课程理论。
2. 树立正确的课程观、评价观。
3. 积极主动学习和研究综合教育活动知识，关注幼儿园课程改革发展的新趋势、新要求。

近年来，随着幼儿园课程改革的不断深入，幼儿园综合教育活动课程已成为幼儿园课程发展的趋势。什么是幼儿园综合教育活动课程？如何实现幼儿园教育活动的综合？如何开展幼儿园综合教育活动课程？将是本单元要阐述的内容。

第一课　幼儿园综合教育概述

目前，幼儿园综合教育作为一种课程已得到广大幼教工作者的重视和普遍运用。幼儿园综合教育课程既符合课程的一般原理，又有自己的特点和理论。

一、什么是幼儿园综合教育课程

综合教育课程就是把教育的主体、客体、中介及家庭、社会环境等各种教育要素整合起来，以幼儿的直接经验和实际生活为基础有机地构成一系列教育主题，以幼儿身心的均衡发展为最高目的，在强化课程整体系统功能的思想指导下对幼儿实施教育。

综合教育课程与学科教育课程的根本区别在于以下几个方面。

(一)综合教育课程更多地考虑各科教育之间的相互联系

它是针对各科互相割裂的现状而提出的，与分科教学本身并不互相对立，学科教学也能体现综合性的特点。

(二)综合教育课程更多地考虑幼儿身心的全面和谐发展

它要求教师首先考虑的是目标的整合，即在目标确立时就应充分考虑到幼儿身心的和谐发展。目标的整合可以从身体发展、认知发展和社会性发展三个方面体现，也可以从健康、社会、科学、语言和艺术五大领域体现，还可以从加德纳的多元智能理论中的八大智能体现。

(三)综合教育课程更多地考虑各种教育手段、形式和方法的综合运用

它能促使教师改变仅重视教学活动等现状，把一日中的每项活动都当成具有一定教育因素的活动而加以重视，同时灵活地运用统一活动、自选活动、自由活动及集体活动、小组活动、个别活动等多种形式组织、开展活动。

二、幼儿园综合教育课程的理论依据

(一)事物发展本体论

教育要促进教育对象的发展，取得应有的教育成效，首先必须尊重教育对象这一本体的特点。幼儿教育的对象是幼儿，幼儿的年龄特点决定了他们未能完全具备进行严格而过细的“分科教学”的条件。年龄越小越需要运用综合的形式、手段和方法去认识某个具体而综合的事物，这是一个客观规律。另外，幼儿身心发展的整体性也要求我们提供的教育是综合性的。因为，幼儿的知、情、意、行，幼儿的体、智、德、美等的发展是全面有机地相互作用，而不是个别独立的部分的简单组合。只有提供综合性的教育，才能使幼儿的身心得以全面和谐的发展。

事物发展本位论为幼儿园综合教育课程提供了哲学基础。

(二)系统论

综合教育课程构建中运用了系统论的一个观点：系统是有一定结构的，系统的各个组成部分即“子系统”，如能有机地形成一个整体，其效果将大于各部分相加之和；系统的结构越合理，子系统之间的相关度越大，系统的整体性功能就越好。

教育是一个整体性“系统”，其内涵的主体、客体和中介是它的“子系统”，它的众多要素都综合地存在着，是通过相互联系、相互作用、相互制约、相互融合而有机结合的系统形态。其具体体现在课程四要素的整合上，即教育目标的综合、教育内容的综合、教育活动的综合、教育评价的综合。

(三)皮亚杰的认知发展理论

皮亚杰认为，儿童的发展，既不是直接生理成熟的结果，也不是直接学习的结果，而是个体和环境相互作用而使认知结构不断发生质变的过程。

这一理论对综合教育课程建构的主要启示就是：教学就是创设环境，使幼儿的认知结构在与教育相适应的环境中形成和改变。所以，合理地创设环境，能使幼儿获得整合的学习经验，对幼儿形成完整的认知结构具有很大的意义。

(四)陈鹤琴的“整个教学法”理论

陈鹤琴认为，编制幼儿教育课程时，要注意联系、发展的原则。他建议把儿童所应该学的东西整体地、有系统地进行教授。这种教学法就是把各科功课打成一片，所有的功课的学习是无规定时间的；所有的教材是以故事或社会或自然为中心或出发点的，而且是以儿童的生活、儿童的心理为依据的。他提倡采用“单元制”，即各项活动都围绕着单元进行教学。

陈鹤琴的这一理论为综合教育课程的具体实施提供了依据。

三、幼儿园综合教育课程的特点

(一)整体性

从幼儿发展的整体性出发，整体地思考教育目标、教育内容、教育方法和手段之间的联系和作用，使幼儿园教育更好地发挥整体功能，这种课程模式能提高教师整体驾驭幼儿教育的能力。

(二)联系性

综合教育课程十分重视各领域之间的联系，各教育因素间的联系，幼儿园和家庭、社会间的联系，防止在教育和教学过程中的相互割裂，以充分发挥教育因素的整合功能。

(三)集中性

一个阶段相对集中地开展某方面的活动，让幼儿获得的信息相对集中，这既有利于幼儿在学习过程中对信息的编码、储存和运用，也有利于幼儿进行积累、思考、提炼和归纳。

第二课　幼儿园综合教育课程的实施要求

《纲要》中明确指出："幼儿园的教育内容是全面的、启蒙性的，可以相对划分为健康、语言、社会、科学、艺术五个领域，也可做其他不同的划分。各领域的内容相互渗透，从不同的角度促进幼儿情感、态度、能力、知识、技能等方面的发展。"《指南》中也明确规定："关注幼儿学习与发展的整体性。儿童的发展是一个整体，要注重领域之间、目标之间的相互渗透和整合，促进幼儿身心全面协调发展。"由此可见，幼儿园的课程应强调综合性。幼儿园综合教育课程的实施必须全面考虑三个方面的综合和三个层次的综合。

一、实现三个方面的综合

(一)教育内容的综合

综合教育不是反对分科教学，而是反对各科割裂。它既保留了分科教学的基本形式，强调了学科特点和自身体系，理顺了纵向关系，又强调了各科(领域)之间的联系与配合，加强了横向联系。

1. 教育内容的纵向整体性

教育内容的纵向整体性指的是同类或同领域内容的顺序性联系，强调把每一个后继经验建立在前面经验的基础之上，由浅入深、由近及远，表现在以下两个方面。

(1)强调各学科(领域)的系统性。

必须按各学科(领域)自身规律合理地安排内容。例如，数学教育内容的安排，在数的认识方面必须是按这样的顺序：基数—序数—相邻数—数的组成—数的加减运算。

(2)重视同一内容(主题)在不同年龄阶段的整体性。

例如，认识季节的内容在每个年龄班都必须开展，但每次的目标应区分出层次，由浅入深，从小班"让幼儿观察四季的明显特征"到中班"让幼儿了解四季的特征及其与人们生活的关系"再到大班"使幼儿获取有关季节与人类、动植物等关系的感性经验，形成四季的初步概念"。每次的目标既体现出层次性，又体现了内容之间的纵向整体性。

2. 教育内容的横向网络

教育内容的横向网络是指在不影响各学科(领域)系统性的前提下，加强各科之间的联系与配合，按一定的主题，把相关领域的内容集中起来安排。例如，每年的三、四月份，以"美丽的春天"这一主题为线索，把各学科(领域)中有关春天的内容组织起来，使各学科(领域)的内容相互配合、相互补充、相互促进，使幼儿通过各种渠道获得有关春天的信息，同时又发展相应的语言、美术、音乐等能力。

主题开展的时间可长可短，长者可达3～4个月，短者可以是1～2天。

主题常以网络的形式出现。网络的编制可由教师预先设定，也可由教师与幼儿共同讨论确定。

3. 主题(话题)的选择

(1)以学科或领域为基础设计主题。多从科学、社会等领域考虑，例如，"落叶飘飘""冬天的动物""美丽的春天""新年到"等。

(2)以情感培养为主线设计主题。例如，"快乐""我喜欢""温馨的信"等。

(3)以社会生活事件为基础设计主题。例如，"交通事故发生了""台风来了""奥运会"等。

(4)以幼儿自身的生活事件为基础设计主题。例如，"我们的新朋友""小兔子病了""接纳新生活"。

(5)以经过提炼和概括的过程、原理或变化规律为基础设计主题。例如，“变”“熟了”“原因”。

(二)教育手段、形式、方法的综合

综合教育主张综合运用多种教育手段、形式和方法，整合各种教育效果，以取得整体的教育效应。

综合教育课程的实施要求教师改变仅重视教学活动等弊端，充分运用教学、游戏、日常生活、家园配合等多种教育手段，强调多种手段的相互配合，发挥各自独特的作用。

综合教育课程的实施要求教师根据教育目标及内容，灵活地运用统一活动、自选活动、自由活动及集体活动、小组活动和个别活动等多种形式组织、开展活动。

综合教育课程的实施要求教师充分认识到幼儿的主体地位，重视采用多种方法，如操作、讨论、发现等，让幼儿动手、动脑、动口，让幼儿在做中学，让幼儿在与环境、物、人的相互作用中获得发展。

(三)教育过程的综合

综合应贯穿于整个教育过程，具体表现在以下三个方面。

1. 教师的“教”与幼儿的“学”综合考虑

教师如何“教”应充分考虑到幼儿如何“学”，因此，教师在方法的选用上、在语言的表达上，甚至在对幼儿提出的问题上，都一定要设身处地地站在幼儿的角度上来考虑，以保证教师“教”的有效性和幼儿“学”的有效性。

2. 教育内容与环境创设综合考虑

《规程》明确指出，应“创设与教育相适应的良好环境”，综合教育课程的实施更要求教师充分利用和协调各方面的教育因素。在幼儿园里，环境这一教育因素对幼儿的影响是潜移默化的，幼儿身心发展的各方面无一不受环境因素的影响。综合教育课程的实施要求教师改变环境布置一学期不变的弊端，灵活地根据各阶段的教育目标和教育内容，充分发挥幼儿在环境创设中的主体作用，使幼儿在参与环境创设的过程中学习，在活动中不断地受良好环境的熏陶。

3. 幼儿知识技能的获得、能力的培养和情感、社会性的发展综合考虑

教育过程的综合的最终落脚点是促进幼儿身心全面和谐发展，对于任何一个教育内容、任何一项教育活动，教师都应该充分地挖掘其中可促进幼儿发展的因素。在知识技能方面，幼儿的特点决定了不能片面地追深和拔高，因此，教师应遵循幼儿身心发展的规律，从全人格人才培养的角度出发，重视幼儿能力和情感、社会性的培养。

二、实现三个层次的综合

(一)主题活动的综合

主题活动的综合是指每个阶段以某一主题综合各方面教育，使有关内容得以有机的组合，改革单科独进、课内外脱节等现象。

主题活动的综合有以下三种组织架构类型。

1. 多学科综合

即同一个主题下，重点教授各相关学科的知识。其特点是学科界限分明，多个学科，共同主题，顺序展开，学科教学。例如，在主题活动“春天”中，可以安排科学活动认识春天、语言活动讲有关春天的故事、美术活动画春天、音乐活动唱春天等。这种主题综合活动是幼儿园教师最容易学习和掌握的一种类型。

2. 跨学科综合

即将课程中同类或相关的知识归纳起来，合并同类项并以跨越学科的内容作为课程重点。其特点是学科界限模糊，围绕主题，强调学科共通点，以培养思维能力和解决问题的能力为重点，较具整合性。例如，综合活动“火、防火与自我保护”，这一活动所涉及的领域有科学、社会、健康和语言，是明显的跨学科综合。

3. 超学科综合

即完全超越学科的界限，课程以现实生活中的真实问题为核心，展开专项研究或探索。其特点是学科界限不存在，以现实问题为主题或焦点，内容由幼儿的兴趣、需要而定，而不是由任何学科指引而预先确定。例如，“方案教学法”“生成课程”等。这一类型是主题综合活动的最高境界。

(二)一日活动的综合

一日活动的综合是指把一日的各项活动组成连续的教育过程，不停留在互相分割的各个片段上，即半结构教学或非结构教学。其特点是淡化时间界限，强调各项活动的综合，强调寓教育于各项活动之中，充分发挥游戏活动与生活活动的教育价值。例如，“会变的影子”，教师可以通过晨间活动(让幼儿给园内的大树、娃娃房、石凳等画影子)、科学实验(影子的产生)、故事欣赏(小熊的影子)、游戏活动(玩手影、影子模特儿、踩影子)和生活活动(家长带幼儿在路灯下观察人影的变化)等一系列活动让幼儿了解影子。这样做，一定比单纯组织一次科学实验的教学活动效果好得多，既贴近幼儿生活，又符合幼儿好动、好玩的天性，更能激发幼儿对自然现象的好奇心和探索欲望。

(三)个别活动的综合

个别活动的综合是指每项活动应尽可能在各个部分自然的有机联系中进行，一环扣一环，层层递进。没有不涉及其他领域而只能进行某个领域学习的活动，任何活动都可以实现领域间的渗透。例如，“火、防火与自我保护”，这一活动改变了以往为认识“火”而认识“火”的单纯的常识教学的状况，把科学领域、健康领域、社会领域和语言领域等内容有机地渗透进去，从对火的认识，到如何防火，再到火灾发生时如何自救和互救等，层层递进，环环相扣，这样做，能使幼儿在一个活动中获得更多的有益经验，这种渗透是自然的、有机的，而不是拼凑的。教师如果能够在注重主题活动的综合、一日活动的综合的基础上，注重个别活动的综合，将会为孩子们赢得很多自然而宝贵的教育契机，将会使每个活动开展得更加生动、活泼。同时，个别活动的综合也能促使教师以整合的理念来改善幼儿园的教学，有利于改变目前因关注幼儿园课程而出现的忽视教学、低效教学、无效教学甚至负效教学等现象，更好地突出幼儿园教学综合性的特点。

第三课　幼儿园综合教育活动案例及评析

虽然幼儿园综合教育作为一种课程已受到广大幼教工作者的重视和普遍运用，但是在实践过程中，如何有效地设计和实施，需要广大幼教工作者不断地去探索。为使同学们能有效地理解幼儿园综合教育，化解知识上的难点，本课提供了一些典型的综合教育活动案例。

一、大班综合教育活动：火、防火与自我保护

(一)活动目标

1. 知道火的主要用途及其与人类生活的关系，懂得不能随便玩火，避免火灾的发生。

2. 初步了解火灾带来的危害，掌握基本的防火及自我保护的知识，提高防火及

自我保护意识。

3. 能大胆地与同伴交流并学会倾听同伴发言。

(二)活动准备

布置树林的环境，草地上有小柴堆，并准备一些可以灭火及自我保护的东西，如小河、水桶、湿毛巾、灭火筒、电话亭等。挂出有关火的图片三幅：火警电话、防火及自救的消防图片。

(三)活动过程

1. 创设情境，引入课题。

“今天天气真好，老师带你们到树林里玩，好吗?”教师以秋游的形式向幼儿简单介绍周围的环境和可以用来灭火及自我保护的东西。

“我们走了这么长的路，都累了。大家坐在草地上休息一会儿。”“呼……”一阵大风吹来，“风真大呀，小朋友，你们觉得怎么样?”(冷)“大家都很冷，我们又没有多带衣服，怎么办呢?”(点燃柴堆取暖)

引导幼儿自由议论，说出火的其他用途：照明、烧饭、炒菜、驱赶野兽等。

2. 讨论“火”的危害，对幼儿进行防火教育。

“火有这么多的用处，但它有没有害处呢? 火有什么危害?”让幼儿自由讨论，启发幼儿说出火灾的种种危害：烧坏房子、烧毁森林、烧伤人、把人烧死等。

讨论：“火灾的危害这么大，小朋友们平时在家、在幼儿园、外出时该怎么做才能避免火灾的发生?”教师小结并对幼儿进行防火教育。

3. 引导幼儿寻找并实践自我保护的方法。

“如果现在树林着火了，我们应该怎么办?”让幼儿三五人分组讨论，想出不同的办法进行灭火及自我保护(鼓励能力强的幼儿想出两种以上的办法)，教师适时用语言加以启发引导。例如，“如果你身上的衣服着火了，该怎么办?”“发生火灾时会冒出许多浓烟，呛得我们很难受，又该怎么办?”

教师根据幼儿在讨论中的发言进行梳理小结。

4. 游戏“着火了”，让幼儿模拟练习各种灭火及自救的方法。

(四)活动延伸

让幼儿在自由活动的时间里，练习说119的火警电话，并讲清楚着火的地点。

布置防火知识展览，让幼儿和家长自由参观，请能力较强的幼儿当讲解员。

(该活动案例由汕头市委机关幼儿园提供)

[评析]

当前，人们的防火意识较薄弱，尤其是幼儿，他们缺乏自防自救的能力。该活动正是出于这一思考，改变了以往为认识火而认识火的单纯的常识教学的状况，在教幼儿认识“火”的同时，教幼儿如何防火及火灾发生时如何进行自我保护。这一活动体现的是个别活动的综合，其设计特点是：在一个活动中有机地整合了科学、健康、社会、语言等多个领域的内容，活动过程一环扣一环，层层推进。该活动还注重创设情境让幼儿进行模拟实践，充分调动了幼儿学习的主动性和积极性，有效地促进了幼儿多方面能力的发展。

二、中班综合系列活动：会变的影子

(一)活动目标

1. 使幼儿知道物体在阳光和灯光下都有影子，物体和影子分不开。

2. 了解物体的影子会因光线强弱、照射角度的不同而发生变化。

3. 激发幼儿的好奇心和求知欲，培养对自然现象的兴趣和探索精神。

(二)活动准备

幻灯片一套，录音磁带一盒，彩色粉笔一盒，树枝一根，各种小动物(如鸡、鸭、兔、熊等)的头饰若干。

(三)活动过程

1. 晨间活动：画影子。

让幼儿在阳光下找影子，提醒他们观察各种物体影子的形态。发给幼儿白色粉笔，让他们给园内的大树、娃娃房、石凳等画影子，为下次活动做准备。

2. 观察活动：会变的影子。

(1)小实验：影子的产生。引导幼儿通过实验，了解光和影子的关系。

(2)组织幼儿观察周围物体的影子，发给他们红色粉笔，画下园内的大树、娃娃房、石凳等物体的影子，并与白色粉笔画的影子进行比较。了解物体的影子因阳光照射的角度不同而发生的变化。

(3)手影表演：取一根树枝做背景，教师用手影表演啄木鸟给树治病等各种动物(如狗、羊、青蛙等)的手影，教师边表演边请幼儿猜，猜中后模仿该小动物的叫声，为手影表演增添乐趣。

3. 故事欣赏“小熊的影子”。

(1)教师讲述故事，用绘声绘色的语言来感染幼儿，激发他们的好奇心和求知欲。

(2)借助幻灯片帮助幼儿理解故事内容，教师边讲边提问：“今天天气怎样？小熊去干什么？是谁把水里的鱼儿吓跑的？小熊想赶走影子，用了哪些方法？有没有赶走影子？为什么？最后，小熊为什么能钓到鱼？”

(3)再次欣赏配乐故事“小熊的影子”，组织幼儿讨论：早上和下午，小熊的影子为什么是长长的？小熊挖坑是不是真的埋掉了影子？为什么影子只剩下一点点大？

4. 游戏活动。

幼儿分组活动，活动中请他们注意观察影子的变化。

(1)表演游戏。

①在园内鱼池边，请幼儿戴上“小熊”头饰表演“小熊钓鱼”。

②玩手影。幼儿变换手的姿势，观察影子的变换，教师可为幼儿提供一些辅助

材料。

③“影子模特儿”。两名幼儿为一组，一名幼儿在阳光下表演各种动作，另一名幼儿用彩色粉笔画人影，互换角色，比比谁的“影子模特儿”美。

(2)体育游戏。

①两名幼儿为一组，互踩对方的影子，先踩中者获胜，胜者在沙池里插一面红旗。最后，比比谁的红旗多。

②请2～3名幼儿当踩影子的人，其余幼儿戴上各种小动物头饰，扮演小动物。当教师发出“开始”的信号后，“小动物”就在太阳底下快速走动，踩影子的幼儿跟在“动物”后面，踩它们的影子，踩中影子的“动物”算被捉住，踩影子的幼儿将自己捕捉到的“动物”关在一起。最后，比一比谁捉到的“动物”多。

(四)活动延伸

1. 在日常生活中，引导幼儿观察物体的影子，思考什么情况下影子会动或不动，什么情况下有影子或没影子。

2. 家长带领幼儿在路灯下散步时，引导他们注意观察在离灯光远近不同的地方，人影有何变化。

（该活动案例选自《幼儿园教育活动案例分析》，魏敏等主编）

［评析］

“影子”是孩子们常见又感到好奇的现象，本活动正是以影子为线索，利用影子在不同条件下的变化特点设计的一系列活动。该活动体现的是一日活动的综合，即从晨间活动—教学活动—游戏活动—生活活动都围绕“影子”这一主题来开展，而且开展的活动涉及了多个领域。在这一天中，各项活动组成了连续的教育过程，淡化了时间界限，强调了各项活动的综合，强调寓教育于各项活动之中，充分发挥了游戏活动与生活活动的教育价值，使幼儿在这一天中不仅获得了关于“影子”的丰富经验和感受，对探索“影子”的现象产生了兴趣，而且各方面的能力也都得到了提高。

三、大班综合主题活动：昆虫

（一）主题网络图

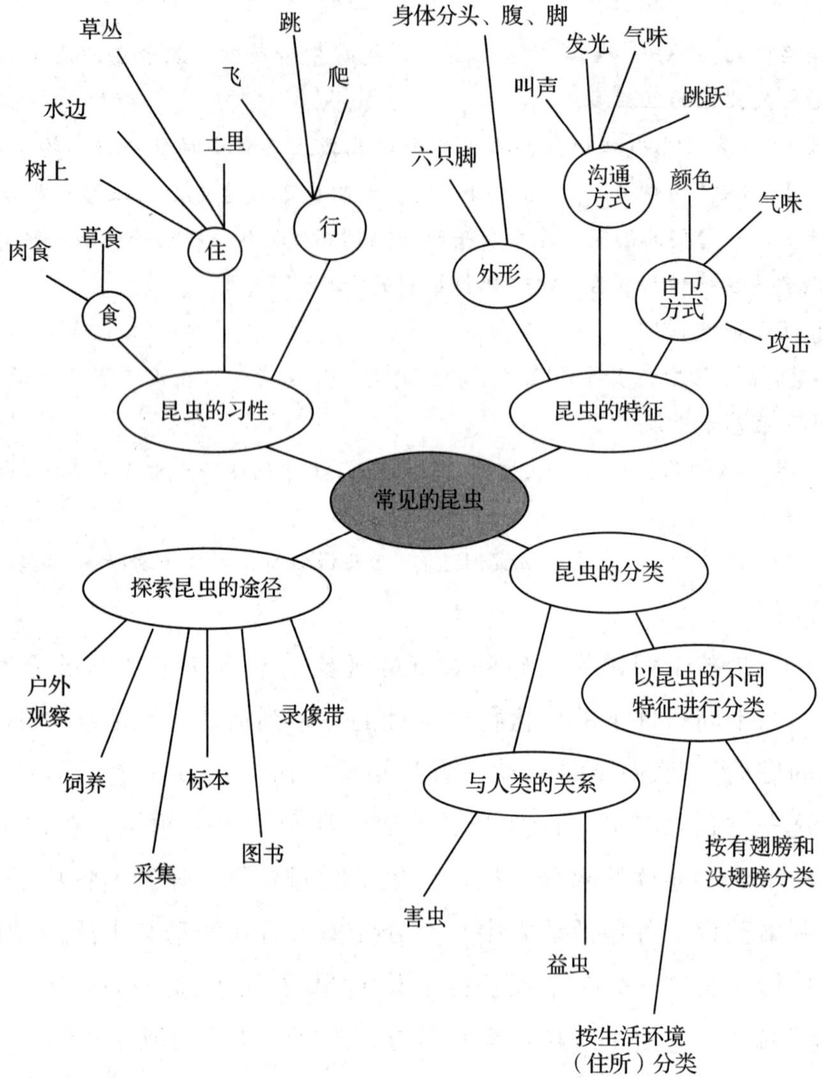

（二）主题目标

1. 认识常见的昆虫，了解昆虫的基本特征及生活习性（居住环境、食物、动作姿态、沟通方式、行走方式等）。

2. 能运用多种感官有顺序地观察和探索昆虫的特点，了解昆虫与人类生活的关系。

3. 学会用多种方法寻找问题的答案，愿意表达自己对昆虫的认识，积极主动地参与小实验活动，初步学会观察记录。

4. 激发探索昆虫秘密的兴趣，萌发爱护益虫的环保意识。

活动一　昆虫运动会

（一）活动准备

挂图：《昆虫大集合》。各种动物的图片（蜜蜂、蜻蜓、蝴蝶、瓢虫、螳螂、蜗牛、蚯蚓、蜈蚣等)。有关描述昆虫的图画书。

(二)活动过程

1. 通过猜谜语引入活动。

教师念谜语：

小小虫，嗡嗡嗡，
飞到西，飞到东，
传花粉，采花蜜，
人人夸它爱劳动。(蜜蜂)

你还认识哪些昆虫呢？

2. 讲述故事《昆虫运动会》，引导孩子认识昆虫，初步了解昆虫的基本特征。

提问："昆虫要开运动会，会有哪些昆虫来参加呢？"(幼儿根据自己的经验回答)

教师讲述故事，并相应地贴出蜜蜂、蜻蜓、蝴蝶、瓢虫、螳螂、蜗牛、蚯蚓、蜈蚣和蜘蛛等动物的图片。

组织幼儿讨论："为什么小蚂蚁要请蜗牛、蜈蚣、蚯蚓和蜘蛛回去？"帮助幼儿回忆故事内容，了解昆虫的主要特征。

出示毛毛虫图片，"毛毛虫来了，它能参加运动会吗？为什么？它为什么参加两个项目的比赛？"

再次完整欣赏故事，提示幼儿注意倾听故事中角色的对话。

3. 教师出示挂图《昆虫大集合》，请幼儿说说、议议、写写。

这些昆虫叫什么名字？比较图片上的昆虫有哪些地方是一样的？将幼儿所说的内容记录在观察记录表格上。例如，都有六只脚，大部分有翅膀，身体分成头、胸、腹部 3 个部分，有触角，有壳儿等。

教师根据幼儿记录的内容与幼儿一起梳理、小结昆虫的基本特征。

4. 通过儿歌《昆虫运动会会歌》，进一步巩固幼儿对昆虫基本特点的认识。

活动二　认识蚕宝宝

(一)活动准备

1. 在日常饲养、观察蚕宝宝的过程中，已初步了解蚕的生长过程。

2. 课件《蚕的一生》。

3. 布置蚕的用途图片展。

(二)活动过程

1. 观察蚕宝宝，知道它们的名称及主要特征。

(1)分组观察，认识蚕。

小结：蚕由头和身体构成，头上有嘴和两只小小的眼睛；身体圆长而软，有环节；身体下面有许多对小脚，身体旁边有气孔，气孔可以呼吸和散热；尾部有小尖，叫尾角；会爬行。

(2)"它们爱吃什么？"幼儿动手给蚕喂食，了解蚕爱吃的食物。

2. 了解蚕的生长过程。

(1)教师向幼儿介绍蚕的四个生长过程。

(2)请幼儿操作“蚕的一生”卡片。

(3)观看课件《蚕的一生》。

(4)根据观看的课件内容，重新排列卡片。

3. 讨论蚕的用途。

(1)幼儿自由参观图片展，教师适当指导。

(2)组织幼儿讲述参观的内容。

提问：你在展览厅看到了些什么？蚕有哪些用途？

4. 体育游戏：有趣的蚕宝宝。

玩法：在软垫上模仿蚕宝宝爬行，再练习踮起脚尖、抬起头吃桑叶，接着团起身体变成“茧”钻过圈，最后变成“飞蛾”回到原点。

活动三　毛毛虫和蝴蝶

(一)活动准备

1. 毛毛虫变蝴蝶的课件和生长示意图。

2. 音乐磁带和表演道具。

(二)活动过程

1. 以谈话的方法引入活动，引起幼儿了解毛毛虫的成长过程的兴趣。

2. 演示课件，引导幼儿了解毛毛虫变蝴蝶的过程。

教师：这是什么？(虫卵)卵慢慢长大后变成了什么？(毛毛虫)毛毛虫在干什么？(吃树叶)毛毛虫长大后做什么事？怎样变成蝴蝶的？(变成蛹—变成蝴蝶)。

教师小结：昆虫世界里的动物们也像我们人类一样，它们是有生命的，而且是不断生长变化的，每个生长时期都有不同的形态，但都是美丽的。

3. 倾听音乐，感知表现毛毛虫和表现蝴蝶的两段音乐的不同性质。

(1)欣赏音乐，理解歌词。说说：一共有几段音乐？你听到了什么？

(2)分辨两段音乐的性质，感知、体验表现毛毛虫的音乐缓慢、连贯；表现蝴蝶的音乐欢快、跳跃。

(3)幼儿自由讨论并提问：你喜欢哪一段音乐？为什么？

(4)启发幼儿运用肢体动作随音乐的节奏创造性地表现毛毛虫和蝴蝶的动态。

4. 音乐游戏：“毛毛虫变蝴蝶”。引导幼儿借助道具“床单”随音乐节奏表现毛毛虫变蝴蝶。

活动四　会唱歌的昆虫

(一)活动准备

1.“中华文化”：《昆虫画》。

2. 事先和幼儿一起收集一些有关昆虫的图书。

3. 图画纸和画笔。

(二)活动过程

1. 教师或幼儿讲述有关昆虫的图画书，并讨论昆虫的叫声。

2. 与幼儿一起欣赏幼儿用书《昆虫画》画面的内容，并提问。

(1)图画上有什么呢？

(2)有会叫的昆虫吗？是什么呢？

(3)除了昆虫，还有什么呢？猜猜看昆虫在做什么？

(4)齐白石爷爷用了哪些颜色呢？猜猜看他是用什么笔画的？怎么画的呢？

(5)如果让你也画一幅昆虫画，你会画什么呢？用什么样的画笔？会用什么颜色呢？

3. 引导幼儿说说自己最喜欢的昆虫及原因，并尝试画昆虫画。

活动五　找朋友

(一)活动准备

1. 儿歌：《野外》。

2. 课件：各种昆虫飞、跳、爬的情境。

(二)活动过程

1. 引导幼儿观察幼儿用书，朗诵儿歌《野外》让幼儿欣赏。

2. 请幼儿尝试用身体动作表现鸟飞、鱼游、虫跳的模样。

3. 观看课件，与幼儿讨论昆虫行走的方式(如蚱蜢会跳、蜜蜂会飞、蝴蝶会跳舞、蚂蚁爬行)，并尝试模仿昆虫的行走方式。

4. 玩“找朋友”的游戏。

所有幼儿围成一个圆圈，按顺时针方向走，边走边按照自己装扮的昆虫行走方式移动，并唱歌曲“一二三四五六七，我的朋友在哪里”，当唱到“在这里，在这里，我的朋友在这里”时，两人成一组，向对方打招呼。

5. 游戏结束后，请幼儿分享和好朋友的相处方式。

活动六　益虫和害虫

(一)活动准备

1. 益虫、害虫的课件。

2. 各种昆虫的卡片，分类统计表人手一份。

(二)活动过程

1. 帮助幼儿形成益虫和害虫的概念。

(1)认识益虫和害虫。

①利用课件出示螳螂的谜语，幼儿猜出后再以动画方式出示螳螂。

教师：对人类有好处，吃害虫，保护庄稼、树木、花草的虫子，我们称它们为益虫。(课件画面上出现文字“益虫”)

②课件出示苍蝇的谜语，幼儿猜出后以动画方式出示苍蝇。

教师：对人类有害处，损害庄稼、树木、花草的虫子，我们称它们为害虫。(课件画面上出现文字“害虫”)

(2)课件演示各种益虫和害虫。

“你喜欢哪些昆虫?为什么?”

2. 了解昆虫与人类生活的关系，加深对益虫和害虫的认识。

(1)提问：小朋友们还知道哪些是益虫?人们为什么喜欢它们?哪些是害虫?人们为什么讨厌它们?

(2)教师提供各种昆虫的小卡片，将“益虫”和“害虫”字卡贴在磁性板上，让幼儿按益虫、害虫进行分类，引导幼儿将分类结果记录在统计表上并讲述。

3. 引导幼儿讨论：我们应该怎样保护益虫，消灭害虫?对幼儿进行环保教育，激发幼儿爱护益虫的环保意识。

4. 表演游戏“虫虫联欢会”。

(1)引导幼儿根据虫子的生活习性及基本特征，在音乐的伴奏下创编各种动作。

玩法：幼儿自选头饰扮演昆虫。音乐起，各种昆虫在音乐的伴奏下做动作；音乐停，扮害虫的幼儿立即蹲下不动，扮益虫的幼儿就要喊“苍蝇、蚊子、蟑螂，消灭它”。幼儿互换头饰，游戏继续进行。此游戏可做1～2遍。

(2)游戏结束后，幼儿按益虫和害虫将昆虫头饰送回各自的家。

(该活动案例由汕头市委机关幼儿园提供)

[评析]

“昆虫”是幼儿很熟悉的一类动物，它是一个类概念，其种类很多。这一组活动设计有以下特点：一是注重根据主题中不同的活动内容，选择相应的活动手段和方法，通过环境创设、饲养、观察、操作、谈话、故事诗歌欣赏、游戏等各种手段和方法，并借助语言、图画、动作等不同的表达方式，以达到帮助幼儿对已有的经验进行系统的加工和提炼的目的，有利于提高幼儿多方面的能力。二是注重活动与活动之间的层层推进，从“昆虫运动会”上昆虫的大聚会了解昆虫的基本特征到了解昆虫的生活习性及某些昆虫的生长过程，再到认识昆虫的分类，揭示害虫与益虫，帮助幼儿形成爱护益虫的环保意识，使幼儿获得了对昆虫较全面的认识。

第四课　幼儿园综合教育活动实践训练

幼儿园综合教育活动需要多方面的综合，它的实施有一定的难度。幼儿园综合教育活动能否顺利进行，与教师是否有综合教育活动的设计和组织技能密切相关。本课主要和同学们一起开展综合教育活动的设计和实施训练，目的是初步提高同学们组织综合教育活动的能力。

项目一　观摩、评析幼儿园综合教育活动

(一)实训目标

1. 熟悉幼儿园综合教育活动的构成及实施要求。

2. 熟悉幼儿园综合教育活动的生成及设计思路。

3. 初步学会评析、修改幼儿园综合教育活动。

(二)内容与要求

1. 阅读完整的综合教育活动方案。

认真阅读教师提供的综合教育活动方案，并结合所学理论进行分析：活动方案中活动目标及活动过程的设计是否符合要求？需要怎样改进？

2. 观摩幼儿园教师组织的主题综合教育活动或活动实录。

观看幼儿园综合教育活动教学实况录像或者到幼儿园现场观摩，记录活动的全过程，然后分小组讨论活动的设计和组织是否符合要求？可以怎样改进？

项目二　设计幼儿园主题综合教育活动

(一)实训目标

1. 掌握幼儿园主题综合教育活动的设计方法和技能。

2. 初步形成运用所学知识设计幼儿园主题综合教育活动的能力。

(二)内容与要求

1. 根据观摩的主题或以下主题，设计与其相关的主题网络。

(1)小班：快乐宝宝。

(2)中班：环境小卫士。

(3)大班：我要上学。

2. 学生自由组合成小组，任选一个年龄班，共同设计一个以某领域为主的主题活动，并加以实施，要求如下。

(1)写出设计思路。

(2)设计主题网络图、主题计划、周计划。

(3)每人选择1～2个活动内容撰写具体的活动计划。每位同学在组内进行说课，交流具体的活动计划。

(4)每组选一位代表说设计思路，各组交流讨论所设计的主题综合教育活动方案。

(5)在讨论的基础上修改主题活动方案，推选出最佳的主题综合教育活动方案。

项目三　实施幼儿园主题综合教育活动

(一)实训目标

1. 体验幼儿园教师组织综合教育活动的过程。

2. 初步形成组织实施幼儿园综合教育活动的能力。

(二)内容与要求

1. 校内试教。

(1)每组派一位同学把选择一个最佳的具体的综合教育活动计划在实训室进行试教，全班同学进行观摩和评析，最后教师再进行评价和总结。

(2)每位同学选择一个具体的综合教育活动计划在组内试教，并相互评价。

2. 校外执教。

把各组试教的活动计划修改后，到幼儿园进行实习教学，并写出活动反思。

思考与练习

1. 什么是幼儿园综合教育课程？其理论依据是什么？

2. 幼儿园综合教育课程的特点有哪些？

3. 幼儿园综合教育课程的实施要求是什么？如何理解三个方面的综合？

4. 举例说明幼儿园综合教育课程中三个层次的综合。

学习反思

参考文献

1. 人民教育出版社幼儿教育室．幼儿计算教学法．北京：人民教育出版社，1987.
2. 人民教育出版社幼儿教育室．幼儿音乐教学法．北京：人民教育出版社，1987.
3. 人民教育出版社幼儿教育室．幼儿体育教学法．北京：人民教育出版社，1987.
4. 张慧和，张俊．幼儿园数学教育．北京：人民教育出版社，2004.
5. 张俊．幼儿园科学教育．北京：人民教育出版社，2004.
6. 周兢，余珍有．幼儿园语言教育．北京：人民教育出版社，2004.
7. 顾荣芳，薛菁华．幼儿园健康教育．北京：人民教育出版社，2004.
8. 孔启英．幼儿园美术教育．北京：人民教育出版社，2004.
9. 陈虹．幼儿园科学教育．北京：中国劳动社会保障出版社，1999.
10. 廖丽英．幼儿数学教育．北京：中国劳动社会保障出版社，1999.
11. 易进，林丹华．幼儿语言教育．北京：中国劳动社会保障出版社，1999.
12. 徐明．幼儿社会教育．北京：中国劳动社会保障出版社，1999.
13. 金浩，黄瑾．学前儿童数学教育．上海：华东师范大学出版社，1999.
14. 许卓娅．学前儿童音乐教育．北京：人民教育出版社，1996.
15. 黄瑾．学前儿童数学教育(修订版)．上海：华东师范大学出版社，2007.
16. 林琳，朱家雄．学前儿童美术教育(修订版)．上海：华东师范大学出版社，2006.
17. 周兢．语言．南京：南京师范大学出版社，2000.
18. 王志明，张慧和．科学．南京：南京师范大学出版社，2000.
19. 赵寄石，唐淑．幼儿园渗透式领域课程：科学・艺术．南京：南京师范大学出版社，2005.
20. 赵寄石，唐淑．幼儿园渗透式领域课程：健康・语言・社会．南京：南京师范大学出版社，2005.
21. 魏敏，等．幼儿园教育活动案例分析．长春：东北师范大学出版社，2003.
22. 庄虹．幼儿园教学模式介绍．长春：东北师范大学出版社，2003.
23. 张明红．幼儿语言教育．上海：上海教育出版社，2000.
24. 王占春．幼儿园体育活动的理论与方法．北京：人民教育出版社，2002.
25. 虞永平．社会．南京：南京师范大学出版社，1997.

26. 许卓娅，孔起英．艺术．南京：南京师范大学出版社，1997.
27. 李幼穗．儿童社会性发展及其培养．上海：华东师范大学出版社，2004.
28. 孔起英．学前儿童美术教育．南京：南京师范大学出版社，1998.
29. 陈光明．幼儿园教育活动设计与指导．湖北省幼师教学中心组（校本教材），1997.
30. 陈幸军．幼儿教育学．北京：人民教育出版社，2003.
31. 庄虹．幼儿园实施综合教育课程存在的问题与对策．教育导刊，2007(7).
32. 李桂英，许晓春．学前儿童艺术教育．北京：高等教育出版社，2011.
33. 王懿颖．学前儿童音乐教育．北京：北京师范大学出版社，2013.
34. 于开莲．幼儿园教育活动指导．北京：人民教育出版社，2011.
35. 王文乔，胡静峰．幼儿园教育活动设计与指导．长春：东北师范大学出版社，2017.
36. 赵寄石，唐淑．幼儿园渗透式领域课程：健康·语言·社会．南京：南京师范大学出版社，2017.